国家社会科学基金2015年度教育学青年课题“政治哲学视阈下的教育政策价值基础研究”（CAA150123）的研究成果

政治哲学视域下的教育政策价值品格研究

王举 著

科学出版社
北京

内 容 简 介

本书以政治哲学为理论视野和诠释路径，以教育政策的现实生态和价值品格为研究对象，在分析政治哲学关照下的教育政策想象力和教育政策智慧的生成的基础上，系统、深入地阐述了理想教育政策应具备的善性价值观念和实践运行路径与机制。本书拓展了教育政策的研究视域，剖析了理想教育政策活动的本源性追求，对教育政策的价值求索和实践探问具有较为重要的价值和意义。

本书可供从事教育学研究，尤其是教育政策研究的理论工作者参阅，也可作为坚守在教学一线的教师，以及大学生的参考用书。

图书在版编目（CIP）数据

政治哲学视域下的教育政策价值品格研究/王举著．—北京：科学出版社，2021.12

ISBN 978-7-03-070865-6

Ⅰ．①政…　Ⅱ．①王…　Ⅲ．①教育政策–研究　Ⅳ．①G510

中国版本图书馆 CIP 数据核字（2021）第 261666 号

责任编辑：崔文燕　张春贺 / 责任校对：王晓茜

责任印制：李　彤 / 封面设计：润一文化

科学出版社出版

北京东黄城根北街 16 号

邮政编码：100717

http://www.sciencep.com

北京建宏印刷有限公司 印刷

科学出版社发行　各地新华书店经销

*

2021 年 12 月第　一　版　开本：720 × 1000　1/16

2021 年 12 月第一次印刷　印张：14

字数：220 000

定价：89.00 元

（如有印装质量问题，我社负责调换）

前　言

在世界哲学生态史上，政治哲学是一种普遍而又独具风格的存在。政治哲学是哲学中的重要分支之一。因为无论是探寻世界本源的自然哲学，还是追问人生意义的人生哲学；无论是凭借经验感知的经验主义哲学，还是倡扬先天理性的理性主义哲学；无论是着墨理论认知和建构的理论体系哲学，还是付诸行动和行为的具体实践哲学，其核心要义和最终要旨均为改造人和改造社会，以实现人类的解放和社会的文明进步。

政治哲学、政治科学和政策科学是一体而又分属三个层次的存在样态。政治哲学是根基，决定和形塑着政治科学和政策科学，政治科学和政策科学则主要反映政治哲学的价值诉求和意义追求。福柯认为，政治是我们生存之最关键的主题，因为政治涉及权力关系的布局、经济关系的运作、人们行为准则的制定。

教育政策是横亘在教育理论与教育实践之间的存在，它企图贯通二者并期望取得预期的现实效能和价值意义。教育政策是教育理论走入教育实践的节拍器和调适器，它高扬着教育理想，并直面教育现实，希望在此间实现着自我的存在意义。长期以来，我们往往陷于教育理论与教育实践脱节的沟壑中难以自拔，并妄想以一己之力弥补它们之间的所有差异和距离，却忘记了它们自身相对的不平衡性和独立性。

教育政策的现实生态决定了其自身所具有的概念范畴、理论体系和运行机制，而教育政策的价值品格决定了其内在的意义逻辑、精神追求和理想实现。为此，作为一种培养人的政策活动，教育政策要努力拓展和发掘自己的想象力空间，增强教育政策智慧，尤为需要关注人的镜像所折射出的人性光芒和社会蕴含的丰富多元的发展趋向，以期增强政策的有效性和适用性。

追求教育政策的良善，是教育政策的根本价值所在。良善的教育政策不仅关注一时、一地、一己的价值诉求与实践需要，而且着眼于长期的政策影响对社会和个体所产生的深远意义。良善教育政策旨在从人的教育生活内部寻找教育所带给人的精神依托和行为归引，它是一种具有根本形态的教育政策品格，需要在政治哲学的理论视野中建构其哲学意蕴，并在此基础上进行关乎自身的政治实践。具体来说，良善教育政策的建构需要探究什么是好的教育政策，包括具有教育善价值的教育政策的内在逻辑和呈现生态以及此视域下良善教育政策的具体实践。

目　录

第 一 章

01

政治哲学的原旨生态与进思逻辑

在世界哲学生态史上，政治哲学是一种普遍而又独具风格的存在。政治哲学是哲学中的重要分支之一。因为无论是探寻世界本源的自然哲学，还是追问人生意义的人生哲学；无论是凭借经验感知的经验主义哲学，还是倡扬先天理性的理性主义哲学；无论是着墨理论认知和建构的理论体系哲学，还是付诸行动和行为的具体实践哲学，其核心要义和最终要旨均为改造人和改造社会，以实现人类的解放和社会的文明进步。而所有的这一切，都离不开政治活动。古典时期的城邦体制、现代社会的公共治理，都是一种政治理念和精神在政治实践领域的具体体现。政治哲学就是这样一种哲学形态，它属于哲学，但又有着自己的原旨生态和进思逻辑，它是关照、分析和反思教育政策的根本理论视野和内在价值归宿。

第一节　政治哲学的精神主脉和思想内容

政治哲学源远流长，它起源于古希腊时期雅典的政治理想和政治实践。实际上，古今中外的思想家，包括哲学家在内，多多少少都提出了相关的政治哲学思想或理念，有的还极具感染力和富有深远意义与价值。古典政治哲学的代表人物施特劳斯提出，自政治哲学诞生以来，所有政治行动的目标不是保守就是变革。当我们渴望保守时，我们希望不要变得更糟；当渴望变革时，我们希望能带来更好的东西。所有的政治行动因而都由某种更好或更糟的思想引导。换句话说，如果人们把获得美好生活、好的社会或者善的知识作为明确的目标，那么政治哲学就出现了。[①]现代政治哲学的代表人物罗尔斯(John Bordley Rawls)认为，政治哲学是关于政治正义和公共善以及哪种制度和政策能更好地促进政治正义和公共善的观点。[②]因此，政治哲学是一种关

① 施特劳斯. 什么是政治哲学. 李世祥，等，译. 北京：华夏出版社，2014：1-2.

② 约翰·罗尔斯. 政治哲学史讲义. 杨通进，等，译. 北京：中国社会科学出版社，2011：6.

乎公共政治活动价值和理想的哲学形态，它是政治及政策实践最为根本的价值引领和理想追求。

一、西方政治哲学的理论向度、问题视域与实践品格

从概念界定来说，可以先把政治哲学的内涵范畴揭示开来。在《西方哲学英汉对照辞典》中，政治哲学的定义为：政治哲学不同于政治科学，其原因在于政治科学是经验性的和描述性的，它解释一个政府实际上是如何运作的，而政治哲学则是规范性的，它确立那些规定政府应如何运作的准则或标准。事实上，这两个领域的界线是不清楚的……当代政治哲学家把分析的技巧和伦理学的承诺带进了他们的研究，他们试图从理论上洞察诸如正义、公平、自由、民主、民族主义、国家、权力、权威、公民身份、权利和义务等基本的政治概念，寻求接受或拒绝特定政治制度的合理根据。政治哲学家评价现存的政治制度和意识形态，如果现存的安排不能被接受，他们有时还试图论证可以替换的政治和社会制度……政治哲学和社会哲学之间不可能存在一条严格的界线。一些社会哲学家，如哈贝马斯已经对近来的政治哲学产生了影响。社会哲学也探讨诸如家庭、宗教和教育这些与制度相关的哲学问题。尼采和他的后继者对文化和现代性的批判也对政治哲学产生了影响。[①]而在国内哲学学者韩水法看来，政治哲学探讨政治的规范和价值、政治的观念基础以及政治科学的方法论的同时，还厘定与分析表述这些规范、价值和观念的概念，论证某些正当的规范、价值和观念构成的方式。正是由于它的规范与方法论的性质，所以它无法被归于任何一门经验的社会科学之下，而属于哲学的领域。如果我们可以采用一种更为一般和抽象的表述，那么就可以说，政治哲学关涉人类生活中政治层面的根本问题……随着政治哲学的发展，它的研究方法和观念的变化，长期以来直接受到哲学基本理论、问题的发展

① 尼古拉斯·布宁，余纪元. 西方哲学英汉对照辞典. 北京：人民出版社，2001：774.

和变化的牵引和影响。[①]

而从政治哲学的外延出发，政治哲学又与其他学科有着千丝万缕甚至相互嵌构的关系。如韩水法就认为，政治哲学与政治学、法律学以及历史学、社会学等其他社会理论学科有着直接的联系，并且直接受到特定的社会历史条件的影响，这样就使得政治哲学所探讨的规范、观念等不可避免地受到这些具体学科以及特定的社会历史观的影响，它们构成了政治哲学研究的知识的与观念的境域。[②]实际上，政治哲学在某些研究问题上和其他学科是相互补充、相互依托的关系，尤其是在牵涉宏、中观的公共社会活动方面，如公共政策等，政治哲学联合其他学科起到了共同支配、共同阐释和共同实践的作用。韩水法同时认为，在社会-历史的宏观视野下探讨国家、社会和政治的基本规则、规范和价值，以及它们的性质、它们的历史与社会的渊源等，乃是古典政治哲学的主流，而在今天它实际上是与宏观社会理论或社会哲学、历史哲学和法律哲学等密切联系在一起的，它们所探讨的问题有许多交叉与重合。严格地说，这种类型的政治哲学是无法与上述其他学科之间划出一条清楚的界线，而给自己规定明确的范围的。姑且称这类政治哲学为社会-历史视野下的政治哲学。一般来说，在欧洲大陆占主导地位的就是这样一类政治哲学。分析的政治哲学在 21 世纪才始兴起，尽管它有深远的英国经验主义的渊源……这派政治哲学是分析哲学在政治哲学领域内的扩展，它将自己的研究范围限于分析和澄清政治和政治学的基本概念、表述方式和语言结构、政治学的方法论等方面。通过这种限定，它在厘清政治哲学的学科范围与基本概念等方面，做出了重大的贡献。[③]

国内学者李哲罕则从“实然”和“应然”的层面和关系辩证分析了政治哲学的具体性和不确定性，指出政治哲学是一种“时代精神”

① 韩水法. 政治哲学在中国. 读书，2000，（9）：104-111.
② 韩水法. 政治哲学在中国. 读书，2000，（9）：104-111.
③ 韩水法. 政治哲学在中国. 读书，2000，（9）：104-111.

交融的艺术。"'政治哲学'作为对政治这种'实然'对象的'应然'的理论构想，具有一种内在的两面性，即一面是与作为'实然'的政治相关所具有的特殊性，另一面是与作为'应然'的价值判断相关所具有的普遍性。在这'实然'与'应然'两者之间保持特殊性与普遍性二者的平衡与张力，是政治哲学的要义所在。如果政治哲学过度关注普遍性层面上的抽象物，那么它不仅将失去'经验的试金石'，也将失去使它具有自身独特魅力的特殊性、偶然性和矛盾性即所谓分析的'剩余物'，从而沦为彻底的空洞无物；相反，如果政治哲学过度关注特殊性层面上在此时此地的个别经验，那么它就丧失在非此时此地的一般指导性，即它将丧失自身作为一门哲学理论的特质。所以，比起黑格尔所宣称的作为'时代精神'的一般哲学，政治哲学更体现为一种'时代-精神'。"①

在政治哲学的谱系中，按照时间进程，可以分为古代政治哲学、近代政治哲学、现代政治哲学和当代政治哲学。雅斯贝尔斯所说的轴心时代（公元前 800 年—前 200 年）是人类文化与思想的绚烂时期，也是古代政治哲学的形成期。"古希腊三杰"——苏格拉底、柏拉图与亚里士多德的政治哲学思想初露锋芒：苏格拉底求真重德的道德政治主义理想，柏拉图"哲学王"的理想国畅想，亚里士多德较为实际的马其顿王国实践。换句话说，自人类活动走向文明的集合化起，政治哲学就发挥着政策理论解说和政治实践规引的作用。自文艺复兴起，政治哲学经由马基雅维利、霍布斯、洛克、卢梭、康德、黑格尔、尼采、海德格尔、胡塞尔和福柯等的不断传承、拓展与反思，由强调原始初民在自然状态中，遵循自然法，逐渐上升为根据契约精神结合成人类共同体，以谋取公共利益，再趋向主体解放这一进程的实现。此后，经历密尔、边沁等的功利主义的曲折，转回罗尔斯的《正义论》，形成了现代政治哲学的典范体系。

按照哲学家的思想渊源及其提出的主要观点，可以分为古典政治

① 李哲罕. 何为政治哲学?——对政治哲学定义的一个再考察. 现代哲学，2018,(2)：75-80.

哲学和现代政治哲学，这不是一个时间维度的划分，而是一个观点和视域的区分。古典政治哲学的主要代表人物有施特劳斯、阿伦特等，现代政治哲学的代表人物包括罗尔斯、哈耶克、诺齐克、哈贝马斯等。在当代政治哲学家中，如从观点加以辨识，则可以看到：自由至上主义的哈耶克、古典共和主义的汉娜·阿伦特、平等的自由主义的罗尔斯、权力至上的自由主义的诺齐克、后现代主义的福柯、社会批判理论的哈贝马斯、共同体主义的桑德尔和麦金太尔、多元文化主义的查尔斯·泰勒等。另外，诸多哲学家本身并不是专门或单一的政治哲学家，但是其思想和理论对政治哲学做了相关表述，或者其思想最终映射到政治哲学，这就需要专门把他们的政治哲学的体系阐释出来。

提到政治哲学，人们很容易想起政治思想和政治科学，政治哲学的含义和理论范畴可以从它与政治思想和政治科学的区别与联系中得到说明和阐述。

第一，在政治哲学和政治思想的关系方面，著名政治哲学家列奥· 施特劳斯认为，应当将二者区分开来。“政治思想是对政治观念的反思或阐释，而政治观念是有关政治的基本法则或要素的印象、意见、幻想等。”所以，“可以说一切政治哲学都是政治思想，但不能说所有的政治思想都是政治哲学。政治思想无关乎意见与知识的区别，而政治哲学之自觉的、连贯的和不懈的努力，恰在于用关于政治的基本法则或要素的知识取代关于它们的意见”。[①]换句话说，政治思想是关于政治活动的一些零碎的意见、想法、看法的反思和阐释，而政治哲学是关于政治活动的最一般的基本法则和基本规律的抽取和提炼。

第二，在政治哲学和政治科学的关系方面，西方学术界一般认为，政治哲学与政治科学区别的哲学依据是休谟将人类知识分为“事实”与“价值”的划时代结论。休谟认为，“事实对应于经验的存在，价值

① 列奥·施特劳斯，约瑟夫·克罗波西. 政治哲学史（上册）. 李天然，等，译. 石家庄：河北人民出版社，1993：2.

归属于先验的范畴，并由此显现出政治科学与政治哲学不同的研究对象。政治科学以经验世界——政治事实为研究对象，在实证的基础上判断对象的真伪；政治哲学则以先验世界——政治价值为研究对象，用规范命题来陈述价值判断，无所谓真假”[①]。或者我们可以说，“无论是列奥·施特劳斯对古典政治哲学问题的沉思所引发的争论，还是罗尔斯对正义问题的辨析所导致的政治学研究的革命性转向，或是社群主义与自由主义的对峙所引发的重新审视伦理学的基本问题的兴趣，都超越了以经验理性为基础的‘精确的政治科学’的范畴，形成一种以考察政治事物的本性与政治事物的应然目的为内容的研究领域和致思进路”[②]。这是政治哲学与政治科学在分析路径和思维方式上的不同，也更能阐明政治哲学作为一种独立的理论范畴的内在品质。从深层次上讲，政治哲学的主要目的在于寻找和建构社会现实生活的意义和价值秩序，价值性是政治哲学的核心要义，它揭示的是政治活动与社会和人生的价值关系。

尤其是在 20 世纪后期，随着科学主义思潮的滥用，世界性社会危机开始出现。特别是罗尔斯《正义论》(1971 年) 发表后，世界哲学开始出现重大的根本性的理论转向，即由“注重哲学之知识合法性论证的分析哲学和语言哲学逐渐淡出哲学的主题论坛，让位于关注社会现实生活与价值秩序的政治哲学和道德哲学。尽管寻求哲学知识的技术化和合理性之理论热情仍然保留了下来，而且日益精密和深入，但越来越多的哲学家已经越来越清醒地意识到，理解‘生活世界’本身及其意义、目的和行为实践，更应该成为哲学的思想关切和理论责任”[③]。政治哲学开始复兴，并且日益成为哲学研究中的显学。当代具有代表性的政治哲学家，无论是施特劳斯对古典政治哲学的思考，还是对政治哲学具有革命性意义的罗尔斯《正义论》的阐释，抑或

① 转引自王岩. 试论政治哲学的价值意蕴. 道德与文明，2008，（1）：32-33.

② 转引自陈晏清，王新生. 政治哲学的当代复兴及其意义. 哲学研究，2005，（6）：25-29，128.

③ 万俊人. 关于政治哲学几个基本问题研究论纲. 天津社会科学，2004，（2）：4-9.

是社群主义、自由主义等政治哲学派别的分野和主张，无不反映出政治哲学开始形成的同科学主义决裂、寻求自身研究范式和独立品格的复兴。

政治哲学的实践性也是其主要特色之一。相比于其他哲学，政治哲学由于关涉根本的政治活动价值，所以其实践品格也是很明显的。应该说，实践哲学是哲学中一个古老的分支了。人类有了“做”和“行”的社会倾向以后，需要相应的实践逻辑、实践规范和实践策略予以保证，实践哲学就应运而生了。同理论哲学相对应，实践哲学着力思考和解决的是人类实践活动的规范性、价值性和有效性问题。广义的实践哲学可包括政治哲学、法律哲学和道德哲学等，狭义的实践哲学则聚焦于行动和实践本身的元理论问题，会涉及实践理性、实践智慧和实践推论等子问题。在狭义的实践哲学内部，合理性品格是衡量实践活动实施效果的主要标识。

亚里士多德是最早关注政治哲学实践问题的哲学家之一，他把知识或者思想分为实践的、制作的与理论的三种形态，与理论活动追求普遍性知识不同，实践活动扎根于具体情境，致力于终极的善的人类幸福的探索。康德则在“三大批判”中直接提出了“实践理性”的概念，以便同他的“纯粹理性”即理论理性相对应。他呈现了实践哲学和理论哲学的分野，认为实践哲学的对象是行为，理论哲学的对象是认知。康德尤其关注实践理性的普遍法则问题，要求以理性的普遍法则来担保行为的自由性质，这是其政治哲学的典型特征。黑格尔从精神现象学和历史的绝对理念出发，主张将实践与善沟通起来，进而提出了实践的三个环节：目的、目的实现或获取目的的手段和被创造出来的现实。[①]黑格尔的创见是将实践活动纳入理念、精神与逻辑之域，提出了实践推理的内涵，这为其政治哲学思想提供了实践基础。

马克思本质上就是一名政治哲学家，同时他也是实践理论的重要贡献者，他首次将实践同劳动和社会生产结合起来，在他看来，“整个

① 黑格尔. 精神现象学. 贺麟，王玖兴，译. 上海：上海人民出版社，2013：264.

所谓世界历史不外是人通过人的劳动而诞生的过程……因为人和自然界的实在性，即人对人说来作为自然界的存在以及自然界对人说来作为人的存在，已经变成实践的”[①]。马克思认为，以劳动为中介和枢纽，实践创造了人，也创造了属人的世界。如此，实践就被他推向了更广阔的社会空间和进程中。法兰克福学派的哈贝马斯将实践哲学引入生活世界的主体间性视域中，提出了实践活动的生活价值与意义理论，并认为实践效能取决于人与人之间交往与沟通的程度。阿伦特在《人的条件》中区分了“劳动”与“行动”的区别，她把劳动界定为维持个体生命的延续，而行动特别是公共领域的行动则是人获取自由和社会实现进步的主要手段和工具。阿伦特的“行动”其实质是一种基于公共性的政治实践，它和我们所说的政策活动紧密相关。

综而观之，政治哲学的实践性是关于人类政治活动正当性、向善性和有效性的理性形态。正当性、向善性和有效性是实践理性的三大原则。它和实践过程相互作用和影响，实践理性的内涵及其现实确证，都本于多样的实践过程。而正是在实践过程中，实践理性所追求的何者为善（有益性）、如何达到善（有效性）、怎样去获取善（正当性）才获得了具体内容。此外，实践过程中的内在逻辑逐渐凝化为实践的理性。[②]与此相关，实践合理性的工具性概念是把实践合理性的理论经验和精神实质应用于实践领域。佩蒂特和史密斯认为，“在决策中，需要注意双重侧面，即慎思性和意向性的统一，行动者将会注意到，在他所面临的选项，以及这些选项的可能结果中，有着与可欲性相联系的不同特性，即选项将会例示、或者可能将会例示不同的价值”[③]。也就是说，实践合理性更多的是彰显了决策活动的价值维度和价值走向，这种价值内在于政策活动之中并发挥着终极的规范、解释、矫正和评价的功能。

① 马克思. 马克思 1844 年经济学哲学手稿. 刘丕坤，译. 中共中央马克思恩格斯列宁斯大林著作编译局修订. 北京：人民出版社，1985：88.

② 杨国荣. 人类行动与实践智慧. 北京：生活·读书·新知三联书店，2013：15.

③ 转引自徐向东. 实践理性. 杭州：浙江大学出版社，2011：357.

二、政治哲学的基本命题

政治哲学作为一种哲学，有着明确的基本命题，这些命题支撑着政治哲学的学科任务和研究取向。同时，政治哲学的逻辑基础、基本问题、基本理念、学科性质和本质意义共同构成了政治哲学的逻辑体系。政治哲学的理论体系和研究范畴中存在着一些基本命题，这些基本命题对于政治哲学的话语表达和思考方式起着支撑和阐释作用。纵观政治哲学主要命题，其中有几个是最为核心的，即分别是公平、正义、民主、理性和善。

（一）公平

在西方英语语境下，“公平”（fairness），是一个与平等（equality）和正义（justice）含义接近的词，从一定意义上讲，三个词是密切相关的，是可以通用的。“公平”的许多意义可以由“平等”和“公正”引出。如在《布莱克法律词典》中，公平是指法律的合理、正当适用。在法学上是指对有关赋予当事人权益的法律事件或争议所做的处理具有持久性。[①]在汉语语境里，“公平”是指“处理事情合情合理，不偏袒哪一方”[②]。

公平作为政治哲学中的一个基础概念，有着自身特定的内涵。在古希腊时期，公平的观念来自对社会关系的一种调节。原初的公平表述主要根植于政治和道德领域，后来随着社会生产力的发展逐步进入经济领域，成为政治、道德、经济三个领域的价值取向。作为政治领域的价值取向，公平指政治活动所必须奉行的基本原则；作为道德领域的价值取向，公平指调节人与人之间关系、人与社会之间关系的一种规范；作为经济领域的价值取向，公平是指对利益的公正和合理地调节与分配。马克思认为，“公平问题根源于人类社会实践的发展，其

① Black H C. Black's Law Dictionary. Henry Campbell Black, M.A., Eagan: West Publishing Company, 1979: 776.

② 中国社会科学院语言研究所词典编辑室. 现代汉语词典（第 5 版）. 北京：商务印书馆. 2005：436.

中最根本的实践是劳动实践。人类劳动实践过程中形成了各种关系，对各种社会关系的调节，就提出了公平的问题。公平是不同的实践主体在社会文化活动中，按双方都能接受的规则和标准采取行动和处理它们之间的关系的准则。人们关于公平的观念，不是抽象的，而是具体的；不是固定不变的，而是处于不断的发展变化之中的"[①]。公平观念经过不断发展，到了近现代，逐步成为一种社会基础价值，往往与社会和国家的政治经济政策的制定和实施密切相关。

对于公平，我们应该首先看到，在人类社会的思想发展史上，它同平等、民主、自由一样一直是政治哲学所探讨的核心问题，也是人类社会发展的基本价值之一。其次，从公平的本质上看，公平之所以能够作为最基本的社会价值和社会关系，是因为"大凡存在利益分配的地方，涉及对这种利益分配的评价，便会产生社会公平的问题。当然，利益分配需要合理的分配机制和分配制度予以保障，但这些机制或制度都是围绕利益的分配而设置、运转和调整的。也就是说，公平以及公平程度如何解决的是利益的分配问题，关注的焦点主要是利益的分配，以及对这种分配的评价和认同，平等则不仅意味着利益分配的合理化，而且更多地关注的是人的社会地位和人的尊严。这种对人种尊严方面的肯定，具体落实为对基本权利的确认"[②]。这是公平的本质意义所在。

（二）正义

在西方英语的语境下，"justice"（正义）与 impartiality、rightness、fairness、correctness 相近，表示公正、正确、公平之义。从词源上说，"正义"一词来自古希腊语的"dike"，指划分、划定出来的东西，它来源于词根"Deiknumic"[③]，指的是"我表明""我指出"[④]。同时，

---

① 洋龙. 平等与公平、正义、公正之比较. 文史哲，2004，（4）：145-151.

② 洋龙. 平等与公平、正义、公正之比较. 文史哲，2004，（4）：145-151.

③ 洋龙. 平等与公平、正义、公正之比较. 文史哲，2004，（4）：145-151.

④ 阿拉斯戴尔·麦金太尔. 谁之正义？何种合理性？. 万俊人，等，译. 北京：当代中国出版社，1996：20.

在古希腊语里，“正义和直线是一个词，表示一定之规，正义与法官也是同一个词”[①]。另外，正义的词根还被引申为对正直道路的“指示”，可能和拉丁语中的“手指”和“正直”[②]同出于一种较为古老的语言。在汉语的语境里，正义和公正、公平、公道除了在具体的范畴大小、意义强弱方面有所不同外，其含义是相似的。

正义渊源深远，是一个长期以来就存在的社会概念和范畴。正义定义的创立者乌尔比安（Domitius Ulpianus）认为，“正义是给予每个人他应得的部分的这种坚定而恒久的愿望”[③]，《荀子·正名篇》载：“正利而为谓之事，正义而为谓之行。”正义一直以来就是政治哲学中的核心概念之一。亚里士多德认为，“政治学上的善就是‘正义’，正义以公共利益为依归。按照一般的认识，正义是某些事物的‘平等’观念”[④]。从内涵来讲，“正义是社会性、政治性的品德，是树立社会秩序的基础。正义分为两类，一类是分配财富和荣誉，即分配正义，一类是交往中提供是非标准，即纠正的正义，正义是中道、平衡和相称。正义可分为自然正义和实在正义，自然正义即根据当然的道理，当一个人拿出一定量的东西时，他可以得到同样多的东西作为交换。实在的正义即通过契约或协约产生正义，后者服从前者”[⑤]。到了近现代时期，正义被作为社会制度的首要价值和道德标准来看待。正义的主题或对象就是社会，尤其是社会的基本政治和经济制度。正义即指制度的道德、制度的德性，也作为指称社会基本结构的属性是否道德的一个概念，它可以包括在一个更大的概念——“正当”之内。[⑥]

罗尔斯大大拓展了正义作为政治哲学中的概念和范畴，他提出一种“公平的正义”的新命题，并以此作为社会制度和社会发展的基本

---

① 夏勇. 人权概念起源. 北京：中国政法大学出版社，1992：31.

② 亚里士多德. 政治学. 吴寿彭，译. 北京：商务印书馆，1997：20.

③ 转引自查士丁尼. 法学总论——法学阶梯. 张企泰，译. 北京：商务印书馆，1989：73.

④ 亚里士多德. 政治学. 吴寿彭，译. 北京：商务印书馆，1997：148.

⑤ 洋龙. 平等与公平、正义、公正之比较. 文史哲，2004，（4）：145-151.

⑥ 何怀宏. 公平的正义：解读罗尔斯《正义论》. 济南：山东人民出版社，2002：43.

价值取向，即“假定各方不知道某些特殊事实。首先，没有人指导他在社会中的地位，他的阶级出身，他也不知道自己拥有何种天生资质和自然能力、理智力量等。其次，也没有人知道他的善的观念，他的合理生活计划的特殊性，甚至不知道他的心理特征……再次，假定各方不知道这一社会的经济或政治状况，或者它能够达到的文明和文化水平”。罗尔斯试图通过这种方式，“建立一种公平的程序，以使任何被一致同意的原则都成为正义的”。[①]在此基础上，罗尔斯正义论的主要命题是“在某些制度中，当对基本权利和义务的分配没有在个人之间做出任何任意的区分时，当规范使各种对社会生活利益的冲突要求有一恰当的平衡时，这些制度就是正义的。正义就是平等。正义的两个原则为平等原则和差别原则”[②]。从本质上讲，正义其实是一种社会的公共善，是社会公共利益的最大化。正如亚里士多德所指出的那样，“世上一切学问（知识）和技术，其终极（目的）各有一善；政治学术本来是一切学术中最重要的学术，其终极（目的）正是为大家所最重视的善德，也就是人间的至善。政治学上的善就是‘正义’，正义以公共利益为依归”[③]。公共利益的最大化，即公共善的实现是正义的终极发展方向和目标。

（三）民主

从发生学的角度讲，“民主”是在人类生产和生活组织集体活动中的一种决策方式。在原始社会，氏族的重大事务通常是由氏族内部的相关成员以面对面商讨的方式集体决议的，俗称“大树下的民主”[④]。其实质是一种基于公共利益最大化的集体性共识的决策方式，这种决策方式会遵循一定的规则，如全体一致或大多数原则等。原生态的

① 约翰·罗尔斯．正义论．何怀宏，何包钢，廖申白，译．北京：中国社会科学出版社，1988：131.

② 洋龙．平等与公平、正义、公正之比较．文史哲，2004，（4）：145-151.

③ 亚里士多德．政治学．吴寿彭，译．北京：商务印书馆，1997：148.

④ 摩尔根．古代社会．杨东莼，张栗原，冯汉骥，译．北京：商务印书馆，1971：139.

民主范畴和内涵在很大程度上影响了现代政治民主的形成和发展。

在 19 世纪中期，随着现代国家和民主政治的兴起，民主具有了人民自己做主、自觉做主的含义。到了20世纪，民主成为人类社会共同的政治理想。著名政治学家亨廷顿在其著作《第三波——20世纪后期的民主化浪潮》中指出，20世纪是民主化席卷而来的世纪。现代民主作为一种政治活动中的价值观念和运行原则，其理解视角是多元的，主要可以从三个维度来分析：一是民主的结构形式；二是民主的制度理念；三是民主的两种基本类型。[①]从民主的结构形式看，民主被划分为直接民主和间接民主。前者肇始于古希腊，民主被认为就是广大人民的自我统治，就是一种直接的民主，这是古典民主政体的最典型形态；后者肇始于近代兴起以前，间接民主又称代议制民主。人们常说的"民主"指的是公民自主决定自己所在的政治共同体中的事务的直接民主。

直接民主的一种运行形态是直接决策而进行的多数决，另一种是投票选举行政长官的多数决。这是一种古希腊意义上的古典民主传统。间接民主（代议制民主）是一种与直接民主极为不同的民主形态。这种民主理论认为，相对于直接民主适合小型简单的城市国家的历史社会，间接民主更适合大型复杂的现代都市社会，其实质是现代意义的民主形态。另外，民主按照所有制度的不同，可以分为资本主义民主和社会主义民主；按照社会阶层层次指向，可以划分为高层民主和基层民主等。

民主作为一种政治追求，仅仅是一种政治理想；民主作为一种制度安排，则构成一种妥协的政治手段。民主的理想诉求和制度安排之间存在很大的差异。换句话说，当我们把理想政治形态的民主当作道德价值的政治诉求来看时，它确实集合了人类的政治智慧；而当我们在进行实际的民主制度建构以及进行民主决策和民主执行时，就需要考虑各种社会条件和因素，如各个阶层、集团和组织的利益问题，民

① 任剑涛. 政治哲学讲演录. 桂林：广西师范大学出版社，2008：291.

主代表的社会基础合理化问题，只有这样才能有利于制定科学、理性、有效的民主政策。“从这个意义上，民主的道德化诉求和民主的制度化安排之间，必须达成一种微妙的平衡，它才可能从理想形态落实为现实过程。”①

现代政治制度几乎都建立在民主合法化的基础上。民主程序可以分为程序性民主和实质性民主。二者是相对而言的民主存在形态。程序性民主和实质性民主的区别不在于它们的结构要素是要民主程序还是要民主实质，而在于它们的结构特点，即首先现代民主只有诉诸程序安排，民主才是可靠的，其次，现代民主作为社会制度安排，要体现真正的民主实质，而不是停留在政治口号等程序性阶段。

（四）理性

“理性”是自古典哲学以来哲学中的一个核心概念，同时也是政治哲学中的一个关键词。

从词源上看，“理性”来自希腊文“逻各斯”，逻各斯的最基本含义是“规律”，规律是世界的可理解的特征，是自然界运动的规则性表现，逻各斯的原意就是指客观地内在于自然界的东西，它支配着自然界的运动，这是迄今仍有人信奉“客观理性”的根源。后来逻各斯用来类比人的活动和神创造世界的行为，其中隐含着精神的支配因素，于是，逻各斯也有语言、思想、理性等意思。这就是说，主观理性和客观理性在哲学史上一开始就得到了重视，并且是从二者的统一中思考的。②理性在希腊语、拉丁语、德语和当代英语中分别被读作 nous、intellectus、Vernunft 和 reason。所以，从内涵上讲，“理性是指理性是人所特有的、体现出人之为人而有别于动物的一种能力，即‘理解和思考的智慧和能力’。这是一种思维能力，它借助于逻辑的手段，但不

① 任剑涛. 政治哲学讲演录. 桂林：广西师范大学出版社，2008：299.

② 杨耀坤. 理性、非理性与合理性——科学合理性的概念基础. 科学技术与辩证法，1999，（5）：34-38.

等于纯粹逻辑的思维能力；它与想象、经验、激情、欲望及信仰相对立，但又与这些感性的或非理性的因素保持密切联系。因此，理性不像逻辑那样确定、严格、不易变更，也不像非理性因素那样飘忽不定，易入歧途，从而难以捉摸。理性既含有巨大的能动性，并能在追求崇高的理想目标中不断调整以提高适应能力，同时又保持其有理由和可理解的、'健康思维'的根本特征"[①]。

对于理性，可以从本体论、价值论、认识论和行为方式等范畴进行理解。在本体论意义上，理性是一种与物质性或动物性相适应的特殊的精神实体；在价值论意义上，理性表征着人的有意义的生活的理想目标；在认识论意义上，理性是指人类所具有的有条理地进行思考的逻辑推理能力和认识能力；在行为方式上，理性表现为人的自我约束能力。[②]

马克斯·韦伯（Max Weber）依据人的行为中理性和非理性的分析，把理性分为工具理性（工具合理性）和价值理性（价值合理性），认为工具理性是关于不同事实之间因果关系的判断；价值理性是对于行为目的和后果的价值关系的判断。另外，在主观理性和客观理性划分的基础上，理性的范畴和问题域应该包括认识理性、实践理性和因果必然的理性（客观理性）。认识理性是一种"证明的理性"，人在认识过程中，需要通过逻辑论证和经验论证的方式，去追求一种确定、真实、无可怀疑的知识。实践理性是一种"（行为）动机的理性"[③]，它是在实践的范畴内去追求实践的有效性和行为的合理性。而客观理性在于通过强调理智的作用，在自我约束的基础上，在涉及人际关系、利益冲突时能够理智权衡利弊得失，从而达到实现个人理想的目标和实现约束自身行为的平衡状态。

---

① 杨耀坤. 理性、非理性与合理性——科学合理性的概念基础. 科学技术与辩证法，1999，（5）：34-38.

② 韩震. 重建理性主义信念. 北京：北京出版社，1998：14-17.

③ 杨耀坤. 理性、非理性与合理性——科学合理性的概念基础. 科学技术与辩证法，1999，（5）：34-38.

我们还应该看到，理性的概念随着时代的发展而发生改变，近代以后其含义和范畴不断扩大，甚至出现了泛化和价值化的现象。“理性成了一切现成合理的和应当合理的事物的代名词：理性的就是合理的、有价值的；反过来，合理的、有价值的也就是理性的。”[①]另外，随之出现的还有理性的理想化，即过分强调理性的自我支配地位和作用，忽略甚至放弃非理性因素（情绪、情感、欲望、意志、信仰等）在人的发展中的作用和功能。理性的泛化、价值化和理想化逐渐演变成一场理性主义的思潮，在一定程度上压抑了人性的丰富性，造成人与社会发展的异化，是不可取的。

因此，对待理性，我们要正确认知和科学运用。一方面，要充分认识到理性在人的认识和社会实践中形成的本质性的思维方法和行为模式；另一方面，也要避免理性在这些方面的误用、滥用和泛用。在这里，要引入一个当代哲学和文化研究中的概念——合理性。合理性是一个评价概念，即认为某个事物是好的，是依据一定的评价标准来判断的。从内涵来看，合理性是指“某一对象（包括人的社会行为、实践活动、认识成果、社会建树等等）是合理的，指的是它符合或不违背某些统一的，为社会成员所普遍认可的原则和标准，这种原则和标准既反映客观规律，也体现和表征主体的必然性和规律”[②]。也就是说，在对待理性的态度上，我们要追求一种基于“合理性”的“理性”。

政治活动是一种社会公共活动。作为政治哲学的“理性”，其实质是一种“公共理性”。“公共理性”的概念最早是由康德在《答何为启蒙？》（1784 年）一书中提出来的。在罗尔斯的著作《政治自由主义》出版以后，公共理性被广为了解和认识。在罗尔斯看来，公共理性是一个民主国家的基本特征，其运行的目标是公共之善或社会的公

① 杨耀坤．理性、非理性与合理性——科学合理性的概念基础．科学技术与辩证法，1999，（5）：34-38．

② 杨耀坤．理性、非理性与合理性——科学合理性的概念基础．科学技术与辩证法，1999，（5）：34-38．

平正义，其核心是公共性。公共理性首先表现为民主国家公民的理性，也就是说是那些能够共享平等公民身份的人的理性。[①]后来，他又在《公共理性观念再探》中对公共理性做了进一步的阐释，公共理性就是指各种政治主体（包括公民、各类社团和政府组织等）以公正的理念、自由而平等的身份，在政治社会这样一个持久存在的合作体系中，处理公共事务时进行充分合作，以产生公共的、可以预期的共治效果。[②]

（五）善

善源于价值范畴，是价值体系中的重要关键词之一。或者说，“善是客体有利于满足主体需要、实现主体欲望、符合主体目的的属性”[③]。政治哲学意义上“善”的理念主要来自西方。“善”的希腊文词汇为“arête”，原义指事物本身所固有的较之其他事物所具有的特长、品性、用处与功能。在英语语境下译为“good”，中文称之为“好”，特指人所具有的特长、优点、才能和品性等。

西方的智者派最早在本体论意义上讨论“善是什么”的问题。以普罗泰戈拉（Protagoras）为代表的智者派从“人是万物的尺度”出发，把善的含义建立在感觉论的哲学基础上，他们用人的利益需要和感觉体验来解释人的活动的善恶问题。苏格拉底认为，美德即善，善也可以成为知识，需要通过理性去把握，以求得真理，并将人引向正义。而柏拉图在苏格拉底“理性善”的基础上，提出了“善”的理念论。他认为，善的理念所统治的世界是最真实、最高的存在，只有哲学理性凭借辩证能力才能认识和把握它。所以，理念的善相对于感性的善是在先的，“善”理念本身就是第一原理，不需要以外的其他东西来加以证明，其他理念只有和“善”理念联系起来才可以得到理解。因此，善的理念是一切其他理念具有实在性和可知性的原因，善的理念就像

① 约翰·罗尔斯. 政治自由主义. 万俊人，译. 南京：译林出版社，2000：225.

② 约翰·罗尔斯. 公共理性观念再探//哈佛燕京学社·三联书店. 公共理性与现代学术. 时和兴，译. 北京：生活·读书·新知三联书店，2000：1-46.

③ 董昕. 论教育善的实现. 南京：南京师范大学，2003.

太阳一样照耀了事物的理念世界、事物的现象世界和人们的虚幻世界；以此相对应，善的智慧驾驭着理智、信念和想象的知识。所以，善的理念是最大的知识问题，关于正义等等的知识只有从它演绎出来的才是有用的和有益的。①这就为亚里士多德的综合性的科学的“善”的哲学理论的建立奠定了基础。

在政治哲学方面，亚里士多德是善的理念的集大成者。他在著作《尼各马可伦理学》开明宗义地指出，每一种人为与探索，同样，每一种行为与追求，都可以被视为指向某种善。因此，善被看作所有的事情的目标。②在《政治学》中，亚里士多德将善划分为“个体的善”和“城邦的善”。“个体的善”是指个体公民的人格、品行，以及道德的培育、塑造、发展与完善；“城邦的善”则指一种国家的和谐秩序的形成与建构，旨在使全体国民过上幸福的生活，即达到所谓的至善状态。按照亚里士多德的解释，政治关乎城邦——国家这一“最崇高、最有权威、并且包含了一切其他共同体的共同体，所追求的一定是至善”③。同时，“由于政治事务与生俱来便具有赞同与反对、选择与否认、赞扬与谴责的本性，所以，政治事务本质上不可能是价值中立的，人们必定根据善或者恶、正义或者不义的价值标准，对政治事务做出自己严肃的判断和决定”④，所以，当代著名的政治哲学家施特劳斯认为，“政治哲学既力求探知政治事务的本性，又力求探知‘政治事务’的正当、善和政治秩序”⑤。善已然成为政治哲学研究的重要领域和范畴，同时也是政治活动的根本和终极价值所在。

---

① 北京大学哲学系，外国哲学史教研室. 古希腊罗马哲学. 北京：生活·读书·新知三联书店，1957：181-182.

② The Nicomachean Ethics. Translated by WD Ross. Oxford: Oxford University Press, 1980: 1.

③ 亚里士多德. 政治学：第1卷//亚里士多德全集（第9卷）. 北京：中国人民大学出版社，1994：1252b，1-5.

④ 万俊人. 政治如何进入哲学. 中国社会科学，2008，（2）：16-28，204.

⑤ Strauss L. What Is Political Philosophy? And Other Studies. Chicago: University of Chicago Press, 1988: 11-12.

三、政治哲学的逻辑体系

政治哲学的逻辑体系是其作为学科体系和研究视域的前提与基础，它决定着政治哲学的学科结构、研究内容、研究方法、实践品性和未来走向，它通过系统演绎和论证归纳的逐层剖析与科学探讨，进而逐步认识和构建起政治哲学的整体逻辑框架与内容。

（一）政治哲学的逻辑基础

政治活动不是冷冰冰的物化活动，政治哲学也不是生硬的语言分析和简单的理论建构。政治哲学面对的最基本的对象和要素是处于社会和国家政治活动中的人。人及人的社会性是决定政治哲学运思路径和理论内涵的前提与基础，政治中的人性是政治哲学的逻辑基础。

马克思认为，“人的本质不是单个人所固有的抽象物，在其现实性上，它是一切社会关系的总和”①。换句话说，“人性的本质、人性的发展以及人们对人性的界定必然在极大程度上影响到政治的发展，尤其影响到政治生活的深层价值理念的变革，并直接构成了政治哲学的历史的、逻辑的起点”②。

在此基础上，只有作为政治活动中的政治人，才有可能在“政治理性”和“政治道德”③的价值指引下，去合法、有效、有秩序地展开政治活动、参与政治生活，进而实现社会和国家的政治秩序和政治理想。

---

① 马克思，恩格斯. 马克思恩格斯选集（第1卷）. 北京：人民出版社，1995：56.

② 王岩. 试论政治哲学的价值意蕴. 道德与文明，2008，（1）：32-33.

③ 王岩认为，政治理性和政治道德是政治人（主体）必须拥有的价值属性，舍此，政治主体将无从提出政治生活的价值诉求，也难以保证政治参与过程的正当性和有序性。政治理性催生出政治主体的政治合法性能力，促使其提出相应的政治平等、政治自由等政治权利，以及推动社会为保障这些政治权利所应当具有的政治制度的民主性质，即政治民主；而政治道德则规定着政治主体的政治行为及其张力的道德维度，要求政治主体在主张政治权利、实现政治行为时应当承担相应的义务、职责和使命。政治道德之于政治行为的意义在于，它是政治行为的根本理念及其对现实政治的价值引导和理性批判。参见：王岩. 试论政治哲学的价值意蕴. 道德与文明，2008，（1）：32-33.

（二）政治哲学的基本领域

政治哲学的基本领域大致可以分为两类：社会和国家政府。这两大领域构成了政治哲学研究的基本范畴。在这两大领域下，社会对应的是公民权利，国家政府对应的是国家（政府）权力。简而言之，“权力”和“权利”构成了政治哲学的核心关键词之一。有学者认为，围绕“权力”和“权利”，政治哲学可以进一步分为以下几个基本问题：①政治的基本理念和基本原则；②政治原则与政治制度；③权利与权力的基本结构和互动关系；④法治的实践和程序；⑤公民的义务与政治家的职责或责任；⑥国家意识形态与社会政治理想等。[①]这几大问题是政治哲学着力研究的主要问题域，政治哲学的价值也只能在这些问题的研究和解决中才能得以体现。

（三）政治哲学的基本理念

正义一直是人类社会的理想追求，正义也是政治哲学的基本理念。如果从宏观的视角来看，政治哲学中的正义包含公平的正义，它是同权力、权利、利益等紧密相关的，是基于这几个要素界定和分配的正义。

最早思考正义问题的是苏格拉底，而较为完整地界定正义范畴的是柏拉图。柏拉图在《理想国》中对“正义”的界定为每一部分都各司其职，不介入其他部分的事务，正义者即哲学家。如果说柏拉图还仅仅是停留在形而上的理想国状态的正义的话，那么亚里士多德已经区分出了三种实质性的正义，即分配的正义、矫正性的正义和相互性的正义。“分配的正义主要关系到社会或群体成员的权利、权力、义务和责任的分配，包括在正义这一范畴中的问题是极其广泛的。”[②]到了罗尔斯的《正义论》，罗尔斯坚决捍卫正义，尤其是作为“一种公平的正义”在政治哲学中所具有的基本理念的地位和作用。由此，出现了

---

① 万俊人. 关于政治哲学几个基本问题研究论纲. 天津社会科学，2004，（2）：4-9.

② 埃德加·博登海默. 法理学. 张智仁，译. 上海：上海人民出版社，1992：242.

罗尔斯所说的正义的一般观念，即社会的基本利益“要进行平等的分配，除非对任何或所有这些（利益）的不平等分配对每个人都有利”。或者说，“假如且仅仅假如不平等对所有人有利时，它才是公正的”[①]。其实质也是一种基于权力或权利的利益的分配问题。这同时也成为社会政治活动最为基本的价值原则和目标。

（四）政治哲学的性质、内容和功能

著名的政治哲学史家施特劳斯认为，政治哲学是哲学的一个分支，而哲学又是“用整体的知识取代关于整体的见解”的一种“尝试”，所以，“政治哲学就是要试图真正了解政治事务的性质以及正确的或完善的政治制度这两方面的知识”[②]。“人类的政治实践也是一个行为和价值的选择过程。惟其如此，政治哲学不可避免地要对某些价值问题（尤其是一些价值纷争）做出无条件的选择。换言之，政治哲学必然体现为某种绝对的道德命令特征。”[③]“政治哲学是道德哲学在政治领域的应用与延伸。”[④]由此，政治哲学的性质可以这样界定，即“政治哲学产生于人类生活的困境，其特征是对政治思维的前提性反思；政治哲学的理论特征表现为，它是政治理论体系当中最深层次的反思活动。其理论倾向是道义性的”[⑤]。

对于政治哲学的内容，亚里士多德在《政治学》中指出，“政治研究……第一应该考虑，何者为最优良的政体，如果没有外因的妨碍，则最切合于理想的政体要具备并发展哪些要素。第二，政治学术应考

① 迈克尔·H. 莱斯诺夫. 二十世纪的政治哲学家. 冯克利，译. 北京：商务印书馆，2001：305.

② 詹姆斯·A. 古尔德，文森特·V. 瑟斯比. 现代政治思想. 杨淮生，王缉思，周琪，等，译. 北京：商务印书馆，1985：60-61.

③ 郑维东. 论政治哲学的性质、内容和功能. 清华大学学报（哲学社会科学版），2003，(6)：34-38.

④ 李强. 自由主义. 北京：中国社会科学出版社，1998：9.

⑤ 郑维东. 论政治哲学的性质、内容和功能. 清华大学学报（哲学社会科学版），2003，(6)：34-38.

虑适合于不同公民团体的各种不同政体……第三，政治学术还该考虑，在某种假设的情况中，应以哪种政体为相宜……第四，政治学术还应懂得最相宜于一般城邦政体的通用形式”①。简言之，政治哲学的内容涉及“什么是最好的政体”“什么样的政体才是最适宜的”“什么是最好的政府”等问题。从本质上讲，政治哲学关注的是人类社会长期所处的困境问题，而这些问题又不是可以一劳永逸解决的。具体来说，政治哲学应该包括以下几个方面。第一，自然观，主要是指人类对自然以及人和自然的关系的认识，这些思维认识构成了政治哲学的前提。第二，人性论，“人”的认识是人类一个永恒的主题，也是一个永恒的难题。对人的认识只是情境下的个人诠释和理解，而不是一个事实性描述和现实的判断。这些价值判断既是政治反思的前提，也是政治哲学的前提。第三，国家观，主要是指政府应该是什么、政府的属性、政府的权力结构等。第四，正义观，主要是指政治活动要有一定的程序和规范作为其运行的基础，这是政治思想中的基本问题。其意义在于为社会的资源分配、权利和与义务界定做出预设。正义问题涉及规范和程序两个方面。政治哲学关注规范的正义问题。②

政治哲学的功能主要分为三个方面：第一，政治哲学是政治理论的基本层面，其作用在于塑造一种合理化的政治理念；第二，政治哲学的功能还在于对现有政治理论的批判，其目的是为政治理论的创新和发展提供可能；第三，政治哲学的功能还体现在培养政治活动主体的政治思维能力上，从而在更好地理解政治理论的基础上参与政治活动。

（五）政治哲学的本质

政治哲学是关于政治价值判断的研究领域，是一种对于政治活动所具有的个体发展和社会发展的价值意义的追问和探求。“在政治

① 亚里士多德. 政治学. 吴寿彭，译. 北京：商务印书馆，1997：176-177.

② 郑维东. 论政治哲学的性质、内容和功能. 清华大学学报（哲学社会科学版），2003，（6）：34-38.

正义层面上研究政治社会的深层本质，规范政治生活的价值标准，评判政治活动的正当性与否，是政治哲学本质特点的一个极为重要的表现。”①

同时，政治活动本身又是一个关于权力、利益、权利的界定和分配过程。所以“政治哲学就是关于利益、权利和权力的界定和分配的正当性论证（由于正当性论证往往要以道德理由为最有力的依据，所以政治哲学总是同时涉及伦理学）。简单地说，政治哲学问题就是一系列关于各种政治制度安排的‘正当性’（justification）问题。”。或者说，“政治哲学虽然主要是关于政治实践的研究，但也有它的形而上学问题，一种可以称作‘政治形而上学’的关于政治深度性质的问题，它涉及政治活动的精神本质”。②从以上论述来看，政治哲学的本质是一种有关政治正义和政治规范等正当性指向的终极的价值判断和价值追求。另外是有关政治活动中权力、权利、利益等的合法性论证。

第二节 中国政治哲学思想的诠释和界说

从严格意义上来说，中国古代并没有“政治哲学”的明确说法和范畴。这是由中国古代特有的文化传统和思想结构决定的，在经、史、子、集的知识主题和思想划分体系中，哲学（思想）部分可以被列入“经”部和“子”部，在关乎政治思想和政治实践的学说中，也多从以上两个部分析出。另外，中国传统的史学内容也有关于政治经验和政治实践的表述，它在很大程度上也具有政治哲学的某些功能。所以说，对中国政治哲学的研究需要在浩如烟海的典籍中挖掘、整理和诠释出其具有的政治哲学性质、因素和内容的研究主题，并以此作为中国政治哲学的思想流变过程。

---

① 王岩. 试论政治哲学的价值意蕴. 道德与文明，2008，（1）：32-33.

② 赵汀阳. 哲学的政治学转向. 吉林大学社会科学学报，2006，（2）：5-11.

（一）儒家的政治哲学思想

儒家是在中国传统文化和思想中占据主流和支配地位的学说，它在很大程度上决定了中国人的思想观念、处世智慧、精神理想和实践品格。儒家学说中很大一部分都可以作为政治哲学的一部分来研究，从孔子的“礼”和“仁”的政治界说与孟子“君轻民贵”的仁政理想，荀子“礼法并用”的实务主义政治观等，都是中国古代儒家政治哲学的集中体现和优秀代表。

孔子的政治哲学思想是从其“人道”观开始的。李泽厚认为，孔子内含“人道”的“文化心理结构”是由血缘、心理、人道和人格等四个要素构成的实用理性的统一体。其中，血缘的实质规定为孝悌；心理是人的伦理——心理状态（人性）；人道，即做到由亲及人、由“爱有差等”到“泛爱众”、由亲亲到尊尊以至仁民；人格，即具有独立性和主动性的君子。[①]在当时“礼崩乐坏”的社会秩序中，人的个体意义和价值趋于虚无，在这种背景下，孔子重视德（仁）礼。正如孔子所云：“道之以政，齐之以刑，民免而无耻；道之以德，齐之以礼，有耻且格。”[②]人道是孔子政治哲学论述的起点和前置命题，正所谓“天道远，人道迩，非所及也，何以知之”[③]。人道存在于社会政治活动中，可以就近掌握，而这就是政治哲学的运思起点。在这么多政治哲学的思维工具中，孔子最为重视的是“德”和“礼”，而非“刑”和“政”，前者就构成了孔子政治哲学中的主要逻辑范畴。“孔子通过其博施济众而养民、以身作则而以道教人、导以政刑而治民等来实现其德治；在这个过程中，刑、政、礼、德的重要性依次突出，并规定前三者以德为旨归。”[④]

儒家的政治哲学在一定程度上又可称为“美德政治哲学”。黄勇

---

① 李泽厚. 中国古代思想史论. 北京：生活·读书·新知三联书店，2008：27.

② 金良年. 论语译注. 上海：上海古籍出版社，1995：10.

③ 左丘明. 左传·昭公·昭公十八年. 郭丹译注. 北京：中华书局，2016：110.

④ 陆玉胜. 在个体生命意义与社会政治秩序之间——原始儒家的政治哲学思想探究. 太原师范学院学报（社会科学版），2020，19（3）：1-13.

和谭延庚认为，儒学作为伦理学，是一种美德伦理学，而非功利论和道义论。后两种伦理理论，即使原本不是政治哲学也很容易发展为政治哲学。功利论根据行为的结果来评价个人行为在道德上的对错（伦理学），也根据法律和社会政策的结果来评价它们在道德上的对错（政治哲学）。类似地，道义论根据道德原则来确定个人行为在道德上的对错（伦理学），对法律、社会政策亦然（政治哲学）；相反，美德伦理关注的是哪些个人品格为美德（virtue），哪些为恶德（vice），似乎这些都与法律、政策和社会制度无涉。所以，构建一种可信的儒家政治哲学的关键，落在了构建可信的美德政治哲学上。所谓美德政治哲学，就是以美德为基础的政治哲学……发展儒家美德政治哲学最重要或许也是最困难的进路是：将个体的美德与社会的法律和政策体系的正义关联起来。[①]这一点在孟子那里获得了突破，孟子曾云："离娄之明，公输子之巧，不以规矩，不能成方圆……尧舜之道，不以仁政，不能平治天下。"这就强调了法律和制度作为政治实践的必要性。[②]孟子进一步说："今有仁心仁闻而民不被其泽，不可法于后世者，不行先王之道也。"[③]孟子所谓的"法先王"是一种对美好理想政治制度的向往，而并非一味地保守。孟子认为："徒善不足以为政，徒法不能以自行。"[④]这实际提出了政治活动中的法律依据问题，儒家并非回避法治而只依赖道德和礼乐约束，正所谓圣人"既竭心思焉，继之以不忍人之政，而仁覆天下矣"[⑤]。这也直接影响了后来荀子的"礼法"思想。

对于儒家政治哲学来说，正义同样是一个核心议题，尤其是分配正义的问题。"在正义问题上，当代儒家政治哲学家通过援引儒家经典

① 黄勇，谭延庚. 儒家政治哲学的若干前沿问题. 华东师范大学学报（哲学社会科学版），2020，52（3）：35-46，180.

② 杨伯峻. 孟子译注. 北京：中华书局，2008：121.

③ 杨伯峻. 孟子译注. 北京：中华书局，2008：121.

④ 杨伯峻. 孟子译注. 北京：中华书局，2008：121.

⑤ 杨伯峻. 孟子译注. 北京：中华书局，2008：121.

的不同段落、甚至通过对相同段落的不同解释，积极地发展了平等主义（egalitarianism）、足够主义（sufficientarianism）、优先主义（prioritarianism）和功绩主义（meritarianism）（或称经济贤能主义，economic meritocracy）的儒家版本。”①孟子云：“无恒产而有恒心者，惟士为能。若民，则无恒产，因无恒心。”②荀子云：“五疾，上收而养之，材而事之，官施而衣食之，兼覆无遗。”③“老而无妻曰鳏。老而无夫曰寡。老而无子曰独。幼而无父曰孤。此四者，天下之穷民而无告者。文王发政施仁，必先斯四者。”④正义分配问题是政治哲学中的核心问题之一，它直接关乎政治活动的合法性，是推行相关政治制度、法律法规和政策活动的主要前提。

（二）道家的政治哲学思想

老子的“无为”而“无不为”的玄德教化，在中国政治哲学体系中也占据着重要地位。相较于孔孟的政治哲学思想，老子另辟蹊径，在中国政治哲学史上留下了浓墨重彩、别具一格的一笔。更为重要的是，以老子政治哲学思想为主要理论基础之一的汉代政治实践，把老子的“无为而无不为”的政治哲学理念发扬光大，并产生了重要影响，这是对中国思想中政治哲学的重要演绎和有力论证。“道”是老子政治哲学思想的核心和起点，“道”既可指自然运行规律，也可指人的纯粹自然存在，同时也可被称之为人与自然关系的和谐状态。在此前提下，老子以“道法自然”为统摄，提出了其政治哲学的理论体系，其核心内容是无为而治；政治原则为正善治；最高的理想目标就是小国寡民。同时，老子从辩证智慧、意会角度、自由和复古倾向方法中找到了政治哲学思想的实质就是“君道论”，即具备圣人的品格，并达到人与自

① 黄勇，谭延庚. 儒家政治哲学的若干前沿问题. 华东师范大学学报（哲学社会科学版），2020，52（3）：35-46，180.

② 杨伯峻. 孟子译注. 北京：中华书局，2008：89.

③ 荀况. 荀子. 方勇，李波，译注. 北京：中华书局，2011：114.

④ 杨伯峻. 孟子译注. 北京：中华书局，2008：27.

然、社会的和谐，从而管理好一个国家。

另外，有研究认为，“老子的社会批判思想也是老子著名的无为主义政治哲学的一个重要理论前提。老子作为一个自然主义者，他所反复阐述的‘自然之道’无疑是其犀利的社会批判思想的内在灵魂和价值悬设。老子以‘自然之道’深刻地批判和否定了社会现实及其政治的合法性基础，消解了全能主义的政治权威，创立了中国古代第一个独立的社会批判系统，为构建现代的民主政治和自由社会提供了可供启迪利用的丰富思想资源和固有的民族性基础。同时，对包括道家、儒家在内的中国传统政治哲学未能导出真正的民主政治理论和实践的主要原因、‘内圣外王’之道的内在缺陷等都作了深入的分析”①。这可以说是老子对于中国政治哲学思想和政治实践活动所做出的最大贡献之一。

庄子是道家学派中最为飘逸和最为洒脱、看穿世事万物、横贯自然之域的重要思想家之一。庄子的政治哲学思想同样独树一帜，影响深远。如果说老子还在企图寻求人与自然的关联和协调的话，那么庄子则已然超脱于“人”外，以一种豁达忘我的精神和气质去寻求人的自然化和自然的人化，以此作为其政治哲学思想的发端和起源。庄子并非被动地逃避现实羁绊，而是自觉融入自然，主动了却现实牵连，以“相濡以沫，不如相忘于江湖”的哲学品格探求人存在的真实意义和价值归依，这种灵魂体现在政治哲学中，就意味着“成王败寇”式的政治逻辑的终结和消逝。但这并不意味着庄子的政治哲学思想对中国的政治实践没有任何意义，他的这种思想主要体现在士人的独立品格塑造上。“士”的阶层是中国政治实践中特有的一个阶层，在一定程度上，他们是中国古代中层、下层政治管理和政治理想的主要践行者，个别士人甚至可以进入政治实践的最高层，并在其中发挥作用。在这些士人中，很多人在人生的困境甚至绝境期受到庄子人生哲学和政治

① 朱晓鹏. 权威的消解与民主的构建——论老子政治哲学中的社会批判思想. 杭州师范学院学报（社会科学版），2004，（2）：11-17.

思想的影响，而这些影响在他们走出这一时期后的政治实践中，对他们的人格重塑和修养进阶都起到了重要的作用。

庄子曾言："大言炎炎，小言詹詹。"[①]"道不可言，言而非也。"所以，"至言去言"[②]这种"无言之教""不言之辩""不道之道"正是庄子政治哲学思想的主要来源和基本内容。在此基础上，庄子通过"坐忘""虚己""丧我""无己"来实现自身对于政治理想的理解和生发。就"政治哲学视角来说，其一，要注意区分生存境界问题与政治哲学问题。如庄子对于形体、肉身之忧患，既有政治哲学的意蕴——如庄子对以法家为代表的、反向利用人性之弱点而展开的'正（征）人'之政所导致的对人的种种危害的揭露和抨击便属于此，也包含着庄子对由于肉身及其欲望的驱使而导致人的沉沦，丧失人的生存的本真本己性的告诫。前者无疑是政治哲学所探究的对象，而后者则属于关于人的生存境界的人生哲学问题。虽然二者之间并非截然对峙，最终依然有着内在的联系，但乃是有着明确区别的相互联系，决不应该混为一谈"[③]。所以说，庄子的政治哲学思想从根本上解决了中国士人的精神境界问题，实现了他们政治实践中"居庙堂之高"的生存技能与"处江湖之远"的自然理想的统一和升华。

（三）佛家的政治哲学思想

佛家是中国思想体系中一股重要的力量，在某种程度上，它解决了人生的心性精神寄托和心理品质优化问题，是不可多得的内隐性的政治哲学思想资源。如若把儒家和道家的政治哲学思想视为显性的，则佛家则为内隐性的，它追求无念的"众生平等"，寻求大众福祉的理想政治期望和要求。

佛家在本质上并不直接介入政治生活，但中国古代的统治者往往

① 陈鼓应. 庄子今注今译. 北京：商务印书馆，2016：52.

② 陈鼓应. 庄子今注今译. 北京：商务印书馆，2016：677.

③ 储昭华，幸玉芳. "不言"究竟何言——从政治哲学视角解析庄子的方法论问题. 湖北社会科学，2018，（11）：69-77，98.

把其视为最重要的政治资源之一，尤其是在政治管理的信仰依托和精神诉求方面，佛家起到了约旨式的理念引导作用。其中，“众生平等”以及“佛法”是佛家政治哲学思想的主要理论基础和信念体系。关于佛教的平等观，梁启超先生在其早年所著的《佛教与群治之关系》一文中，曾大加推崇：“佛教之信仰乃平等而非差别。他教者，率众生以受治于一尊之下者也。帷佛不然……其立教之目的，在使人人皆平等而已。夫专制政体，固使人服从也，立宪政体，亦使人服从也，而其顺逆相反者。一则以我服从于他，使我由之，而不使我知之；一则以我服从于我，吉凶与我同患也。故他教虽善，始不免为据乱世小康世之教，若佛教则兼三世而通之者也。故信仰他教或有流弊，而佛教无流井也。”①

有研究认为，“佛教的法的观点，其实颇类似于法哲学中的理性法或自然法的理论。所谓自然法、尽管其定义众说纷纭，但基本的看法是：自然法观念是种法的二元论，即在国家制定的实在法（即我们通常所说的法律）之上，还存在一种叫自然法的东西，国家的制定法或实在法，必须符合自然法……法者梵云达磨，Dharma，为通于一切之语。小者大者，有形者，无形者；真实者，虚妄者；事物其物者，道理其物者，皆悉为法也……唯识论一曰：‘法谓轨持，轨谓轨范，可生物解，持谓任持，不舍自相。’……大乘义章十曰：‘法者……泛释有二，一自体为法，二者轨则名法。’”②“从以上法的释义中我们可知，佛教认为，法首先是指一切事物本身，指事物的共通法则或规律。其二指的是规（轨）范。不过，这些规范必须以事物各自的法则或法律为依据，而不能舍弃‘自相’。由此可以推论，世俗社会，国家本身也有其法，即规律。国家制定法律，规范国民的行为，当然也是必要的，但这些法律规范必须符合国家、社会自身固有的法则。显然在这里，佛教承认事物自身各有其规律，可以说包含有唯物论的思

① 转引自 梁启超. 梁启超哲学思想文选. 北京：北京大学出版社，1984：14.

② 丁福保. 佛学大辞典. 北京：文物出版社，1984：690.

想因素。"[①]显然，在佛家的思想里，暗含着政治运行规律和运行原则，这是其对中国政治哲学思想体系建构的主要贡献。

① 张光杰. 谈谈佛教的政治法律观. 社会科学，1987，（4）：37-41.

第 二 章

02

教育政策的现实生态和价值品格

教育政策是横亘在教育理论与教育实践之间的存在，它企图贯通二者并期望取得预期的现实效能和价值意义。教育政策是教育理论走入教育实践的节拍器和调适器，它高扬着教育理想，并直面教育现实，希望在此间实现着自我的存在意义。长期以来，我们往往纠缠于教育理论与教育实践的沟壑中难以自拔，并妄想以一己之力填平它们之间的所有差异和距离，却忘记了它们自身相对的不平衡性和独立性。教育政策的现实生态决定了其自身的概念范畴、理论体系和运行机制，而教育政策的价值品格决定了其内在的意义逻辑、精神追求和理想实现。

第一节　教育政策的现实生态

如果把教育政策形容为一个实在体的话，那么其产生、发展、评价以及终结都产生于公共政策活动的范畴。教育政策概念的内涵和外延、教育政策理论的内生和外突、教育政策运行的量变和质变，既具有公共政策的一般属性，又彰显着其自身的鲜明特色和风格。

一、教育政策的有机体

教育政策可以从其概念界定、生态解读和实践共同体等 3 个方面予以认知和确认。这是构成教育政策有机体的前提命题和论证基础。

（一）教育政策的界说

教育政策源于公共政策。公共政策是人类历史发展和文明进步的成果，在人类社会的前进轨迹中，尤其是以 18 世纪现代国家的出现为标志，公共政策活动开始走上历史舞台并日益发挥着重要的作用。公共政策活动和民族国家的兴起密不可分，当一个民族步入具有自主的民族意识、民族精神和民族理想的阶段时，在面临着自身重大的发展愿景和发展任务时，需要通过公共活动的运行来调节、控制以及评价其发展的目标和规划，公共政策就应运而生了。西方学术界对“政策”的定义主要有以下几种。

公共行政学的首创者之一，美国学者伍德罗·威尔逊（Woodrow Wilson）：政策是由政治家，即具有立法权者制定的而由行政人员执行的法律和法规。[①]

美籍加拿大学者戴维·伊斯顿（David Easton）：公共政策是对全社会的价值做权威性的分配。[②]政策科学主要的倡导者和创立者——哈罗德·拉斯韦尔（Harald D. Lasswell）与亚伯拉罕·卡普兰（Abraham Kaplan）：政策是含有目标、价值与策略的大型计划。[③]

罗伯特·艾斯顿（Robert Eyestone）：公共政策就是政府机构和它周围环境之间的关系。[④]

托马斯·戴伊（Thomas R. Dye）：凡是政府决定做的或不做的事情就是公共政策。[⑤]

詹姆斯·安德森（James E. Anderson）：“政策是一个有目的的活动过程，而这些活动是由一个或一批行为者，为处理某一问题或有关事务而采取的”；“公共政策是由政府机关和政府官员所制定的政策”[⑥]。

卡尔·弗里德里奇（Carl J. Friedrich）：政策是在某一特定的环境下，个人、团体或政府有计划的活动过程，提出政策的用意就是利用时机、克服障碍，以实现某个既定的目标，或达到某一既定的

---

① 伍启元. 公共政策. 香港：商务印书馆，1989：4.

② Easton D. The Political System: An Inquiry into the State of Political Science. New York: Kropf, 1953: 129.

③ Lasswell H D, Kaplan A. Power and Society: A Framework for Political Inquiry. New Haven: Yale University Press, 1950: 71.

④ Eyestone R. The Threads of Public Policy: A Study in Policy Leadership. Indianapolis: Bobbs-Merril, 1971: 18.

⑤ Dye T R. Understanding Public Policy. Englewood Cliffs: Prentice-Hall Inc, 1984: 2.

⑥ 詹姆斯·E. 安德森. 公共决策. 唐亮，译. 北京：华夏出版社，1990：4.

目的。[①]

从西方学者研究的政策内涵表述，可以看出，“政策”范畴的要义主要包括：①政策是由政府或其他权威人士所制定的计划和规划；②政策是由一系列活动组成的过程；③政策具有明确的目的、目标或方向，不是自发性或盲目性的行为；④政策是对社会所做的权威性价值分配。[②]

在汉语的语言和话语体系中，“政策”是由“政”和“策”组成的一个复合名词词汇。在古代，“政，正也”，“策，马棰也。从竹朿声。楚革切”。[③]换句话说，“政策”之“政”与国家的制度、权力和法令紧密相关；“政策”之“策”原意为“头部有尖刺的马鞭”，后来则逐步演化为“谋略”“计策”，如“立盐铁，始张利官以给之，非长策也”[④]。现代意义上，“政”有“政治”“法令”“策略”“管理”等多个解释，“政策”一词确切来说是舶来品，是经由日本注解而来的西方词汇。明治维新以后，日本受西方文化影响日盛，人们在翻译“policy”一词时，将由我国传入日本的日语汉字“政”与“策”组合，译为“政策”。[⑤]现代意义的“政策”有多种定义，如“国家、政党为实现一定历史时期的路线和任务而规定的行动准则”[⑥]。“国家政权机关为了实现政治、经济、文化上的目的，根据历史条件和当前情况制定的一套措施和方法。”[⑦]“国家、政党在一定历史时期为实现一定任务而规定的行动依据和准则。”[⑧]

中国学者关于“政策”的定义主要有：

---

① Friedrich C J. Man and His Government: An Empirical Theory of Politics. New York: McGraw-Hill, 1963: 79.

② 陈振明. 政策科学——公共政策分析导论. 2 版. 北京：中国人民大学出版社，2003：2.

③ 许慎. 说文解字. 北京：中华书局，2004.

④ 桓宽. 盐铁论·本议. 张之象，注. 上海：上海古籍出版社，1990：7.

⑤ 雷颐. “黄金十年”. 读书，1997，（9）：97-103.

⑥ 辞海编辑委员会. 辞海（第 6 版）. 上海：上海辞书出版社，2009：2926.

⑦ 中国社会科学院语言研究所词典编辑室. 现代汉语词典. 北京：商务印书馆，1983：1417.

⑧ 皮纯协，徐理明，等. 简明政治学词典. 郑州：河南人民出版社，1986：458.

（1）政策是国家和政党为了实现一定的总目标而确定的行动准则，它表现为对人们的利益进行分配和调节的政治措施和复杂过程。[①]

（2）政策可以解释为人们为实现某一目标而确定的行为准则和谋略，简言之，政策就是治党治国的规则和方略。[②]

（3）党和政府用以规范、引导有关机构团体和个人行为的准则或指南。其表现形式有法律、规章、行政命令、政府首脑的书面或口头声明和指示以及行动计划与策略等。[③]

（4）公共政策是指政府选择作为或不作为的行为。[④]

有学者认为，广义的“政策”是指“人们为实现某一目标而采取的行动方案”[⑤]。基于工具书诠释的“政策”由于将政策主体确定为政府、政党等具有公共权力的机关，实际上是将“政策”视为“公共政策”来理解。[⑥]

从中外研究者对“政策”的内涵定位和解读可以看出，从广义上讲，政策是个人、团体或政府等为了达到某个目标、实现某种目的所提出的各项有计划的活动的总称。从狭义上讲，政策是政府、政党和其他政治团体等具有公共权力的主体在一定的历史条件下和社会环境中，为了实现其政治、经济、文化、社会、科技、教育等各项发展目标而提出的政治性的行为依据和准则。它是一系列计划、法律、措施、规章、规则、条例、策略、方法的总称。狭义上的“政策”等同于“公共政策”，二者具有相同的范畴结构和方法体系。

公共政策的范畴很广，包括经济政策、政治政策、文化政策、科技政策及生态政策等。在同一阶段，这些政策活动有着共同的政策背景、政策传统和政策现实，它们既密切相关又具有相对独立性，共同

---

① 孙光. 政策科学. 杭州：浙江教育出版社，1988：2.

② 王福生. 政策学研究. 成都：四川人民出版社，1991：4.

③ 张金马. 政策科学导论. 北京：中国人民大学出版社，1992：19-20.

④ 林水波，张世贤. 公共政策. 台北：五南图书出版公司，1982：8.

⑤ 宁骚. 公共政策学. 北京：高等教育出版社，2003：182.

⑥ 陈庆云. 公共政策分析. 北京：北京大学出版社，2006：3.

担负起一个社会、一个国家未来的发展愿景和发展方向，以便实现民族的繁荣和稳定。就特征而言，公共政策主要有以下特点：

一是公益性。公共政策所面对的是公共问题，解决的是公共矛盾，力争达到的是公共利益的最大化和最优配置。所以说，公益性是公共政策的首要特性和基本担保。公共政策的公益性主要体现在对公共资源的分配和调整上，社会公众根据自身需要所诉求的公共利益千变万化，但归根结底，政策本身需要彰显明确的公共利益最大化原则，避免公共资源的不公分配和过度浪费，这是公共政策的首要使命。

二是政治性。政策说到底是政府的公共行为，其所赋予的公权力尤其明显。在运用公权力的前提下，公共政策的政治性主要体现在官方的强制性、公民的义务性和国家的意志性上。亚里士多德曾言，人天生是政治的动物。社会是政治运行的载体和努力对象，在公共政策的外显功能中，政治性是首要特征。公共政策同时也需要国家、政府的强力推动予以实现，其效能往往和一个国家的政策意志力有着千丝万缕的关联。

三是时代性。公共政策并不是抽象的现实存在，而是和一个社会的时代境况、发展要求、公众心理、未来趋向密切相关。所有的公共政策本质上都是一个时代的缩影，时代所赋予的典型底色映射着公共政策的性质和功能。为此，公共政策需要从自身的自说自话、自我诠释和自我论证中挣脱，全身心地投入到时代的洪流中，尤其是在面对社会发展转折的重大关头时，公共政策需要成为社会变革和国家进步的先行队和指引者，其引领时代变革的重大责任和义务毋庸置疑。同时，时代境况也会给公共政策带来其运行所需要的各种物质基础、思想潮流、精神品格和评价体系，双方是互为依存、互为反哺的关系样态。

四是超越性。公共政策不是社会发展的应声虫和被动回答者，从政策周期理论来看，政策主要面向的是未来的可能发展，政策活动有很大一部分功能体现在对未来社会的建构和完善上，其绩效也需要未来的检验。为此，超越现有社会现实的桎梏，渗入和嵌入未来趋势的基因和要素就成为公共政策的必要条件。长期以来，在公共政策研究领域，过于关注短期内政策的实施效能而忽略其长远效应和影响的行为占据研究的主阵地，造成了政策研究的急功近利化。实际上，公共政策是否真正经得起历史的检验，往往需要长时段和长周期的观察和评价，这是公共政策生命力的根本保证和依托。

五是终结性。公共政策并不是一直存有的，政策活动的实施、调控、评价和终结是其应有之义和正常程序。公共政策的终结主要源于其方案的过时性、不适应性甚至于负面无效性。面对社会发展的千变万化，政策不应一味地固执持有，而要与时俱进，大胆变革，及时而有勇气地终结一项已然无力甚至于无效的公共政策，是确保社会公共政策体系富有朝气、继续发挥其功能的必要前提，这一点必须予以坚定认可和实践；否则，政策就会产生僵尸效应，就会无度浪费社会资源，造成不可估量的严重后果，从而影响社会整体的发展进步。

教育政策是公共政策中的一种，具有公共政策活动的基本特性与运行准则，“从逻辑学的意义上说，政策、公共政策、教育政策三个概念之间是上位概念与下位概念的关系，即公共政策是政策的下位概念，教育政策是公共政策的下位概念”[①]。换言之，教育政策是公共政策在教育领域的应用和延伸，它主要解决教育领域中的突出问题、紧迫矛盾和利益分配。同时，我们要看到，教育政策同其他政策相比，具有特殊性和相对独立性，教育政策主要面对人的发展问题，其社会职能也最终是服务于人的发展。人的因素尤其是人的全面发展、人格培育、思维塑造等主题是教育政策区别于其他公共政策的主要标志之一。

“教育政策”本身是一个较为复杂的概念。目前有关教育政策的定义主要有：

（1）教育政策是“政府或政党制定的有关教育的方针和政策，主要是某一历史时期国家或政党的总任务、总方针、总政策在教育领域

① 刘复兴. 教育政策的价值分析. 北京：教育科学出版社，2003：28.

内的具体表现”[①]。

（2）“教育政策是负有教育的法律或行政责任的组织及团体为了实现一定时期的教育目标和任务而规定的行动准则。”[②]

（3）“教育政策是一个政党或国家为实现一定时期的教育任务而制定的行为准则。”[③]

（4）“教育政策是一种有目的、有组织的动态发展过程，是政党政府等政治实体在一定历史时期，为实现一定的教育目标和任务而协调教育的内外关系所规定的行动依据和准则。”[④]

（5）“教育政策是国家和政党为实现教育目标而制定的行政准则。”[⑤]

（6）“教育政策是有关教育的权利和利益的具体体现。”[⑥]

（7）教育政策应是“国家为完成一定教育任务，实现教育目标，而协调教育的内外关系后作出的一种战略性、准则性的规定”[⑦]。

（8）“教育政策是负有教育的法律或行政责任的组织和团体为实现特定时期的教育目的，在管理教育事业过程中制定和执行的，用以确定和调整教育利益关系的行为准则。”[⑧]

（二）根植于“教育”生态的教育政策

教育政策的相对独立性需要以教育场域自身在社会场域中的相对独立性为前提和依赖。这里面也会涉及“教育学”自身的立场问题。中国教育学的立场问题是中国教育学在发展过程中逐渐凸显出的一个

① 叶澜. 教育概论. 北京：人民教育出版社，1991：148.

② 成有信，等. 教育政治学. 南京：江苏教育出版社，1993：201.

③ 袁振国. 教育政策学. 南京：江苏教育出版社，1996：115.

④ 孙绵涛. 教育政策学. 武汉：武汉工业大学出版社，1997：5.

⑤ 萧宗六. 教育方针、教育政策与教育法规. 人民教育，1997，（11）：35-36.

⑥ 张新平. 简论教育政策的本质、特点及功能. 江西教育科研，1999，（1）：37-42.

⑦ 孙绵涛，邓纯考. 错位与复归——当代中国教育政策价值分析. 教育理论与实践，2002，（10）：17-20.

⑧ 范国睿，等. 教育政策的理论与实践. 上海：上海教育出版社，2011：4.

问题域，由于涉及教育学科和教育研究者的“安身立命”[①]之所在，所以越来越成为21世纪初期中国教育学需要研究的一个根本问题(相对于20世纪的教育的起源问题、教育学的学科性质问题等)，这方面的研究成果日益丰富，但是研究主题多定位于从“教育”内在特殊性言说教育学立场，从教育“私性”[②]演绎教育学立场，而忽略了现代教育的公共性品质。“教育学立场”的确立必须以“教育在场”作为逻辑前提和演绎基础。

1. 何为“教育在场”

“在场”（Anwesen）是德语哲学中的一个重要概念，同时也是哲学本体论的一个重要范畴，意指显现的存在或存在意义的显现。“在场既是一种状态，也是一种关系：在场就是能够对其他在场者的作用或‘刺激’做出应对，以及以自身的施动引起其他在场者的应对：一种交往性的、主体间性的实在关系。”[③]与此相关的概念“在场性”（Anwesenheit）已逐渐为整个西方当代哲学所接受和认可。基于此，“在场”可指作为一种状态和关系存在的存在和存在意义的显现。“在场”以及“在场性”和公共性息息相关，社会公共性的实现根植于社会诸场域的结构、要素和功能的“在场”和“在场”意义的显现。尤尔根·哈贝马斯（Jürgen Habermas）认为，公共性（公共领域），它并不指称某种特定的公共场所，而是任何能体现公共性原则，即原则上对所有公民开放而形成的场合。一经形成后，它又要能有效地保障人们自由地表达或公开他们的意见，不受任何教条与强制性权力的干扰。换句话说，“公共性本身表现为一个独立的领域，即公共领域，它和私人领域是相对立的”[④]。长期以来，公共性就具有双重传统：“‘公共的’……

---

① 陈振华，徐莉. 中国教育学者何以更好地安身立命. 教育研究，2005，（7）：20-24.

② 这里的教育“私性”是指传统意义上讨论教育学立场时，往往为了凸显其特殊性而过分强调教育学的独特之处，甚至人为地为其划分过窄过细的封闭的学科界限，忽略教育活动与外部因素的千丝万缕的密切联系，在某种程度上，造成教育学更加的孤独与彷徨。

③ 肖峰. 论人的信息化在场. 中国人民大学学报，2005，（4）：98-104.

④ 哈贝马斯. 公共领域的结构转型. 曹卫东，等，译. 上海：学林出版社，1999：2.

指‘国家，就它依赖于一个自然的人类共同体而论。’……也意味着‘在公共场合、而不是在一个人的家中出现的东西，或者在社会上具有普遍影响或普遍用处的东西。’”[①]

随着社会的进步和现代教育的发展，“教育”愈来愈具备公共性质；教育场域愈来愈成为公共场域；教育问题愈来愈成为公共问题；教育研究对象及方法论愈来愈成为公共议题，体现出复杂性思维特质；教育理论愈来愈需要公共理论的“滋养”；教育实践愈来愈融入社会变革的洪流中。在这种情境下，所谓“教育在场”就是指在教育的公共性品质[②]的引导下，促使教育理论和教育实践真正走入公共生活，秉持公共理性，维护公共利益，培育合格公民，追求公共的善，从而达成公共生活的福祉。[③]“教育在场”作为一种价值体系，关乎着教育的公益性、教育的公平性、教育的公正性，从而有助于生成多元和谐的社会生态；“教育在场”作为一种实践范畴，涉及合理分配教育资源、提高教育质量、提供高标准的教育公共服务，从而有利于形成公平和效率兼顾的社会发展机制。

2. 如何“教育在场”

对于如何“教育在场”的问题，可以从本体论、价值论、知识论、方法论等方面进行分析和研究。

① 约翰·克里斯蒂安·劳尔森. 颠覆性的康德：“公共的”和“公共性”的词汇//詹姆斯·施密特. 启蒙运动与现代性：18 世纪与 20 世纪的对话. 徐向东，卢华萍，译. 上海：上海人民出版社，2005：260.

② 教育的公共性品质可指教育所具有的既使社会受益，又使个人受益的责任和功效。参见：余雅风. 教育立法必须以教育的公共性为价值基础. 北京师范大学学报（社会科学版），2005，（1）：30-39.

③ 这几个要素之间是有着内在的逻辑关系的。美国哲学家李普曼于 1956 年在《公共哲学的复兴》一文中提出，文明社会的重大标志是形成“公共生活世界”以及与之相应的“公共哲学”观念。参见：袁祖社. “公共哲学”与当代中国的公共性社会实践. 中国社会科学，2007，（3）：134-160. 罗尔斯同时指出：公共理性是一个民主国家的基本特征。它是公民的理性，是那些共享平等公民身份的人的理性。他们的理想目标是公共善，此乃政治正义观念对社会之基本制度结构的要求所在，也是这些制度所服务的目标和目的所在。参见：约翰·罗尔斯. 政治自由主义. 万俊人，译. 南京：译林出版社，2000：226.

第一，从本体论的角度讲，实现“教育在场”需要确立教育的公共性品质，并以此作为教育研究和教育活动的发源并展开。教育的公共性品质是伴随着现代民族国家的发展，在经济、政治、文化、科技等公共场域的多重变革中所体现出的现代公共教育的核心理念。公共性品质是现代教育的基本特征，是现代教育的内在属性。总的来讲，教育的公共性品质应包含以下内涵，即教育的公益性、教育的平等性、教育的公正性。公益性（公共利益性）是教育公共性品质的第一要义。公益性是社会生活诸多场域所具有的性质，教育场域也不例外，教育是基于培育人进而达成社会发展的活动，它兼顾了个人利益、社会利益和国家利益，其公益性已经被现代世界几乎所有国家所接受和认同，并把教育事业当成公益事业来进行规划和运行，坚持和维护教育的公益性是现代国家义不容辞的责任和义务。在市场经济的背景下，教育的公益性面临着巨大的挑战，由于社会、政府、学校和市场的关系随着社会的发展而发生了巨大的变化，如何在这种复杂多变的关系网中保持教育公益性，就需要在教育领域内合理有效地处理好公益与私益、效率与公平、可选择性与多样性之间的关系，并且要适度引入竞争机制来促进各方面关系的平衡。当然，政府始终是保持教育公益性的最大责任承担者，担负着最主要的公共利益的实现和分配的责任。

教育的平等性是建立在公益性基础上的更高一层的追求，由于公共利益涉及面广、利益诉求多、利益博弈剧烈，所以在维护公益性的问题上就必须坚持平等性的原则和追求。平等是一种社会关系，其实质是政治对于教育制度的介入和安排，其核心理念是“无差别地对待所有的公民”，所以教育的平等性应该包括“平等的教育”和“教育的平等”两个范畴。教育的平等性是指国家和社会应该提供给每一个公民以适合其自然品质发展的受教育机会和权利，培养其公民意识和公民精神，促进其个性培育及其社会性发展；教育的平等性包括教育机会平等和实质性平等两种。其中，教育机会的平等又包括教育起点的平等和教育过程中成功机会的平等，是一种既强调普遍性又强调差异性的平等，又称为程序平等或者形式平等；实质性平等是基于教育实际状况的前提下，通过教育政策杠杆等手段，统筹安排、合理布局，力图达成总体教育公平的教育的平等性样态。

教育的公正性是教育公共性品质的最高层次。公平和正义作为一种终极价值，是人类社会千百年来追求的永恒理想，也是人类文明进步的重要标志。按照罗尔斯的平等和差异原则，教育的公正性可以分为两个层面：第一个层面是教育应该远离个人和集团私利，摒弃偏见和闭塞，以一种公平和正义的态度去进行教育活动的抉择和运行，以一种开放包容的胸襟接纳和进入公共生活的公共价值和公共实践，并培养公民的正义品质，这可以称为教育公正性的基础层面；第二个层面是在第一个层面的基础上，教育应该对弱势群体和个体进行相应的利益补偿，使教育资源和教育权利的分配更加公正合理，以期达到社会公正的生态平衡。约翰·罗尔斯认为，教育的公共性所表明的是，教育基于正当性或正义性而关涉社会的公共事务及公民品质。[①]这或许是对教育的公正性的最好注解。

第二，从价值论的角度看，实现“教育在场”需要教育以公共理性和公共的善等公共价值作为其价值基础，并将之确定为教育活动的根本理念。现代教育是一种公共事务，提供的是一种公共服务，追求的是一种公共利益，理所应当向往一种公共价值。“作为公共事务，教育以公共价值为导向，同时是以公共利益的丰富为指向的。教育涉及政治共同体的繁荣、进步和文明，它不是调节各方利益（特别是经济利益）的场域，是公民共同体共同维护和进行的公共事务，是一种超越任何利益集团的，由公共价值导向的，以扩大公共利益为目的的实践。也就是说，教育作为公共事务，是本着公共价值和公共利益而行动的。”[②]秉持和实现公共理性和公共的善等价值，需要教育以培养公民优秀品质为途径，以营造理性、和谐、包容、理解、沟通、友

① 约翰·罗尔斯. 正义论. 何怀宏，何包钢，廖申白，译. 北京：中国社会科学出版社，1988：520.

② 金生鈜. 保卫教育的公共性. 教育研究与实验，2007，（3）：7-13.

善、幸福的社会共同体氛围为责任。具体来说，“教育在场”要注重培育具备思考理性、良好判断力和知识结构、远大理想和抱负、优秀品格、完整人格等公共理性和公共精神的公民，提高其自尊和平等的价值感、责任感、义务感和道德感，要使公民真正具有公民性。在此基础上，“教育在场”要以社会共同体为载体，在培育个体的理性人格的前提下，追求社会的善和福祉，即“公民生活在社会共同体中。这个社会共同体，不是对公民的约束和限制，而是集合了人类各种善。这些善，共同构成了公民共同生活和个人生活的必要条件。我们每个人之所以与他人生活在一起，之所以生活在公共领域，就是因为与这些善之间的相互作用。如此，方获得我们的理想和抱负，形成我们的人格。公共生活提供了一个广泛的社会发展和个人发展的背景，我们在这个背景中，理解我们的发展目标，理解我们自己的生活理想”①。

第三，从知识论的角度来看，实现“教育在场”要使教育摒弃本体论的知识观，倡导主体论的知识观；摒弃共识性的知识观，倡导个性化的知识观；摒弃事实性的知识观，倡导价值性的知识观，并以“认识自我”和“反思生活”作为教育知识的根本和终极问题域。从本质上说，这二者都是以教育的公共性为内在依托的，因为自我的生活实践往往是以社会公共活动为载体并体现出其意义和价值的。经典知识论的代表人物卡尔·波普尔（Karl Popper）在有关他的三个世界的理论中提出，知识世界是独立于物质世界和精神世界之外的，且对二者起着无可比拟的反作用。②但经典知识论过于关注“符号表征”和“逻辑结构”等验证性要素，而相对忽略“意义”这一知识体系中最内在和根本性的产生要素，最为危险的是这种知识观忽视了知识关注人及其社会命运的最为根本的意义，以及“自我认识”和“反思生活”的最为基本的价值。

① 约翰·罗尔斯. 正义论. 何怀宏，何包钢，廖申白，译. 北京：中国社会科学出版社，1988：510-511.

② Popper K. Objective Knowledge: An Evolutionary Approach. Oxford: Clarendon Press, 1972: 119-122.

恩斯特·卡西尔（Ernst Cassirer）认为，“认识自我乃是哲学探索的最高目标”①。苏格拉底（Socrates）曾说，“没有经过反思的生活是不值得过的”，换句话说，“知识不但有他们所言的逻辑性的意义，更有‘反思生活’的批判性意义，这种知识的批判主义同样属于理性的立场，它所针对的正是人及其社会的‘问题域’范畴，是知识的当然意义和使命”②。由此可以确认，教育作为公共且复杂的社会问题域，其知识表征、结构和意义同样需要以个体和社会的命运为基本出发点和关注域，并且引发对人和社会的反思和批判。鉴于教育在社会构造中所处的基本性地位，每一个时代的革新无不是从教化启蒙开始的。无论是柏拉图，还是卢梭、杜威，无不将其政治哲学的建构最终纳归到对教育的建构。这一点，在《理想国》等著作中体现得极其明显；同样每一种以教育的面貌所出现的社会意识形态（建构社会的知识），也都需要经过知识本身的反思和批判。在社会生活领域，教育也具有根本性的地位，在社会建构的意义上，教育也最应该是“经过反思的生活”③。这也就是实现“教育在场”的知识论主张的最集中的体现。

第四，从方法论的层面来讲，实现“教育在场”需要融通教育理论与教育实践，综合运用思辨分析、实证探究等人文社会科学和自然科学等研究范式，注重复杂性思维的研究特质和功能运用。这是因为现代社会活动公共属性的日益鲜明和突出造成了教育公共问题的复杂性，这就客观呼唤教育研究方法的多元与综合，也是解决当前教育学危机的工具保证。理论与实践的脱离一直是教育活动本身和教育学饱受诟病之处，其深层原因是人文社会科学与自然科学等研究范式的分离甚至对立，以及简单化、线性的思维模式。“教育在场”既是一种理论引导和实际推进双向沟通和互动的价值体系和实践范畴，又是关乎

① 恩斯特·卡西尔. 人论. 甘阳，译. 上海：上海译文出版社，1985：3.

② 吕丽艳. 教育学学科知识地位的回归——也谈教育学的立场或地位问题. 教育研究与实验，2011，（3）：28-32.

③ 吕丽艳. 教育学学科知识地位的回归——也谈教育学的立场或地位问题. 教育研究与实验，2011，（3）：28-32.

教育理论和教育实践，分析教育作为主体对人、社会、国家、人类等对象的主动性影响和作用的复杂的研究领域，所以说，“教育在场”研究不仅需要哲学、社会学、心理学等传统人文社会科学研究范式的注入，也需要相关自然科学研究范式的滋养，同时，复杂性思想及其思维模式也是其方法论建构的重要源泉之一。复杂性思想所提倡的思维方式的革命：“从线性思维到非线性思维、从还原论思维到整体性思维、从实体性思维到关系思维、从静态逻辑分析到过程思维。”[①]实质上既超越了“旧三论”（系统论、控制论和信息论），又超越了“新三论”（耗散结构论、协同论和突变论），即“超越了早期基于自然系统研究的理论框架，进一步拓展为兼涉自然系统、生命系统和社会系统的整合范式”[②]。这种研究方法论体系与教育系统本身的复杂性特征和“教育在场”的公共性品质和功能是高度契合的，完全适宜作为教育以及“教育在场”研究的方法论基础，也是实现“教育在场”的重要方法论要素之一。

3. “教育在场”何为

“教育在场”图景的展示和实现意义非常重大，它旨在使具备公共性品质的现代教育作为主体对于人、社会、国家和人类等客体对象的发展和进步产生应有的主动性影响和起到相应作用，而非简单的教育作为客体所受到的社会、国家等环境变化对其造成的“诸如‘应答式’、‘被动式’和‘单向式’等常见的运思方式”[③]，进一步说，是牵涉“中国社会发展的‘教育尺度’与教育基础”[④]的问题。基于此，“教育在场”主要有以下几个功能：一是着眼于人性的完善，培育合格公民；二是促进社会发展和国家繁荣；三是推动人类文明

① 彭新武. 复杂性科学：一场思维方式的变革. 河北学刊，2003，（3）：39-43.

② 郑金洲，程亮. 中国教育学研究的发展趋向. 教育研究，2005，（11）：3-10.

③ 李政涛. 中国社会发展的“教育尺度”与教育基础. 教育研究，2012，33（3）：4-11，34.

④ 参见李政涛. 中国社会发展的“教育尺度”与教育基础. 教育研究，2012，33（3）：4-11，34. 其中，“教育尺度”是叶澜教授在2011年6月22日举行的华东师范大学“211”课题“当代中国社会的教育基础及其改造”研讨会上提出的概念。

的进步。

首先，众所周知，“有生命的个体人存在是任何人类历史的第一个前提”[①]，教育的原点在于育人。人的发展和完善是教育的终极目的。所以，“教育在场”作为教育积极主动性的功能运行，也需要以此为出发点和落脚点，以人性的完善为前提，最终孕育出合乎人的普遍发展规律和特殊性的全面发展与整体发展的“人”来。“人性是以先天的遗传和发育为基础，个体在生命成长历程中逐步生成、发展和完善的内在特性。它的形成和变化主要取决于个体在后天环境中的人生实践与自我选择，可能丰盈也可能枯槁，可能上升也可能堕落。”[②]“教育在场”对人性的影响和作用应当是以尊重现实性的人性存在和构成为基础的，并且顺应人性趋势，引导人性生成，达成人性完善。人是社会的主体，同时也是社会发展的根本动因和动力，是社会发展的实践者，是社会历史的创造者和承担者，社会的发展是以人的发展为必要条件的，而在现代国家里，人的因素是要通过合格公民的培育作为载体而显现其意义的，所以“教育在场”的功能体现必须以合格公民的培育作为其核心价值取向，并以此作为其责任和使命所在。

其次，“社会”和“国家”是“教育在场”的重要作用对象和作用空间，也是其功能体现得最明显和最快速的场域。社会的发展不仅需要“教育尺度”和教育基础，而且需要踏踏实实、真真切切的“教育在场”，只有这样，才具备社会发展的教育影响因子，才能感受到社会发展的教育作用模式，才能形成社会发展的独特的教育建构空间。一直以来，国家都把教育作为其振兴和繁荣的催化剂和突破口，反过来讲，“教育在场”的功能实现在于更能以一种积极主动的态度介入国家的发展中，寻找国家发展的教育逻辑，探索国家振兴的教育追求，完成国家繁荣的教育梦想。

再次，长期以来，教育的功能体现仅仅分为促进人的发展和社会

① 马克思，恩格斯. 马克思恩格斯选集（第1卷）. 北京：人民出版社，1972：24.

② 赵荷花. 人性的教育学立场. 华东师范大学学报（教育科学版），2011，29（1）：11-19.

的发展两个维度，除此以外，“教育在场”的公共性品质以及对善和幸福的追求必然会延伸到第三个重要的功能，即推动人类文明的进步。人类文明是千百年来诸多优秀精神文化和物质文化的集合和融汇，教育是人类文化的传承和再生产，因而言之，“教育在场”需要把人类文明的进步作为自己的最高理想和实践方向，用教育这一独特的集生命培育、文化教化和文明熏陶功能于一体的实践活动面向人类社会的文明演变，融入人类社会的文明生成，调节人类社会的文明冲突，促进人类社会的文明沟通，展示人类社会的文明成果，推动人类社会的文明进步。

4. 从“教育在场”走向“教育学立场”

“教育在场”需要把“教育学”的学科特性同社会发展紧密联系起来，并在其中发挥日益重要的独特价值和作用。在这个文化日益多元、社会情境变化日益丰富的时代，“教育学是否有存在必要，不在于它是否有明确的学科性质，也不在于它是否有完善的统一体系，而在于教育学对社会和人是否有用，对社会教育实践的需要满足到何种程度。因此，教育学走出困境和危机、重获新生的关键，在于学科功能的有效实现”①，即需要在“教育在场”的逻辑前提和演绎基础上走向“教育学立场”。基于此意义，“对社会和人是否有用，对社会教育实践需要满足到何种程度”，就人的个体而言，生命性的培育无疑是教育的首要使命和任务；就社会而言，回归教育的社会生活本质、倡导“教育即生活”、重塑教育的生活世界，即是教育公共性的客观要求；就社会教育实践而言，不断在教育实践变化中研究教育现象、解决教育问题、化解教育危机则需要牢牢秉持动态生成的观念，在不断发展中迎来教育学的春天。基于此，教育学立场理应具备三重立场：生命立场、生活立场和生成立场。

① 这是 2005 年 8 月 20 日在内蒙古师范大学举行的中国教育学会教育学分会教育基本理论专业委员会第十届年会上以“教育学的学科立场”为主题进行讨论时柳海民和齐梅提出的观点。参见：宋剑，董标. 教育学的学科立场——教育基本理论专业委员会第十届年会综述. 教育研究，2006，（1）：91-93.

生命是一切生物能够生存的生理基础，但唯有人之生命是可以教化和培育的，这种教化和培育的产物——生命性，是人之为人的主要特征之一，"生命在场"性是教育活动的作用对象和实践基础。叶澜教授认为，在一定意义上，教育是直面人的生命、通过人的生命、为了人的生命质量的提高而进行的社会活动，是以人为本的社会中最体现生命关怀的一项事业[①]，这就决定了教育学必须坚持生命立场，做"'成全生命'的人文之学"[②]。由此可以看出，生命立场应该是教育学的基础性立场。

在笔者看来，教育学的生命立场的确立可以分为两个维度：理论维度和实践维度。生命立场的理论维度是指要以一种"生命在场"性的视野去关照教育对象生命的鲜活性、生动性、丰富性、差异性，以此作为教育的元价值取向去看待教育的发生逻辑和展开状态，让教育理论充满生命气息，让教育实践焕发生命活力；生命立场的实践维度是指要以一种"生命实践"的心态和取向去设计、运行和评价教育活动，即从宏观上讲，始终把生命意义的建构作为教育规划、教育计划、教育改革设计的根本指导原则。从中观上讲，始终把生命意识的培育作为课程、教学的核心理念和价值；从微观上讲，始终把生命元素的生成作为班级授课、小组学习等学校主要教育方式的内容和策略。同时需要注意的是，这两个维度之间不是孤立存在的，而是可以相互转化沟通的，只有这样才是真正的理论和实践共生共通的教育学的生命立场。

现代教育问题是一个公共的社会生活问题域，"以人为本的教育是回归于生活的教育，是以生活哲学的社会观为思想根据的"[③]。这就为教育打上了深深的生活的印记。"从夸美纽斯提出教学论是'把一切知识教给一切人的艺术'，到卢梭对儿童的发现，斯宾塞的教育是'为

① 《教育研究》编辑部. 为"生命·实践教育学派"的创建而努力——叶澜教授访谈录. 教育研究，2004，（2）：33-37.

② 冯建军. 论教育学的生命立场. 教育研究，2006，（3）：29-34.

③ 鲁洁. 教育的原点——育人. 华东师范大学学报（教育科学版），2008，26（4）：15-22.

未来完满生活做准备'，再到杜威的'教育即生活'，现代教育发展的过程乃是教育转向成人生活、再转向儿童生活的过程。这个过程既是现代教育逐渐适应工业化时代和民主生活的过程，同时也是教育普及与教育民主实现的过程。"[①]以至于杜威的"教育即生活"成为多少年来不变的教育信条，更为重要的是，这个信条被世界上无数次的教育革新运动所运用和验证。从上述角度来说，生活立场始终应该是教育学的核心性立场和现实性立场。

教育学的生活立场同样可分为两个维度：个体生活立场和公共生活立场。教育学的个体生活立场是指教育学要基于个体的经验境遇和知识结构，去研究和重构个体的人格理想、价值观念、人生态度，进而提升个体的精神追求和生活品质；教育学的公共生活立场是指教育学在基于公共世界的多元性、丰富性的前提下，深入公共生活，去研究和构建教育生活世界、确立教育的生活理念、重塑教育的生活特征、行使教育的生活职能、完成教育的生活使命。另外，教育学的生活立场还有一个很重要的方面，那就是对生活本身的反思和批判。"教育在场"的主体主动性造就了教育学的生活立场不可能是单纯被动式的生活适应，而是以批判教育学和实践教育学的路径，在一定程度上对社会生活现状进行反思和批判，进而实现理想中的社会生活的意义。生成性是世界上万事万物运行的基本法则之一，生成性包括生长性、发展性、动态性和整体性等特征。教育学的生成立场是指在教育学研究和实践中要以形成性、发展性、动态性和全面性的眼光去观察、审视、理解教育活动中的各种要素及其相互作用，从而建构起一个开放的、富有活力的、生生不息的活的教育系统。

教育学的生成立场可以从两个方面进行理解。

第一，从教育学学科体系本身来考量，纵观世界性教育学发展历程，我们可以看出，教育学从发端到成熟大致会经历如下循环往复，

① 刘铁芳. 从苏格拉底到杜威：教育的生活转向与现代教育的完成. 北京大学教育评论，2010，8（2）：91-112，90.

但其意义在不断升华的学科周期：由最初的一定时代的教育思想经过抽取和沉淀形成专门的教育理论，教育理论的不断完善并逐渐成为教育实践活动的指导思想，教育理论和教育实践活动的双重推进促成了具有独立形态的教育学学科的产生和发展，同时，在一定的社会转型期，在具有一定影响力的教育变革和教育革新的理论研究和实践运动中逐步催生出代表一定理论思潮和价值体系的教育学派[①]，教育学派的建立和壮大是教育学逐步走向成熟的重要标志之一，而教育学派的形成反过来又会对教育理论的完善和教育变革（革新、改革）的发展起到推动作用，进而日益丰富一定时代的教育思想，促进教育学学科体系的日益成熟。从中西比较研究可以得到，中国教育学在发展过程中，缺乏教育思想直接转化为教育理论的要素和环节。

孔子和苏格拉底可被视为中西方教育思想的源头所在，但苏格拉底开启的路径产生了严格意义上的“教育理论”，而孔子开启的路径只产生了“教育思想”。这直接导致中西方教育传统的不同，也决定了中西方直面教育实践时的境遇分殊。[②]以至于中国至今尚无原创性的教育理论，而相对应的是，中国目前亦无非常成熟的教育学派，这些问题都是中国教育学发展过程中要认真思考和对待的。

第二，从教育学的生成立场的外延属性看，对教育学的研究和实践，要在基于人和社会发展的复杂性、过程性和动态性的前提下，在充分理解人和教育的发展规律、社会活动运行规律和生态生成原理的基础上，育社会进化之民，察社会生成之律，革社会痼疾之弊，领社会风气之先，不断创新教育理论和教育机制，改进教育制度，合理运用研究方法和思维，在教育学学科体系的不断完善和改进中，在培育

① 对于教育学派的形成，有观点认为教育学派是某个时期教育理论（学说）发展的自然结果；也有的观点认为真正的教育学派是在实践中“做”出来的，而不是在书斋里“论”出来的。参见：靖国平. 从“学科立场”到“学派立场”——论中国教育学的学派意识及其实践路向. 高等教育研究，2006，（1）：76-81. 笔者倾向于教育学派是一定时期教育理论（学说）和教育实践（变革、革新、改革）相互作用的结果的观点。

② 周霖，王澍. 中西方教育思想演进的不同路径及其影响. 外国教育研究，2006，（12）：12-16.

合格公民的基础上，在社会发展、国家繁荣和人类文明进步等“教育在场”中体现教育学的生成立场。由此来说，相对于基础性的生命立场和核心性、现实性的生活立场，教育学的生成立场是教育学三重立场中的最高层次，是教育学的终极立场。

（三）基于“教育在场”和“教育学立场”的教育政策共同体

在“教育在场”和相对独立的“教育学立场”的前提下，从共同体的理论出发，教育政策的行动轨迹主要运作于公共的情境与协同视野下。温格的“实践共同体”理论提出，相互卷入、合作事业和共享智库是其实践共同体活动的三大运行基础。基于此，教育政策实践共同体（图 2-1）的实质是基于教育资源和教育利益的有机分配过程，政策主体分别结合自身条件，通过对教育资源和教育利益的感知、需求和占有来实现的。在这一过程中，他们之间也需要通过基于教育资源的彼此的相互卷入、合作事业和共享智库来获取自身教育利益的最大化。

教育政策活动通常包含几个基本要素：政策制定者、实施者、受动对象和评价者。其最终目的是通过学习活动来获取教育意义和教育身份认同。想象在政策共同体中发挥着重要作用，它是我们体验世界和感知位置的主要途径，关涉实践蓝图中自我图像和世界图像的生产、复制与创造。想象是一种理解的艺术、自由的艺术，具有无限开放性和创造性的空间。同时，想象所内渗的变通与共享特性有助于实践共同体内政策想象力的生成。福柯认为，局限于研究宏观政治哲学问题并阐发普遍的政治理论和原则，而轻视甚至忽视特殊的、局部的经验问题和细小但复杂的权力关系机制，是导致现代政治想象力贫乏的根本原因。[①]所以说，教育政策要依据多元社会的流变性和情境性特征，以提升政策的丰富性和鲜活性为己任，致力于解决不断出现的教育新情况、新矛盾和新问题，打破政策周期过长，针对性不够的弊端，最

① 米歇尔·福柯. 生命政治的诞生. 莫伟民，赵伟，译. 上海：上海人民出版社，2018：1-2.

终实现教育政策对教育发展乃至社会发展的良好的调适作用。

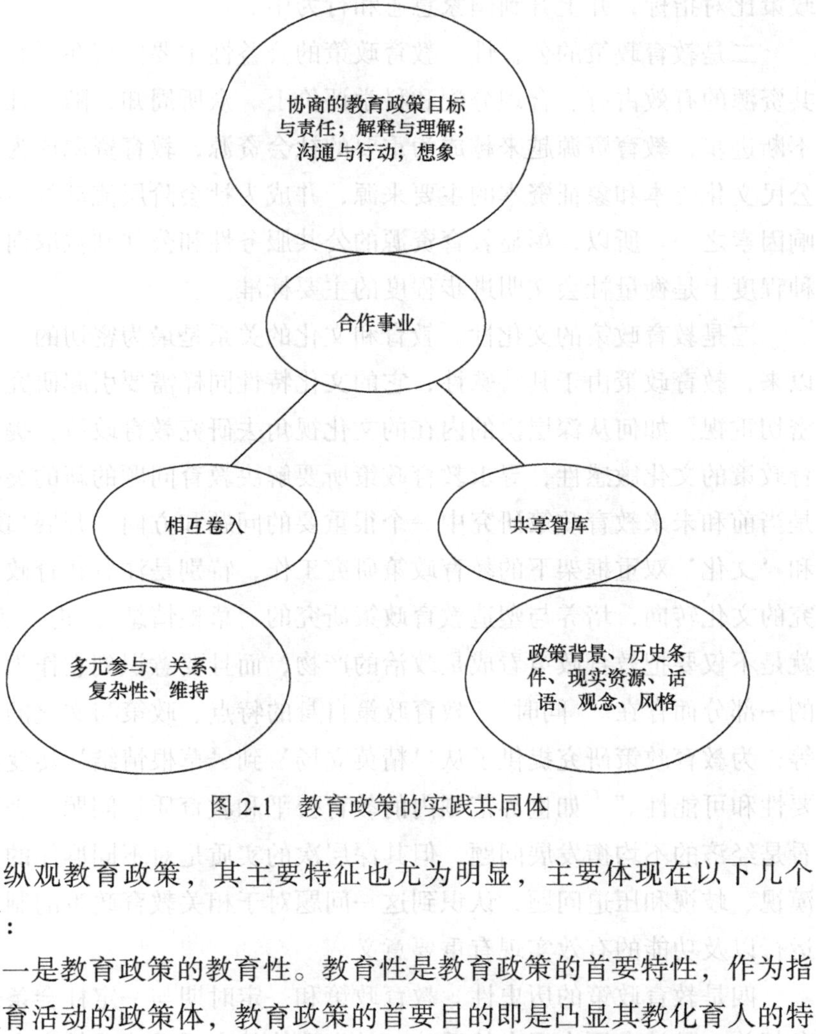

图 2-1 教育政策的实践共同体

纵观教育政策，其主要特征也尤为明显，主要体现在以下几个方面：

一是教育政策的教育性。教育性是教育政策的首要特性，作为指导教育活动的政策体，教育政策的首要目的即是凸显其教化育人的特点，具体体现在：教育政策的根本价值依归是关注社会中对人的培育和训练；教育政策的设计路径以教育教学为主要载体和支撑；教育政策的实施调控以教育教学活动要素为主要基点和内容；教育政策的评价机制以人是否得到全面成长作为本质标准。应该说，教育政策在整个社会公共政策体系中的教育性是最强的，对一个国家、一个民族的教育意义仍是最大、最长远的，同时也逐渐成为世界各国主要的公共政策比对指标，并上升到国家意志和行为中。

二是教育政策的公益性。教育政策的公益性主要体现在对教育公共资源的有效占有、合理分配和科学评价上。众所周知，随着社会的不断进步，教育资源越来越成为重要的社会资源，教育资源成为社会公民文化资本和象征资本的主要来源，并成为社会阶层流动的主要影响因素之一。所以，彰显教育资源的公共服务性和公共利益取向在某种程度上是衡量社会文明进步程度的主要标准。

三是教育政策的文化性。教育和文化的关系是最为密切的，长期以来，教育政策由于其特殊性，它的文化特性同样需要引起研究者的密切重视。如何从深层次的内在的文化视角去研究教育政策，提高教育政策的文化敏感性，寻求教育政策所要解决教育问题的新的突破，是当前和未来教育政策研究中一个很重要的问题和方向。"开展'政治'和'文化'双重框架下的教育政策研究工作，特别是注意教育政策研究的文化转向，培养与塑造教育政策研究的'草根情结'。进一步说，就是不仅要把教育政策看成是政治的产物，而且要意识到它作为文化的一部分而存在。"同时，"教育政策自身的特点、政策与文化的关系等，为教育政策研究提供了从'精英立场'到'草根情结'转变的必要性和可能性。"[①]如世界范围内的教育公平和教育质量问题，表面上看是经济的不均衡发展问题，但其深层次的实质是对不同群体的文化漠视、歧视和压迫问题，认识到这一问题对于相关教育政策的制定、运行以及功能的有效实现有重要意义。

四是教育政策的历史性。教育政策和一定时期与一定社会条件息息相关，是社会历史观念的反映。教育政策的变迁反映了教育实践和社会实践的历史进程。历史性是教育政策时空存在意义的直接体现。

教育政策的历史性首先体现在，教育政策是源于过去的教育实践

① 王平. 教育政策研究：从"精英立场"到"草根情结"——兼论教育政策研究的文化敏感性问题. 清华大学教育研究，2010，31（4）：15-20，51.

和政策实践的延续性活动。也就是说，虽然教育政策的制定和执行是面向当下的教育问题,但总是要以过去的教育实践和政策实践为基础，从过去的实践中汲取经验，因此具有其独特的历史文化渊源；[①]其次，教育政策对于未来的教育实践和社会实践起着预见和引导作用。教育政策活动往往是对未来教育发展和社会进步的一种期待和向往，可能会对未来的教育实践和社会发展产生某些影响。最后，教育政策是一个源于过去教育传统、基于现在教育现实、面向未来教育发展的，在不断适应教育情境和社会情境变化中自我调整和完善的动态的活动过程。

二、教育政策的运行过程与影响因素

教育政策作为一个共同体，其运行主要包括以下几个阶段：教育政策制定、教育政策执行、教育政策评估、教育政策调整以及教育政策终结。教育政策的运行机制主要遵循教育资源与教育利益的科学分配与调整原则，以教育公平为出发点，注重提高教育质量，协调教育利益群体之间的利益差异与诉求，实现公共教育利益的最大化，深化教育变革，从而推动教育事业的大发展。

教育政策制定是教育政策活动的首个阶段，它是以现有的教育格局为参照系，以较为重大的教育问题和突出的教育矛盾为研究对象，以预期实现的教育优化发展为目标的政策制定过程。教育政策的制定需要注重两大依据：人的依据和社会依据。在教育政策的考察论证阶段，人的因素要始终贯穿于全过程，这是由教育政策制定的特殊性决定的。人的发展是教育政策的核心要义和灵魂所在，也是教育政策区别于其他公共政策的重要标志。在教育政策中，要始终做到“以人为本”，即以人的主体为本、以人的尊严为本、以人的精神的自由成长为本。如此，才能体现教育政策的独特品格和价值意蕴。具体说来，需

① 翁福元. 教育政策社会学：教育政策与当代社会思潮之对话. 台北：五南图书出版股份公司，2007：66-67，70.

要在教育政策的运行过程中，以人的需要作为其制定政策的出发点和落脚点，以人的发展方向作为其政策活动的行为导引，以人的幸福感作为政策评价的最终依据。为此，人的身心发展特点和需要就成为教育政策制定的首要依据。

教育政策制定的社会依据主要与经济、政治、文化、科技、生态等公共领域相关，集中表现在教育政策制定的物质基础、社会体制、文化传统、科技影响和生态制约等方面。其中，教育政策制定的物质基础包括生产力发展水平、现实生产关系样态和产业结构层次与等级；教育政策制定的社会体制主要包括一个国家的政治制度体系、公民素质结构和社会分配制度等；教育政策制定的文化传统主要包括民族文化类型、群众心理特性、道德修养水平和精神信仰状态；教育政策制定的科技影响主要包括当下的科学研究质量、技术发展水平和科技伦理品格；教育政策制定的生态制约主要包括环境质量状况、人与自然的关系和公众生态观念等。长期以来，在我国的教育政策制定中，过于借鉴国外发达国家的经验与模式，忽视中国特有的典型特征和实际条件，在一定程度上制约了教育政策的实施效果，对教育政策目标的达成造成了一定的影响。因此，结合中国具体国情和社会实际，如何建构具有中国风格、中国气派的教育政策体系就成为未来教育研究的重中之重。

在现实中，教育政策制定模式借鉴参考了公共政策制定的经验。在政策科学发展过程中，主要有五种重要的政策制定理论模式，分别是制度模式、团体模式、精英模式、过程模式和系统模式。制度模式起源于传统的政治学理论，它包含历史、法律和制度三种维度，在此基础上，聚焦于政府机构的权力、责任、职能、程序和合法性等核心要素。这种模式注重政府公权力在教育政策制定中的运用，强调政策的合法性、正当性、普遍性和强制性原则，为教育政策的制定提供了权威保证和国家支持。所谓正当性是指“政府政策一般被视为具有法律上的权威”，而政策的普遍性是指“惟有政府的政策才得以扩展至社会所有的人”，讲的是政府政策对全体社会成员具有普遍的适用性和约束力；政策的强制性，是指“只有政府可以合法地监禁违反政策者”。[①]实际上，这种模式也存在一定的弊端，即过分强调教育政策的普适性和一般性，而忽略其情境性和差异性，在一定程度上会影响教育政策的效能的全面实现。

团体模式以团体理论为基础，这种理论强调团体整体的利益和价值，要求团体中的每一个个体利益得以满足和实现。根据此理论，在教育政策制定模式中，就形成了利益团体决策模式，这种模式认为，教育政策是利益团体之间不断竞争所形成的均衡状态，教育政策必须在此间通过自身的协调、再分配等手段达成公共教育利益的最大化和最优化。就本质而言，这种教育政策制定模式是在利益团体间所努力实现的一种妥协，而强势利益团体往往在教育利益分配中占据主导地位和先行优势，这就必然会加剧教育政策调整和改革的步伐与速度。换句话说，团体模式的教育政策制定之路注定不会走得太过平坦，总是充满了竞争、差异化和存在不平衡性。

精英理论产生于19世纪末20世纪初期，其主要论点是把社会阶级划分为占主导地位、拥有大量社会资源和资本的精英阶级以及处于被支配地位、较为缺乏社会资源和社会资本的被统治阶级。二者之间存有明显区分。其中，在影响社会发展的重大决策中，精英阶级拥有大量的发言权和决策权，而普通大众则只能被动接受或者服从这些决策。教育政策的精英模式主要出现在一些不发达国家，其逻辑为通过自上而下的精英推动，在最短时间和最大范围内实现教育的发展。当然，精英模式也并非精英群体的自我封闭操作，随着社会的发展，精英模式越来越向精英-大众互动模式转换，即在政策不能完全达到大众预期后，大众会采用对社会发泄不满或支持外部反对势力的方式表达自己的意愿，精英群体在面对这种情况时，会试图采取逐渐改良的方式方法来满足大众的部分需求和利益，当这种手段也不奏效时，精英群体就会不得不放弃这种政策。

---

① 托马斯·R. 戴伊. 公共政策新论. 台北：韦伯文化事业出版社，1999：204-234.

过程模式的思想源泉来自结构主义功能论的社会学和人类学。它主要偏重对政治活动运行过程的考察与研究，进而试图剖析政治政策活动的发展规律、运行特点和评价机制。教育决策的过程模式适用于一般化的政策表述，尤其适合宏观教育政策的制定，因为这种模式重在对政策整体框架和政策普遍要求的描述，比较具有宏观视角和统摄观念，对教育政策一般功能的实现起着重要的引领作用。可以说，它适合根植于教育发展问题较大、普遍矛盾较多、利益纠缠繁杂的国家，在一定程度可以缓解这些事情的进一步发展。同时，我们也要看到，过程模式不太适合于教育较为发达的国家，因为这些国家的教育发展水平处于较高阶段，不存在普遍性的教育矛盾和突出问题，只是在具体的教育发展领域存在着个别不太协调的中微观问题，而过程模式的一般化分析框架对此效果不佳。

系统模式是当前较为盛行也是较为科学的政策制定模式之一。它的主要提出者是伊斯顿，在他看来，根据政治系统理论，公共政策是政治系统的输出，是政治系统对外在环境所施加压力的反应。政治系统的环境由政治系统以外的社会、经济、文化、自然、生物等各种系统组成，环境向政治系统输入"要求"（表现为个人和团体为了满足自己的利益而向政治系统提出采取行动的主张）和"支持"（即团体和个人接受权威性政治系统，并为满足各种要求而做出的决定或采取的行动）。输出的政策又可能会产生新的要求，并将之反馈给系统，从而导致新的政策的输出，政治系统如此循环往复，公共政策便不断地产生。教育政策的系统制定模式主要根据教育政策共同体环境的现实和需要，在统筹协调政策背景、政策条件、政策要素、政策主体、政策观念和政策手段等前提下，较为重视政策内外部的整体配合和有效联通，运用复杂性思维，致力于破除政策共同体的体制机制障碍和解决实践缺失问题，从而为教育政策接下来的执行、调控和评价提供良好的前提条件。

我们需要认识到，在当前时代，教育政策制定不是单个模式所能完全起作用的，它需要多个模式之间的融合与沟通，特别是针对不同的政策情境和政策背景，教育政策制定要审时度势，充分发挥理论优势和实践智慧。所以说，我们在运用不同模式的教育政策范式时，要加强合作，彼此吸收，分别发挥自身的特点和优势，针对教育领域中不同方面、不同层次的矛盾和问题，以一种开放性的态度和视野予以观照，强调系统性原则和复杂性思维，积极借鉴教育发达国家的有益经验，并结合我国国情，争取建构出具有中国风格、中国气派的教育政策范式，以实现我国教育政策的预期效能和实践目标。

教育政策执行是教育政策运行过程中的重要环节。一般而言，教育政策执行有三种实践思路：技术-理性思路、相互适应思路和意义建构思路。[①]技术-理性思路具有“自上而下”的研究取向，关注政策执行的行政与程序方面。它将政策执行看成是政策制定者试图控制的结果，政策执行只是贯彻上级意图的工具，是将政策付诸执行并产生效果的过程。[②]该思路假设存在清晰表述的政策意图和概念，执行困难在于如何沿着科层命令的链条如实地传达政策制定者的意图。[③]该思路认为，政策制定者能够控制影响执行的组织、政治以及技术过程。政策发展变化的因果链是向一个方向发展的，即从积极的、深思熟虑的政策设计者到被动的、实用的政策执行者。[④]同时，该思路把政策过程看成一系列的指挥链，在这个链条中，政治领袖做出政策选择的指示，该指示经过政府部门的行政机构时，在越来越多的层级中得到具体执行。[⑤]从这种思路来看，政策制定与政策执行是有界限的、分离的、连续的。政策制定者设定目标，政策执行者完成

---

① 李玲，陈宣霖，蒋洋梅. 教育政策执行研究的三种视角及其比较. 外国教育研究，2018，45（12）：89-99.

② 李允杰，丘昌泰. 政策执行与评估. 北京：北京大学出版社，2008：22，34，50.

③ 吴逊，饶墨仕，迈克尔·豪利特，等. 公共政策过程：制定、实施与管理. 叶林，等，译. 上海：格致出版社，上海人民出版社，2015：120.

④ Sykes G, Schneider B, Plank D N. Handbook of Education Policy Research. New York: Routledge, 2009: 348.

⑤ 迈克尔·豪利特，M. 拉米什. 公共政策研究：政策循环与政策子系统. 庞诗，等，译. 北京：生活·读书·新知三联书店，2006：271.

目标；政策执行是政策制定后的连续过程；政策执行是非政治性的、技术性的。[①]采用技术-理性思路的教育政策执行研究通常采用“忠实度”(fidelity) 来定义与测量政策执行情况，即政策在多大程度上实现了政策设计者的预期目标。[②]然而，这类政策执行思路发现，大部分政策并没有得到执行，政策执行者既没有能力也没有意愿去执行政策，而且他们经常把项目的财政资源用于其他目的。[③]政策之所以没有按照政策制定者的意图去执行，是因为政策制定者与政策执行者存在利益冲突，以及政策执行者的能力有限、有意不服从或者不理解政策。因此，在这种思路的政策执行过程中，可以通过减少政策模糊性、明确权力结构和制度安排来简化政策制定者与政策执行者之间的关系，或者通过为政策执行者提供清楚的指导来确保他们能正确理解政策制定者的意图。[④]

与此相反，相互适应思路遵从“自下而上”的政策执行路径，其重点在于考察政策执行过程中个人与组织目标、行动策略及其所建立的联系网络。[⑤]该思路假定在政策执行过程中，政策文本表述的模糊性甚至歧义性、执行资源的相对匮乏以及时间方案的紧张迫近，会使政策执行主体有意或无意像政策制定时所预期的那样去执行政策，政策执行变成一种在多元社交网络下的复杂互动样态，甚至会涉及部分执行交易和变通。同时，政策的成效还通常取决于政策执行者的责任心和技巧。我们可以这样认为，在相互适应的教育政策执行中，部分

---

① 李允杰，丘昌泰. 政策执行与评估. 北京：北京大学出版社，2008：22.

② O'Donnell C L. Defining, Conceptualizing, and Measuring Fidelity of Implementation and Its Relationship to Outcomes in K-12 Curriculum Intervention Research. Review of Educational Research, 2008, 78(1): 33-84.

③ Odden A R. Education Policy Implementation. Albany: State University of New York Press, 1991: 5.

④ Honig M I. New Directions in Education Policy Implementation: Confronting Complexity. Albany: State University of New York Press, 2006: 5.

⑤ 迈克尔·豪利特，M. 拉米什. 公共政策研究：政策循环与政策子系统. 庞诗，等，译. 北京：生活·读书·新知三联书店，2006：272.

政策目标和任务能够得到执行，但一些难度较高、牵涉利益面较广的政策在执行过程中，是存有折扣现象的，这种现象在很大程度上摧毁了教育政策制定时的初衷和美好愿望，造成了教育政策执行的弱效能化。对于这种情况，有研究者认为，即使得到充分规划、高度协调以及大力支持的政策，最终仍取决于政策执行者在当地情境中如何解释与执行。因此，政策执行应被视为一个政策执行者与制度环境间“相互适应”的过程，在这个过程中，具体的政策目标和方法由参与者自己逐步具体化。从相互适应视角来看，“相互适应”不仅是不可避免的，而且也是可取的。[①]对此，要认识到，政策执行中“相互适应”本身没有问题，但也应该最大化地实现政策预期目标和任务，绝不能允许有借“相互适应”之名弱化、丑化甚至歪曲教育政策活动任务的行为产生。

意义建构思路的教育政策执行属性着眼于两大议题：其一，教育政策执行者如何正确且深入理解他们要执行的教育政策活动，并且把此活动和教育改革紧密结合起来；其二，一个成功的教育改革政策如何被应用到其他领域且能产生良好的效果。在教育政策研究过程中，意义建构理论被称为“第三代教育政策执行研究”[②]，其提出者为著名的政策学者福勒（Frances C. Fowler）。除此之外，代表人物主要还有斯皮兰（James P. Spillane）和科伯恩（Fland S. Coburn）等。政策学家科恩认为，这种思路抓住了政策执行的要点，它们关注政策与执行之间的“认知链”（cognitive chains），并把政策与执行之间的关系转化为执行者的“思考”，认为影响政策执行的关键因素就是影响执行者“思考”的因素。如此一来，政策执行主体的思维品质、思想方法和认知特点等要素就会渗入教育政策执行中，可以在一定程度上把政策执行主体的思想能动性和政策活动本身联结起来，从而有利于政策

① 李玲，陈宣霖，蒋洋梅. 教育政策执行研究的三种视角及其比较. 外国教育研究，2018，45（12）：88-99.

② Fowler F C. Policy Studies for Educational Leaders: An Introduction (3rd Ed). Englewood: Prentice Hall, 2009: 278.

执行的主动有效开展。[①]

意义建构的教育政策执行过程可以从以下几个方面予以描述：首先，政策执行主体基于政策环境背景，从现实的政策执行资源中选取有效信息，通过对这些信息的解读和理解，形成关于教育政策执行的意义内容和结构，进而在此基础上采取政策执行行动。这种行动的实质是基于“意义脉络”式的“人-物”沟通，即作为政策主体的人把对教育政策的意义认知和情绪体验转化为对教育改革活动的动机呈现和行为指导。社会哲学家舒茨指出，“意义脉络”是构建各个单独的有意义的体验之间的关系，这项关系假如是紧密的，则可以被整合到更高阶的单元去，这便是经验基模。[②]所以说，意义建构的教育政策执行是一种在某种社会情境下所进行的政策执行活动。

斯皮兰等提出了一个聚焦政策执行者个体的知识与经验、政策执行者所处的情境以及政策设计与表征等三个核心要素的政策执行研究分析框架，该框架主要包括以下内容：第一，政策执行者是“意义建构者”（sense-maker）。斯皮兰等指出，一方面，意义建构并不是一个对给定刺激的简单解码过程，而是一个依据自身经验、知识、信念以及态度的积极诠释过程。另一方面，知识和经验被整合进一个相互联系的网络，即心理学家所谓的“脚本”（scripts）或“图示”（schema）。人们通过这些图示过滤新信息。因此，一个有关行为改变的政策信息并不是政策规定中的静态观念，也不是未经任何改变就传递给政策执行者。第二，政策执行者是“社会性的意义建构者”（social sense-maker）。斯皮兰等认为，意义建构不是独立事件，社会情境是其重要的构成要素，它会影响个人的认知与图示。因此，分析意义建构活动时，需要关注政策执行者与社会情境的互动网络。第三，政策设计与表征（representation）影响意义建构。斯皮兰等特别关注政策

① Cohen D K, Moffitt S L, Goldin S. Policy and practice: The dilemma. American Journal of Education, 2007, 113(4): 515-548.

② 阿尔弗雷德·舒茨. 社会世界的意义构成. 游淙祺，译. 北京：商务印书馆，2012：译者导论，xvi.

制定者是如何通过口头语言与书写形式所表征的政策来传达政策制定者对改变政策执行者行为的建议的。[①]

综上所述，可以看到，三种不同思路的教育政策执行过程分别具有各自的鲜明特色，比较而言，意义建构的教育政策执行模式更具科学性、时代性和综合性。在教育高度发展的今天，教育政策早已不需要作为抽象的宏观政策体而高高在上，它需要情境性的介入，需要更加具有一时、一地的具体指导价值。著名政策学者霍宁在其 2006 年出版的《教育政策执行新方向：直面复杂性》（*New Directions in Education Policy Implementation：Confronting Complexity*）一书中指出，在当前复杂的教育改革环境中，没有一项政策能够在任何时间、任何地点得到成功执行。更为常见的情况是，某些政策在某些时候、某些场景下能够得到成功执行。[②]为此，新时期的教育政策执行需要摒弃刚性的坚硬原则，更加应该注重柔性的适切考量，在执行者正确认知与理解政策目标的前提下，综合运用交互性的融通思维，深入政策活动内部，结合政策受动体的实际情况与需要，构建有效的符合教育政策执行主题的理论与实践体系。

教育政策评估是关于教育政策活动的评价估问，是具有监测性质的教育政策运行的追问和调控。教育政策评估需要一定的评估标准和监测体系，这是教育政策评估的首要前提和外在保障。张乐天认为，教育政策评估是依据一定的评价标准，通过系统综合地分析、判断教育政策运行过程，对政策实施所取得成绩和经验及时总结，同时揭示运行过程中存在的问题与不足，最终达到完善教育政策、使教育政策更好运行的目的。实际上，教育政策评估的实质是依据一定的标准和程序，对教育政策的效益、效率、效果及价值进行判断的一种政治行为，目的在于取得有关这些方面的信息，作为决定政策变化、政策改

① 转引自李玲，陈宣霖，蒋洋梅. 教育政策执行研究的三种视角及其比较. 外国教育研究，2018，45（12）：88-99.

② Honig M I. New Directions in Education Policy Implementation: Confronting Complexity. Albany: State University of New York Press, 2006: 2.

进和制定新政策的依据。严文蕃和韩玉梅认为，政策评估是评估主体依据特定的评估原则、评估标准和评估工具来研判特定政策内容、实施效果及其影响的活动过程，其目的是理解政策的绩效、价值和功能。它可分为政策内容评估、政策执行评估、政策效果评估和政策影响评估。政策内容评估侧重评判政策文本内容是否清晰阐明了政策目标，以及政策执行和预期目标背后的逻辑关系及其路径的合理性，这种评估有助于对政策决策的背景、内容和实施举措形成更深入的理解。政策执行评估主要研判政策实施过程是否始终朝向政策目标，诊断政策执行偏误，这种评估有助于及时发现政策实施过程中的障碍与问题、理解政策效果的形成根源。政策效果评估侧重依照政策目标研判政策实施后实现目标的程度和绩效。政策影响评估则较为广泛地包含对政策产生的预期目标之内和预期之外产生的短期、中期和长期影响评估。①无论怎样，评估标准和监测体系都是教育政策评估的必要条件，它是衡量教育政策活动运行效果的价值判断和事实判断的集合。一般认为，教育政策评估主要聚焦于教育政策执行评估，这是教育政策评估的核心环节和关键主题。

价值标准是评估主体在教育政策评估行动中所持有的价值倾向和原则，体现了评估者自身的信念和价值追求。评估主体作为行为个体其价值偏好不同，成为影响评估价值标准的主观不确定因素。②在价值标准基础上形成的价值判断是教育政策评估的意义追问和品格探寻，是不是好的教育政策是其判断的主要依据。一般而言，对于教育政策来说，公平性是价值判断的首要依托，教育政策是否具有公平的价值观是其是否有意义和良善的基础。公平的教育政策价值观是指在教育政策活动中教育政策主体始终要自觉恪守和践行教育公平的理念和原则，作为教育政策活动的规范、引导和调节原则和标准，以期形

① 严文蕃，韩玉梅. 教育政策评估研究国际前沿进展及方法借鉴——严文蕃教授专访. 苏州大学学报（教育科学版），2020，8（3）：76-85.

② 王智超. 教育政策执行的滞后问题研究. 长春：东北师范大学，2009.

成教育公平的政策活动的价值追求、政策客体的应然属性和政策过程的价值关系，在此基础上，把教育政策主体的教育公平观念与理想转化为现实性的教育公平政策实践。如此一来，在教育政策评估过程中，考察教育政策活动的公平性理想是否存在、是否转化为具体的教育政策公平实践就成为其应有之义。在教育政策执行过程中，会涉及对原有政策目标和任务的重新认知、理解和实践，政策目标中预期的关乎教育资源、教育利益和教育机会的公平设计的理念在教育政策执行中是否得以完全认同和内化是教育政策评估价值判断的主要内容。

事实判断是教育政策评估的细化和具体化。所谓的事实判断，是指教育政策执行中是否做到了同评估标准中相关指标和数据的相符与一致。事实判断遵循实事求是原则，要求政策执行的精确化和实际性，同时，这也是教育政策监测的主要依据和参照。胡伶和范国睿认为，“在从关注过程的传统管理到关注过程与结果并重的公共管理的转型过程中，政策监测与评估已经成为世界各国提高政策绩效的有效工具。我国教育政策监测与评估权力既有垂直结构中的行政部门、立法部门、政党监测与评估，又有来自水平结构中的社会组织、公众、大众传媒和舆论的监测与评估。在这两种权力来源与向度中，各主体呈现出各自的利弊，因此需要对教育政策监测与评估主体进行顶层设计”[①]。该研究还指出，需要从组织保障、法律保障、能力保障和信息保障四个方面入手，加强我国教育政策监测与评估主体建设。具体来说，包括构建职责明确、分工协作的教育政策监测与评估主体结构，实现优势互补；尽快出台相关公共政策评估办法，为教育政策监测与评估提供法律保障，并通过机构认定、人员准入等外部约束，提升教育政策监测与评估组织的专业性；建立全国统一的教育政策信息管理平台，实现主体间的信息共享等。[②]

① 胡伶，范国睿. 教育政策监测与评估主体的现状与发展建议——基于权力来源与向度的分析框架. 教育发展研究，2012，（13-14）：8-13.

② 胡伶，范国睿. 教育政策监测与评估主体的现状与发展建议——基于权力来源与向度的分析框架. 教育发展研究，2012，（13-14）：8-13.

目前来看，风险评估是最适用于教育政策评估的工具之一。我国目前对教育政策风险普遍认知不足，在由教育大国向教育强国的转变过程中，对于政策风险的控制和调整十分重要。很多教育政策之所以执行不力、效果不佳，主要是由对执行过程中的潜在风险认识不足、调控不力造成的。有研究就认为，“在实践方面，我国不仅在制定政策时对于潜在风险的预计不足，而且对政策实施过程当中暴露的风险漏洞不够重视，缺乏及时的‘反馈—调整’机制；同时，政策实际效果评价体系较为狭隘，缺乏决策过错追责机制”①。比如，国家保障教师的合法权益，采取措施提高教师的社会地位，改善教师的物质待遇，对优秀的教育工作者给予奖励，要确保中小学教师平均工资收入水平不低于或高于当地公务员平均工资收入水平的政策，分别在 1986 年实施的《义务教育法》和 1994 年实施的《教师法》中就已提出，后来《中共中央 国务院关于全面深化新时代教师队伍建设改革的意见》和《国务院办公厅关于进一步调整优化结构提高教育经费使用效益的意见》等文件也进一步做了强调。但时至今日，这项政策目标仍未完全实现。2020 年 5 月 19 日，教育部召开新闻发布会，介绍 2019 年全国义务教育均衡发展督导评估有关情况，对涉及义务教育阶段的教师工资待遇落实问题进行了分析和部署，但仍未提出最终的落实期限和目标。政策评估工具不是单一静态的存在，而是不断发展演进的。纵观西方教育政策评估模式的发展，可以看到，“超越实证主义范式，凸显社会建构智慧；突破决策者与评估者的单向度立场，确立利益相关者面向，是建构我国教育政策评估理论值得努力的方向”②。同时，积极引进第三方评估，以结束我国长期以来教育政策缺乏权威有效的第三方评估组织的局面，是面向教育政策未来发展的必由之路。所以，借用国外成熟的政策评估工具，结合我国实际，尽快形成我国专属的教育政

① 蔡剑桥. 风险评估：“好的教育政策”评价之依据. 高校教育管理，2017，11（6）：95-102.

② 杜文静，葛新斌. 西方教育政策评估模式的演进及其启示. 清华大学教育研究，2017，38（2）：90-94.

策风险评估体系是势在必行的。

教育政策终结是在一项教育政策完成使命后，或者一项教育政策已然不适应新形势的需要出现低效或无效的情况下，对这项教育政策的主动结束。教育政策终结是旧政策的结束和新政策的开始，这是教育政策自我更新动态发展的必然要求和内在需要，是教育政策活动运行过程的重要环节。教育改革同其他社会改革一样，是有周期性的，完整的教育改革周期通常会包括设计、实施、监测、反馈、调整、评价和终结几个阶段。由于传统观念、社会成本、利益纠葛等因素的影响，我国往往在终结效能不佳甚至明显已不适应社会实际的教育改革时会面临较大的困难，这就需要教育改革的决策部门以相当大的勇气去主动终结这项改革，教育改革的其他参与主体需要从国家和社会大局出发，摒弃个人或集团私利，以理解、合作的态度积极配合终结工作的开展，以避免社会资源的无度浪费甚至社会动荡。提出一项教育改革需要勇气和魄力，终结一项不合理的教育改革更需要勇气和魄力，对不合理的教育改革的终结是教育改革理性化品格另外一种意义上的体现。①

第二节　教育政策的价值品格

良好的教育政策不仅是一种事实性的关乎教育改革和发展的公共政策描述，而且是一种嵌入价值、充满意义、极具道德精神的品格构成。教育政策的价值品格是教育政策合法性、鲜活性、生命性的根本来源和灵魂归依。对教育政策价值品格的研究和探讨是在哲学尤其在政治哲学的视野中，深度挖掘教育政策的生活经验、道德追求、美好观念和至善向往，在尊重教育政策基本特征和运行机制的前提下，

① 王举，范国睿．论教育改革的理性化品格．清华大学教育研究，2013，34（3）：63-69.

把教育政策视为充满着人性光芒和社会理想的有机体，进而构建富有政策张力和政策想象力的彰显合理性价值的政策共同体。

一、价值

“value”（价值）一词来自拉丁语 valere。从词源来讲，这个词的词根的意义十分模糊，其意义遍及很多方面，如“是好的”到“具有体力或勇猛”。它在 14 世纪被引入英语，可直到 19 世纪，该术语几乎只与经济学和政治经济学有关，意指物的价格或凝结在商品中的一般的人类劳动。从 19 世纪末开始，在新康德主义者、叔本华、尼采、马克斯·韦伯的哲学中，该术语的意义得到扩张。同时，以价值为研究对象的学说，即价值论（value theory）或价值学（axiology）开始得以系统发展，也有人称其为价值科学（science of value）。广义地讲，价值泛指人们认为是好的东西，某种因为其自身的缘故而值得估价的东西，这种东西具有人所欲求的、有用的、有兴趣的质。价值是主体主观欣赏的或主体投射到客体上的东西。总之，价值涉及所有人做出的有关个人和社会的各种类型的规范判断。在有关道德哲学的书中，其意义通常被理解为“值得个人或社会向往的行为或目标的特定方式之信念”[①]。价值问题是一个亘古不变的老话题，也是学术研究中一个永远绕不过去的经典话题，它是人文社会科学研究的核心问题，也是其需要解决的最基础、最根本的问题。

19 世纪中叶，价值哲学作为一个新的研究领域在哲学理论体系中得以创立。作为一个哲学流派的价值哲学，即狭义的价值哲学的创始人和发展者是德国哲学家洛采、文德尔班、哈特曼和李凯尔特。他们的目标是把哲学转变为价值哲学，从而使价值问题作为科学成为可能。在他们看来，“我们正常的经验世界并不是毫无偏见的科学家们的中性世界：它就像人们有时候所做的那样，抹上了许多价值论的色彩。因

① 李醒民. 价值的定义及其特性. 哲学动态，2006，（1）：13-18.

此，我们必须考虑如何最恰当地描述这些色彩”[①]。他们的价值哲学构想是西方文化发展的内在逻辑使然的。他们不满于科学世界对价值问题的漠视，欲用价值哲学来弥补科学性的文化世界，使之变得更为完整。他们的理论目标是建立价值形而上学。[②]狄尔泰和李凯尔特在上述价值哲学思想的基础上，针对近代自然科学在科学研究中的垄断地位，高扬人类生活的意义和存在价值，试图区分和建立起完全不同于自然科学的文化科学的范畴和地位，价值的概念与范畴得到了进一步的丰富和发展。

价值以及由此组成的价值体系是一定时代的国家和社会的基本精神文化特征。马克斯·韦伯指出，人类社会的文化事件包含着两种基本的要素，即文化和意义；李凯尔特（Heinrich John Rickert）则认为，“没有价值，我们便不复‘生活’，这就是说，没有价值，我们便不复意欲和行动，因为它给我们的意欲和行动提供方向”。当代中国正处于转型关键期，多元价值的纷繁呈现甚至冲突是社会转型期的重要标志之一。在逻辑关系上，社会转型必然会引起价值的嬗变和重构，价值的嬗变和重构则能够深化社会转型。然而，在这个宏大叙事的时代里，那些代表了时代发展方向和人类文明进步的相对稳定的价值原则与价值体系，为人类社会活动提供了基本的价值评价标准以及价值选择的依据，是人类社会活动努力追求的价值目标和价值方向，进而构成了人们所从事的社会公共活动所赖以存在和发展的价值基础。

就哲学而言，价值作为一种个人或社会向往的行为或目标的特定方式之信念，具有以下几个主要特征。

首先，价值具有理想性。价值是价值主体之于价值客体的美好认识和预期梦想，所承载的是价值主体本身根据自我的生活经验和人生历练，对其认为具有价值感的价值客体所提出的意义追问和精神追求，

① J. N. 芬德莱. 价值论伦理学：从布伦坦诺到哈特曼. 刘继，译. 北京：中国人民大学出版社，1989：13.

② 程金生. 价值哲学的视野转向：从知识逻辑到问题意识. 中国海洋大学学报（社会科学版），2003，（3）：10-14.

具有强烈的理想主义特点。价值的理想性不是一种抽象的存在，它蕴含着人对未来自身发展和社会发展的美好期许和内在认同，所以说，这种理想性是人类社会必需的，是人类社会朝向未来发展的内部心理基础。

其次，价值具有相对稳定性。价值尤其是价值观念、价值体系具有相对稳定性，价值的相对稳定性意味着在一定的社会结构和运行制度下，价值的精神内核和基本观念具有相对持久性。在某种程度上，它是一种源于社会秩序的社会存在，发挥着思想引领的社会功能，为人类社会的精神文化建设和心理文明塑造提供统筹和关照。需要看到，价值的相对稳定性是基于社会的稳定性，若社会整体长期处于混乱状态，价值的稳定性就会遭受破坏，价值观念和价值体系也会长期处于消解、断裂和分散状态。这是我们都不愿意看到的，它会给人类社会带来极强的破坏力甚至会引起倒退。

再次，价值具有情境性。在人类发展的不同时期，社会中的个体或人群对不同活动和事物所持的价值认知、意义感受是不一样的，并彰显出鲜明的情境性。一般而言，价值的情境性是价值之所以具有鲜活具体性的主要来源，价值不是变动不居的，而是在不同的社会生产力水平和物质基础上，随着人的认知观念、思维模式、个体需要相应变化的，对事物价值的界定亦会有不同的描述。基于此，价值所具有的情境性就成为其解释社会变迁的主要角度和维度。

最后，价值具有引领性。价值的引领性主要体现在以下几个维度。一是对人类社会的精神引领，这也是价值本身最大的功能。美好及良善的价值是人类的文明灯塔，照耀着每一个渴望进步的人（群）。二是对人类发展动机的引领。动机是实践活动的思想源起，社会发展动机是一个社会发展的意识倾向和动力走向。在社会发展动机的萌生之初，价值起到定性和定向的作用，由此生发出动机的思维倾向和意识品格。三是对社会心理基础的引领。社会心理基础是一个社会在一定时期的公众认知结构、思维发展样态和行为取向的集合，价值和心理是密切相关的，正确的价值观往往是良好心理基础的前提和基础，起到提纲挈领式的引领作用。四是对社会发展信念的引领。社会发展信念集中体现着一个社会稳定性的内引逻辑和追求精神。价值是信念形成的决定性因素之一，它决定着信念的评价结构和思想秩序，突出彰显着信念的形式命令和实质内涵。

二、教育政策的价值向度

教育政策的价值是一个较为特殊的存在。公共政策都内含着价值基础体系，不同领域的公共政策所彰显的价值品格各异，其侧重对象和倾向也不相同，这同公共政策本身的性质和要求有着密不可分的关系。对于教育政策而言，它自身的价值体系较为复杂，但也呈现出明确而清晰的价值向度。

（一）教育政策是人性和社会性价值的结合

教育政策是联结人与教育活动的中间体和媒介。反之，教育活动的效能需要通过教育政策的制度性内容对人的发展所起的作用来呈现。因此，人的发展需要和价值诉求就需要深嵌在教育政策的内部结构中表达。干春松在《制度化儒家及其解体》中认为，解决现代化危机的主要途径之一是重回制度以人为出发点的传统。它需要统合权力、利益和真理这三种制度性活动的核心要素。[①]我们所说的教育政策中的人之镜像并非每个个体的需要都在教育政策中得到直接表达和呈现，而是作为集合体的"个人"的集体品质的折射和反映。同样，教育政策作为一种制度体系和运行规则，不可能直接凝视人们的发展需求。政策的主要特点之一就是以制度化的化约性来统辖人的总体性。故此，教育政策和人之间的关系是复合性的、双向性的、交互性的，需要一种创造性转化。

从上文可知，权力、利益和真理是制度性活动的三种核心要素。其中，政策本身代表的往往是权力，人的合理需要代表的是一种真理

① 干春松. 制度化儒家及其解体. 北京：中国人民大学出版社，2012：14.

的存在，利益则是指政策活动运用权力对涉及人（群）的公共利益的分配与再分配。这三个要素之间有着充满张力的构成关系，不是单纯的和谐，也不是完全的对抗。这样，教育政策活动就不是一个完全刚性的不变存在，人的需求的复杂性和多元性、公共利益的整合性、权力实施主体的自我立场等都会决定教育政策的最终走向和实施效能。其中，“人”是教育政策想象力的首要源泉和根本依据。我们固然反对霍布斯所提出的自然状态是“一切人反对一切人”的战争状态的说法，但康德所谓的人的“绝对命令”似乎也不符合政策中人之具体性的现实需求。即便是福柯所倡导的“人之消失”也是意识主体和超验主体的祛除，而换之于实证主体和历史主体的回归。这样，政治就从规训般的“解剖政治”而走向了关注人的整体需求的“生命政治”。[①]为此，人的镜像所折射出的教育利益和诉求而非人本身就成为教育政策想象力的主要来源而得到确立。

18 世纪后期，康德的两部政治哲学著作《永久和平论》《世界公民观点之下的普遍历史观念》相继出版。此外，在该时期他还发表了《论教育学》。受到他和法国一些启蒙学者的政治哲学思想的影响，德国出现了一种新式学校——泛爱学校。这种学校的主要目的是培养博爱、节制、勤劳、美德的合格公民，注重实用性和儿童的兴趣，重视对本族语和实科知识的学习，并促进了相关政策的制定和出台。同样，在法国 18 世纪的思想启蒙运动中，伏尔泰、卢梭、孟德斯鸠和狄德罗等的政治哲学思想，尤其是卢梭在《社会契约论》和《论人类不平等的起源》中所倡导的人性解放理论对当时法国教育政策的影响巨大。卢梭认为，社会的变革最终指向的是人的变革，而人的变革要依靠对人的教育，教育的最终目的是理想公民的塑造，这是一场人性觉醒的革命。这些政治哲学思想极大地促进了当时法国国民思想的世俗化，进而促进了教育的世俗化和义务教育的普及，推动了人的身心解放。

① 莫伟民. 从“解剖政治”到“生命政治”：福柯政治哲学研究. 上海：上海人民出版社，2018：2.

这也直接引发了在第三共和国时期,《费里法案》中确定了国民教育发展的义务、免费与世俗化等三大原则，其着力点在于提高法国国民整体素质。

自 19 世纪末法国德雷福斯诬告案起，真正意义上的民族国家正式登上历史舞台。"共同体"这一概念逐渐兴起，在一定程度上成为"社会"的代名词，根据滕尼斯的观点：社区和共同体的主要区别在于社会团结程度和协作深度的差别。[①]共同体源于文艺复兴时期，政治哲学经由霍布斯、洛克、卢梭、康德、黑格尔等强调的走出人类的自然状态，由自然法上升为成文法的契约精神构建，这种谋取社会公共利益的观念变革和实践生成，其最终目的是促进人类社会的进步。社会品格是对一个社会的文化传统、经济状况、政治特色和心理结构的统称，教育政策的时代性和历史性主要来源于此。古典政治哲学家列奥·施特劳斯在《自然权利和历史》中提出，社会品格主要是在教育的作用下产生的，教育制度、教育法则是其重要影响因素。[②]现代政治哲学的代表人物罗尔斯在《正义论》中认为的"原初状态"和"无知之幕"，其实质是一种社会道德原则。他提出，正如真理是知识的首要美德一样，正义是社会的首要美德。同时，他又指出，"分配正义""差别原则""补偿原则"[③]等社会政策观念都会在教育公平研究和政策制定中起到重要作用。

作为实用主义政治哲学家和教育家的杜威，其思想长期以来被美国官方奉为官方哲学而体现在社会政策和教育政策中，在 19 世纪末至 1945 年美国系统化的教育体系建立过程中，发挥了重要作用。美国在此期间形成了联邦政府、州政府和学区三级一体的教育体制。联邦政府主要提供资料情报、管理经费和咨询帮助，对教育事业无决策权，

---

① 斐迪南·滕尼斯. 共同体与社会. 张巍卓，译. 北京：商务印书馆，2019：58.

② 列奥·施特劳斯. 自然权利和历史. 彭刚，译. 北京：生活·读书·新知三联书店，2016：137.

③ 约翰·罗尔斯. 正义论. 何怀宏，何包钢，廖申白，译. 北京：中国社会科学出版社，1988：3.

对各州无领导权；州政府的教育委员会是决策机构，州教育厅是执行机构；在学区，教育委员会是决策机构，区教育局是执行机构。事实证明，这种教育政策体系对于美国而言是最为适合和高效的。它主要得益于杜威等实用主义哲学家所倡导的强调实际经验的情境性和灵活性、个人经验和社会经验的内化和耦合、信仰和观念的真实性和有效性。相对于古典主义哲学而言，他们所主张的先验本质的固定性、强调推理和归纳的思想是一种富有想象力的政治哲学观念。

（二）教育政策是人文性与科学性价值的共存

相较于其他公共政策，教育政策的人文气息是比较浓厚的，这在很大程度上来源于其培养人、培育人、促进个体人格完善和生命成长的特质。"有生命的个体人存在是任何人类历史的第一个前提。"①教育政策的人文价值主要体现在教育政策活动中，其最终的价值归依和意义呈现都彻彻底底的指向"人"，除了"人"以外，教育政策不应该也不会有其他的终极目的。所以说，"人"的尊严和价值、"人"的欢喜和失落、"人"的热爱和憎恨甚至于"人"的虚伪和丑恶，都应该是教育政策活动所要彰显或予以匡正的。

教育政策活动所面对的对象是具有主体主动性的活生生的人，活动的最终目的也是人的发展和完善。"在教育活动中，主客体关系始终表现为'人——人'关系，人作为客体与物作为客体具有根本的不同，人作为客体体现出双重性质，即客体性和主体性。"②教育活动的这种特征决定了在教育政策的活动过程中，始终需要把人的主体主动性、人的尊严、人的意义、人的选择放在核心地位加以考虑和实践，以人的身心发展规律作为主要依据，以最终促进人的发展和完善作为终极目的去进行教育政策的设计、实施、反馈、调整和评价，充分调动教育政策活动中人的因素，人的参与力度和广度最终会决定教育政策活

① 马克思，恩格斯. 马克思恩格斯选集（第1卷）. 北京：人民出版社，1972：24.

② 刘复兴. 教育政策的价值分析. 北京：教育科学出版社，2003：43.

动的实施效果和功能实现的程度。换句话说，相对于其他公共政策活动中人所处的被动地位，教育政策活动是以“人”为参与和实施主体，以教育者和受教育者之间“人”与“人”的直接对话作为施动路径，最终又会落实到“人”的发展的过程。这是教育政策活动更具有独特意义的所在。

科学性是教育政策决策的重要属性。科学的本质既取决于其研究的对象、内容，又取决于其活动的精神与方法。近代科学是建立在“自然一致性原则”“实体永恒性原则”“因果性原则”等三个理论预设的基础上的，这些原则决定了科学所必须具备的一些基本观念：一是科学研究的对象是人类可以经验的客观事实，基于此，做出事实判断，获取科学知识；二是科学活动具有严格的方法和方法论，科学方法的本质就是基于“观察事实”上的对“事实的普遍规律”[①]的探求；三是科学方法的本质是科学活动具有规范的活动程序和严格的可验证性的保证，即“观察有意义的事实”“做出假设”“得出结论”[②]；四是科学必须以严密的概念和范畴来对观察的结果和获取的结论进行表述。这些概念和范畴使科学的思维和活动成为理性的思维和活动方式的必要条件，也是科学活动遵循逻辑规则，揭示事实因果关系，体现自然客观规律的基本假设与前提。

在公共政策的理论基础上，组织理论、系统论、博弈论和复杂性理论等在大的范畴上属于科学理论。教育政策的科学性价值是在上述理论的基础上，通过对教育政策活动基本意义和基本使命的提取淬炼而成的。从价值本质上讲，教育科学决策是建立在合理性基础上的教育理性，是一种具有“有限理性”特征的本质理性。现代决策理论的创始人、诺贝尔经济学奖获得者美国人西蒙（H. A. Simon）所提出的“有限理性说”（bounded rationality theory）被称为现代决策理论的基石。这个理论的核心理念是“决策者不是绝对的‘理性人’（rational

① 罗素. 罗素文集. 靳建国，等，译. 呼和浩特：内蒙古人民出版社，1997：33.

② 罗素. 罗素文集. 靳建国，等，译. 呼和浩特：内蒙古人民出版社，1997：61.

man)，而只是有限理性的‘管理人’(administrative man)，那种全知全能式的理性人，在现实中是不存在的”[①]。在英语语境里，“理性”和“合理性”是一个词，即“rationality”，但是在汉语语境里，“理性”和“合理性”的内涵也是一致的。一般认为，合理性可以理解为合乎理性。西蒙对这两个概念进行了重新界定，进而提出了“客观理性”和“主观理性”[②]、“本质理性”和“程序理性”[③]的概念范畴。具体来说，“主观理性只从决策者的目标出发，只要决策者认为能实现他的目标的最佳选择就是合理的。这种主观理性并不见得在客观上也是合理的。传统‘理性人’模式中的理性行为是以主观理性为准的，不一定符合客观理性，因而不一定是合理的。本质理性是指作出的决策本身的合理性，即能达到的合适的效果。而程序性则指制定决策过程的合理性。程序理性本身不是目的，它只是实现本质理性的手段。‘理性人’模式中的理性行为把注意力放在程序理性上，认为只有严格推理的逻辑过程才是合理的，这种认识当然是片面的。由于客观事物的复杂性，绝对理性的逻辑过程并不能都保证决策的本质理性”[④]。

科学决策的要求主要体现在两个方面：一是对决策的各个要素有尽可能多的了解，尽可能正确地估计每个行动方案的可能结果及其概率；二是对决策的原理和方法尽可能熟练地掌握，直至在决策实践中发现新的决策原理和方法[⑤]。也就是说，根据事实所做出的科学决策的正确性取决于结果的满意性与有效性。换句话说，科学决策不能保证决策一定能成功，但却能保证决策相对来说是最好的。“科学决策的

① 孟繁华. 教育决策科学性的本质及其层次分析. 北京师范大学学报(社会科学版)，1999，(4)：69-75.

② 赫伯特·西蒙. 管理行为. 杨砾，韩春立，徐立，译. 北京：北京经济学院出版社，1988：75.

③ 黄孟藩，王凤彬. 决策行为与决策心理. 北京：机械工业出版社，1995：68.

④ 孟繁华. 教育决策科学性的本质及其层次分析. 北京师范大学学报(社会科学版)，1999，(4)：69-75.

⑤ 孟繁华. 教育决策科学性的本质及其层次分析. 北京师范大学学报(社会科学版)，1999，(4)：69-75.

基础是了解待决问题的性质原因、作用因素和发展规律等。只有伴随着科学研究和科研成果应用的决策，才是本质上的科学决策。其次是决策支持系统的建立，包括信息管理系统、科学的方法和模型以及科学的决策评审试验与控制实施的体制等。”①在现实的教育政策活动中，政策主体的知识、认知、能力、素质等是相对有限的，教育决策的功能体现是以所能达到的满意、合适、有效与合理效果为判断标准的。由此可见，根据教育系统和教育活动的特征，教育理性是一种本质理性，是一种基于合理性的有限理性规范和价值取向，有限理性是教育理性的主要内容，合理性是教育理性本质体现的判断标准。教育理性是教育科学决策的根本价值原则和依据。

（三）教育政策是个性与共性价值的依存

个体的生命在某种程度上是个性的，有着属于自身的鲜明品质和风格。正是有了不同样态的个体生命，才构成了丰富多元的世界。教育进入高度发展阶段后，会越来越关注个体生命在教育中的地位和作用，这种基调反映在教育政策上，就会由过去传统的强调教育政策的普适规范走入高扬个体的生命色彩。为此，就需要制定具有个体价值的教育政策，改变过去教育政策过于追求社会价值本位的倾向。如果把教育作为公共产品的话，那么在其产品价值上，更多的体现为个人选择和社会选择的统一。教育政策一方面着力解决当前最实际、最紧迫的社会公共教育问题，另一方面也需要深度探察不同社会的人在教育问题、教育矛盾、教育资源分配中的内在需要和追求，如此一来，教育政策才具有合理性品格。

具体来说，教育政策的个性价值主要体现在不同文化传统、不同民族特色、不同国家境况的人对于教育的不同期待和要求上，它是一种个性化选择，进而生成不同的教育政策价值取向和教育政策的鲜明

① 孟繁华. 教育决策科学性的本质及其层次分析. 北京师范大学学报（社会科学版），1999，（4）：69-75.

特色。教育的共性价值则主要体现在教育作为公共资源所具有的公共利益的最大化问题上，从教育政策的公共性来看，教育政策过程就是政策问题的显现、对策研究与功能实现的过程，在这个过程中，政策问题的显现源于教育活动自身的发展及其变异，对策研究和功能实现则是从公共利益出发，以问题为导向来探索政策问题的解决方式。而这样的看法往往基于一定的理论前提，即政策制定机构是理想型的科层制组织，该组织以集体利益至上为原则，而且认为集体决策是能综合所有个体的选择而形成的。

有研究者认为，“在现实政策环境中，教育政策的每一步都与个体与部门的利益及价值观息息相关，‘事’的科学性不是自然出现的，如果缺少人的因素将会抹去许多政策科学性的光芒……对教育政策过程中个体的利益与个体价值观的渗透与影响进行分析，并尽可能从‘个体利益本位’或‘部门利益本位’出发，以回归‘政策利益本位’。教育的公共性与教育政策的公共性都不应掩盖政策主体在教育实践中的个体价值与利益，以牺牲个体的利益与价值而换来的政策价值将不是完整的教育政策。因为主体，不管是政策决策者还是政策的执行者，他们都是潜在的教育政策的利益群体，政策的完整性理应包括对他们的关注与协调”①。

（四）教育政策是理论性和实践性价值的共生

教育政策是耦合了教育理论和教育实践的共同体，理论性价值是教育政策的基础价值，实践性价值是教育政策的应用价值。在教育政策活动中，对教育问题、教育矛盾和教育资源分配的审视、探究和反思需要借助于相关理论予以描述和显现，对教育改革、教育实施、教育运行的执行、调控和评价则需要在实践模式下加之应用和实现。实际上，教育政策活动效能主要体现在其理论性价值和实践性价值的耦合程度是否紧密优化上。一般来说，良好的教育政策是一种理论性和

① 周彬. 教育政策过程中的个体选择. 中国教育政策评论，2001：326-342.

实践性相互统一、相互依存的政策形态，这也是解决教育实际发展问题的重要前提。

在教育政策执行上，理论性和实践性价值的共生可以很好地破解其执行困境，有效解决教育问题，从而保障教育政策真正使命的达成。但是我们也要看到，理论和实践的分野问题一直都是人文社会科学的主要议题之一，理论不能完全等同于实践，实践也不能完全反哺于理论，这是事实，也是我们需要正确和理性看待的问题。所以说，在教育政策的运行过程中，如何有效把握理论制定主体和实践执行主体之间的张力和平衡就成为教育政策研究中重要的一个方面。具体来说，理论制定主体的理论基础、理论视野和理论深度，实践执行主体的实践经验、实践模式和实践方法以及教育政策运行中具体的情境条件、变化趋向和不可控因素等都会直接影响教育政策的功能实现，这是教育政策的主要特征之一。

第三节 我国教育政策的实践反思与价值审视

一、我国教育政策的实践反思

我国的教育政策经历了一系列的演变，在不同阶段凸显出不同的根本特征和精神品格。孙霄兵认为，新中国成立70多年来，我国教育政策发展具有三个特点，即教育政策的国家性、地方性和社会性；教育政策发展形成三个规律，即基本保障规律、素质教育规律、人民中心规律；教育政策发展贯穿三个要素，即自主性、协调性、开放性；教育政策发展呈现三个导向，即个体化、优质化、国际化。[①]但其实聚焦我国的教育实践，还有些问题需要我们予以积极反思，主要包括以下内容。

---

① 孙霄兵. 70年中国教育政策演变的基本路线和宏观模式. 中国教师报，2019-11-06（12）.

（一）教育政策的活动范式需要从聚焦于“政治”和“经济”价值落实到其本质归属的教育价值

刘复兴认为：“教育政策活动范式是在特定的教育政策环境中形成的教育政策实践活动的一般模式。教育政策文本的话语模式、教育政策的价值目标及其结构、政策活动过程如政策决策、政策执行与政策评价的特点等方面都可以作为我们讨论教育政策活动范式的要素。”①

新中国初期，由于历史传统、现实条件和国家体制等原因，我国教育政策形成了以政治挂帅、服务经济，培养国家管理和经济专门人才的政策价值导向和实践路径。这种政策尤其强调政治本位和经济本位的话语模式，凸显教育领域的被动性和依附性，特别是在作为个体的人的自由全面发展上，存有误区和局限。那么，需要把教育政策的单纯政治导向转变为更符合其本质的关乎经济和教育的多元的价值导向。实际上，这三者之间不是相互矛盾和冲突的，而是互生互长的关系，在强调“教育是民族振兴、社会进步的基石”的外在价值的同时，也要关注“教育是一个民族最基本的事业”，是“提高国民素质，促进人的全面发展的根本途径”的内在价值，如此，教育政策的活动范式变成了双向维度，而非单一维度，会更加富有生机和活力，也更符合教育活动的本质内容和需要。

（二）教育政策的决策精神需要从政府主导的思维向科学决策、综合理解性的民主决策思维发展

有研究者认为，“三十多年来，我国教育政策研究也逐步发展了从政府管理取向到学科科学取向到综合理解取向的研究线索，并在这一过程中形成了我国教育政策研究的本土特征，暴露出政府主导性、结构性失衡和基础性薄弱等问题”②。在改革开放初期，特别是 1985

---

① 刘复兴. 教育政策的四重视角. 清华大学教育研究，2002，（4）：13-19.

② 屠莉娅. 从旨趣的变迁看我国教育政策研究的演进. 全球教育展望，2012，41（4）：47-54.

年出台的《中共中央关于教育体制改革的决定》拉开了新中国教育政策蓝图的序幕。该决定中，政府主导的决策思维痕迹较为明显，教育政策决策被认为是政府教育行政管理的职能，其内容也主要聚焦于国家宏观的教育发展规划和国家长期的经济改革计划，教育政策决策的主体是政府机关，专家、学者、社会舆论等在其中发挥的声音较弱小。

进入20世纪90年代，随着社会的发展和教育改革的深入，倡导科学化、民主化决策的呼声越来越高，更多的政策主体参与到教育政策决策过程中来，我国相继出台了《面向21世纪教育振兴行动计划》和《中共中央国务院关于深化教育改革全面推进素质教育的决定》等标志性的教育政策文件。虽然在此期间，政府主导决策的意味仍然比较浓厚，但已经有相当多的外界声音进入决策领域并发挥着重要作用。这一时期，科学化决策主要体现在一系列教育政策研究成果的发表上，比如贠峰和朱选朝出版了《教育政策法规要论》、罗宏述和米桂山出版了《教育政策法规》、张健出版了《中国教育的方针与政策研究》等著作，90年代后期，袁振国和孙绵涛分别撰写的《教育政策学》亦产生较大影响。应该说，在一定程度上，上述图书影响了我国教育政策决策的进程和路径，但其程度依然不够深刻，国家行政决策的思维并没有得到根本转变。需要注意的是，这一时期，国外的相关政策学研究成果开始进入中国，并开始影响中国的教育政策的决策思想和理论，为我国教育决策的发展提供了新的理论基础和视野，但也存在着一些不太符合中国实际的问题。

进入新世纪以来，面对复杂的政策环境和各种影响因素，致力于解决以往单一政策弊端的教育决策模式研究成果层出不穷，并出现了一批标志性的成果。这种教育政策决策模式研究客观上能够解决我国教育决策中学科基础薄弱、政策分析工具缺乏、研究视域狭窄等问题，为我国教育政策实践注入了新的血液。应该说，在21世纪的前20年中，我国的教育政策决策已经开始逐渐步入科学化、民主化的轨道，范国睿等的《教育政策的理论与实践》、濮岚澜和陈学飞的《中国教育政策的议程设置过程研究——一个信息互动网络的视角》和周佳的

《教育政策执行研究——以进城就业农民子女义务教育政策执行为例》等都是这一时期的代表。目前，在综合性理解决策思维引导下，我们需要进一步深化教育政策研究，破除原来的政策壁垒和政策误区，推动教育政策的进一步健康发展。

（三）教育政策的评价观念与评估工具需要进一步完善

卢晓中认为，教育政策研究通常包括以下两种类型：一种是有关政策和政策过程的研究，即以教育政策为分析因素，来对一定的教育现象进行分析；另一种是教育政策研制，也被称为“为政策”的教育研究。这种研究主要有两种情形：一种是对备择的教育政策方案进行分析和选择；另一种则是直接研制教育政策的备择方案。①从这个视角出发，关于教育政策的评价观念其实可以分为人文主义和科学主义两种：第一种主要基于人文主义的评价观；第二种则主要运用科学主义的评价观。毕竟政策分析和政策研制是两个不同的方面。刘复兴的《教育政策的价值分析》主要运用了前者的方法，而关乎教育政策研制的评价则往往会使用评测指标和量表予以对照检查，并力图形成科学化的模型和框架。目前来看，我国教育政策的评价观念尚未完全实现人文性和科学性的有机融合，还存在着各自表达的鸿沟。就像邬大光所言，“政策制定是工具主义或实用主义价值取向，是考虑多方面、多层面关系的复杂抉择；而理论研究一般采取理性主义价值取向，追求可实现完美解释的理想模型”②。所以说，实现二者的融合是我国教育政策评价的必由之路。

二、基于物化形态和人格结构的教育政策现状分析

在实践共同体的理论视域下，教育政策实践运行中的主要问题也

① 卢晓中. 对教育政策研究的若干思考. 华东师范大学学报（教育科学版），2018，36（2）：16-17.

② 邬大光. 教育政策制定中的“时差”现象. 华东师范大学学报（教育科学版），2018，36（2）：21-23.

可以分为两类：一是物化形态的，二是人格结构的。具体来说，前者主要包括：政策理论背景的单一化、政策历史条件的不对称和政策现实资源的相对匮乏；后者主要包括：政策主体代际周遭的模糊化、非制度化的政策体验较少和政策价值归属感偏弱等。

（一）教育政策理论背景的单一化

任何政策都需要理论背景的折射和理论基础的关照。教育政策相对于其他公共政策而言，起步较晚、影响较小。为此，现实形态中的教育政策的理论源泉主要来自固有的公共政策理论体系。众所周知，公共政策理论的主要价值期待和实践归旨在于解决公共的社会问题和社会危机，从而深层次缓解或化解潜在的社会公共矛盾。它具有较强的普适性和经验特征，但较为缺乏情境性和个性品格。教育活动具有特殊性和相对独立性，如果把教育政策的内涵和特征同一般社会公共政策的理论和实践机械地联系在一起，那么就会在一定程度上忽视教育政策所具有的特殊性，教育政策就成了社会公共政策的附属和衍生品。显然这也不是可取的。美国的弗兰德·S. 柯伯思认为：第一，教育政策制定的社会基础较为多元和复杂，政策内容呈现多维度特征，且会随着社会情境的变化而变化，政策研究术语和方法具有专门性，因此，对于教育政策本质的理解就较为困难；第二，由于教育政策关涉很多人的利益诉求，就导致公众对教育政策的关注度普遍较高，对于其认知程度亦较为深刻，且参与政策制定和管理的热情较高；第三，教育领域的权力分散性较其他社会领域更强，与此相对应，教育政策不仅在不同的权利级别上形成和执行，而且在同一权力级别上也存在复杂的权力分配关系，进而加大了教育政策决策的难度和复杂性；第四，由于教育活动的多重目标性，教育政策活动所要实现的目标指向也较为多元和复杂，这就客观上造成了教育政策评估的困难性。①

① 斯图亚特·S. 那格尔. 政策研究百科全书. 林明，龚裕，鲍克，等，译. 北京：科学技术文献出版社，1990：442-443.

反观教育政策的理论背景构成和生发范畴，公共政策理论体系占绝对统治地位，除此之外，相关的社会学、政治学包括哲学理论也相继进入其政策背景体系中，但独独缺乏较为专门的、成熟的、完整的教育政策理论架构体系，现实中的教育政策理论阐发也往往从公共政策理论体系出发来提出假设、确立问题、形成内涵和验证实践。这在很大程度上限制甚至误导了独立的教育政策理论品格的生成与完善。特别是对于我国而言，大面积、深层次地引入国外公共政策和教育政策理论已“蔚然成风”，洋洋大观。作为合理的教育政策理论工具箱，是指“在政策分析中我们需要具有多样的概念和理论的工具箱，发展一种政策研究的应用社会学而不是一种单一的理论，寻求一元和复杂化之间的多元化发展”[①]。虽说进入21世纪，面对我国政策决策的短板，综合理解性的教育决策理论开始在中国兴起，其目的是力图解决教育决策的单一性、机械性问题。但是，在目前的教育政策理论背景下，我们仍需要进一步深化教育政策研究，破除原来的政策理论壁垒和政策理论误区，推动中国特色教育政策理论体系的进一步健康发展。

（二）教育政策历史条件的不对称

教育政策的历史条件是指宏观、中观层面教育政策活动运行的社会环境、教育内容以及与之相配套的体制机制和思维方法的统称。从宏观层面讲，教育政策的历史条件源于一定社会的历史传统和民族文化；从中观层面讲，则指在一定教育场域中，教育政策活动所受到的具体绩效影响和有机整合程度。换句话说，教育政策的历史条件要同实际开展的教育政策活动保持较高的一致性和统合性，防止出现教育政策活动同教育政策的历史条件相脱节、相冲突甚至相对抗的现象。

（三）教育政策现实资源的相对匮乏

教育政策在文本制定上是一种政策理想，它需要相关的政策现实

① Ball S J. Politics and Policy Making in Education: Explorations in Policy Sociology. London and NewYork: Routledge, 1990: 143.

资源予以支撑、推动来实现。从教育政策理想到教育政策现实是一段非常漫长的艰途，这里面涉及理论转化为实践的问题，也牵涉教育政策执行的问题。从目前来看，教育政策执行中的资源配置常常成为影响教育政策现实转化的重要影响因素。从长远来看，"一个富有效率的教育政策，一定能够充分地反映所有有关的教育信息，并能根据新的信息作出迅速的政策调整，从而不断地促进教育事业向更高的层次发展……它更多地反映着教育政策规范教育实践活动的能力和质量，着重于长期的和动态的趋势，涵盖了整个教育政策体系运行中教育资源配置的效果"[①]。

在教育政策现实运作中，现实资源的相对匮乏主要体现为政策预设同政策实际的不一致甚至异质性上。政策预设是政策制定的前提和出发点，主要表现为政策前期的分析和论证。实际上，从这一时期起，就进入了准政策实践的阶段，政策活动实践中的许多因素构成、环境条件以及调控规范都在政策预设中得以体现和形成。政策预设的主要思维工具是实践推理，实践推理意味着充分成熟的行动需要立足于合理性的理论推断而形成新的实践信念，并以此作为实践的过程指导。按照亚里士多德和苏格拉底的推理理论，我们可以分别把实践推理分为两大论点：一是充分成熟的行动对应于相应的实践论证所得出的实践结论，这个结论解决了"做什么"的问题，该解决方式又支持此次充分成熟的行动；二是在这种实践推理中，人们对"做什么最好"进行了推理，这种推理称之为评价性实践推理。[②]可在现实情境中，很多教育政策在前期预设阶段要么过于理想化缺乏实际调查，要么对实际困难估计不足，企图用绝对的行政命令解决复杂的教育场域问题，且没有及时更新与配置相关的政策现实性资源，造成一些教育政策一出台就面临着无规可依、无迹可寻的尴尬局面，以至于影响了美好教

---

① 罗志敏. 教育政策的运行原则与效率分析. 河南师范大学学报(哲学社会科学版)，2007，(6)：201-204.

② 徐向东. 实践理性. 杭州：浙江大学出版社，2011：567.

育理想的政策的实现。

（四）政策主体代际周遭的模糊化

作为实践共同体的教育政策活动，必然存在着共同体内部的代际差别和归属群体划分。比如，从教育行政机构到学校管理人员，再到一线的学校教师和家长，其对教育政策的理解和风格会有不同，教育政策活动实际上是一个在不同代际群体间逐层下移浸入的过程。管理是实践集群的主要关注点，它不仅是行动规范也涉及想象，通过这个过程，共同体可以拓展他们认同和可磋商的领域，并有助于组织人们围绕共同体一起做事、共同对话、发展视域和塑造个人轨迹。基于此，共同体才能够围绕实践使用想象来指导他们的参与行为、反思他们做的事情并探索组织参与的新途径。所有的这一切只有一个目的，就是提升政策共同体活动的效力和挖掘其发展潜能。同时，在教育政策共同体内部，不同的政策主体，包括制定者、实施者、受动者和评价者之间又存有相对的边界周遭，在面对政策实践这一共同任务时，需要通过意义协商的方式予以整合和内化，在这个过程中，政策理解力就显得尤为重要。但是，在政策主体代际周遭相对模糊的情况下，教育政策的共识理解力和所涵养的组织协同力会急剧下降，“各自为战”或者“消极怠工”的现象就会时有发生，严重影响教育政策实践效能的实现。教育政策代际周遭的模糊化的实质就是政策活动的无主体，看似整严的政策协商共同体就会衍生成松散的各个政策子领域，教育政策实践共同体内多重成员的资格联结呈现形式化现象，在面对共同的政策目标和政策任务时，会把其肢解化、零碎化乃至歪曲化，从而影响教育政策的整体蓝图。

（五）非制度化的政策体验较少

良善的教育政策实践强调政策主体深度的政策感知和政策体验，且政策主体始终处于中心性政策情境中。这理应是教育政策活动的核心要义。其实，教育政策活动同政策主体的教育生活密切相关，它们有机地融为一体则是非制度化教育政策活动得以彰显其积极生命力的有机表现。而在目前的教育政策实践中，往往过于强调制度化教育政策活动的典型意义和形式表达，忽略政策主体在非制度化的教育日常生活中的自觉体验和感知，造成台面的教育政策宣传和后台的教育政策实践相脱节，尤其是在外围性和边缘性教育情境中，非制度化的参与较少，教育政策主体在自我的日常教育生活中，并非一以贯之的理解、认同和实践崭新的教育政策理念和方法，甚至出现教育政策的生活实践断裂，这是不可取的。

众所周知，单纯的制度性教育政策命令难以取代政策主体日常的非制度化教育政策体验，其根本区别就在于人自身所投入的政策热情和政策使命感是截然不同的，相较于前者，非制度化政策体验的缺失会自动抵消教育政策实践活动自身应该有的价值精神和意义品格，教育政策活动纯粹蜕变为一种物质形态而非价值理想，并且同政策主体的周遭生活完全脱离。

（六）政策价值归属感偏弱

上文已经提到，无论是政策代际周遭的模糊，还是非制度化政策体验的缺失都会直接造成政策主体政策价值归属感的弱化。教育政策的价值认同和精神归属是其真正发挥效用的根本理念指导和意义皈依。在教育政策共同体中，意义建构的教育政策实践的最终目的是在个体认知与政策秩序之间取得和谐，其实质是一种“意义脉络”[①]式的沟通与交流，只不过双方一个是“人”，一个是“物”，“人”对“物”的理解、解读和认同取决于其价值归属感。哈贝马斯提出，这种逻辑“包含‘解读’某境遇，把身体运动和话语放入它们所属于的脉络中，并根据其它行为和信仰去理解它们。说明性假设的构造和它们的经验检验最后成为要解释的事情：它们依赖于某种关于要说明的事件是什

① 阿尔弗雷德·舒茨. 社会世界的意义构成. 游淙祺，译. 北京：商务印书馆，2012：译者导论，xvi.

么这一特殊假定，因而依据于意义的评价”[①]。

实际上，某些教育政策主体的价值归属感偏弱还同其在教育政策话语体系中的话语权力不均衡有关。话语是人与周遭世界关系的意义描述和符号系统，它体现了人与人、人对世界的理解、交流和改造。泰勒就认为，在政策活动中，话语源于对政策问题的解读与分析并将其纳入政策议程而予以审视、描述和定义。[②]因此，当我们看待一项教育政策的话语时，除了看到它表面的言语表达和意义呈现外，更要看到它背后的关系背景、利益诉求和权力机制。而广大的一线教育政策主体，如教师、家长和普通学生在教育政策活动中的话语权力较小，且受制于其他教育政策主体的权威指导和绝对控制，是不折不扣的被动执行者，自然政策价值归属感就比较弱。

三、我国教育政策的价值审视

在教育政策研究的发展过程中，始终存有两种逻辑：技术逻辑和价值逻辑。在教育政策研究早期，技术逻辑占据主导地位，这种逻辑倡导价值中立原则，尽可能地遵循严格意义上的技术程序、形式和评价模式，其理论基础为科学主义和实证主义。教育政策研究的技术逻辑始于20世纪60年代的公共政策研究，“这个阶段的政策制定与分析建立在特定的知识观和实证主义的基础上，寻找具有普适性的知识，简化复杂关系，坚持价值中立，科学主义与实证主义对于政策学科的发展成熟起到了重要的作用，但因其‘技术背后的价值缺失’问题也屡遭质疑。”[③]为此，寻求技术逻辑背后的价值基因就成为后来教育政策研究的重要主题，尤其是随着人文精神和个体知识观的兴起，教育政策不再是单纯技术理性所能支配的活动，合理的价值意义越来越成

① 乔治娅·沃恩克. 伽达默尔——诠释学、传统和理性. 洪汉鼎，译. 北京：商务印书馆，2009：11.

② 诺曼·费尔克拉夫. 话语与社会变迁. 殷晓蓉，译. 北京：华夏出版社，2003：3.

③ 孟繁华，张爽，王天晓. 我国教育政策的范式转换. 教育研究，2019，40（3）：136-144.

为政策效能得以体现的内在影响因素。“人们逐渐意识到，政策意味着教育平衡冲突各方的利益矛盾，价值观渗透政策的整个过程。改革开放以来我国教育政策领域的发展与变迁就是在这个背景下展开的。”①

纵观改革开放后我国教育政策的价值走向，我们可以看出，在不同的发展阶段，教育政策的价值逻辑呈现出不同的发展样态。教育政策的价值逻辑和教育政策发展范式是紧密结合在一起的。有的研究者认为，政策范式包括三个重要的方面：“第一，政策范式是一种世界观、理论基础和实践规范，在同一个政策范式内，受同一种价值逻辑的影响，形成相对稳定的体系。第二，范式由不同的关键要素构成，各要素之间存在紧密的关系模式，关键要素包含价值逻辑、权力模式、决策主体、决策模式等，价值逻辑是内核性理念，规定并构成性地影响着政策体系的其他方面；权力模式等属于工具性范畴，支持价值逻辑的实现。第三，不同政策范式体系间彼此区别，表达了政策参与群体的基本理念、对问题的分析、解决问题的框架之间具有差异，历史性地分析不同阶段政策范式体系特点，对于创造性地解决政策问题具有重要的意义。”②为此，如何在现有范式的基础上，研究和挖掘其内部的价值逻辑就成为教育政策价值审视的主要内容。

改革开放初期，面对社会主义现代化建设的紧迫任务，经济建设成为社会发展的中心环节，在教育领域，需要培养更多、更好的为社会主义现代化建设服务的专业技术人才，为此，国家需要在集中效率的前提下最大化发展教育政策的功能。效率取向成为当时教育政策的主要范式。在这种范式的影响下，教育政策的价值逻辑也得以形成：强调国家层面的教育决策，践行精英主义的政策设计路径，以便在更短时间内更科学地发挥教育政策对于教育发展和改革的决定性价值，其最终目的是早出人才、快出人才，为社会主义经济建设提供智力保证。为此，在相关的教育政策制定与实施中就集中体现了该价值逻辑

① 孟繁华，张爽，王天晓. 我国教育政策的范式转换. 教育研究，2019，40（3）：136-144.
② 孟繁华，张爽，王天晓. 我国教育政策的范式转换. 教育研究，2019，40（3）：136-144.

的特色，如 1977 年 10 月,《国务院批转教育部关于一九七七年高等学校招生工作的意见》规定了高等学校新的招生政策，即废除推荐制度，恢复文化考试，择优录取，这是一个在全社会引起强烈反响的重大决策，也是建立新的教育秩序的开端。对选拔高质量人才起到了重要作用。1985 年 5 月，中共中央颁布《中共中央关于教育体制改革的决定》，明确将简政放权作为重要目标，这推动了我国以教育体制改革为核心内容的教育改革在各个层面逐步展开。1986 年，第六届全国人民代表大会第四次会议通过了《义务教育法》，这是新中国第一部有关教育的法律，自此，中国的基础教育走上了法治轨道，学龄儿童入学率也因此大大提高，这些都为人才培养奠定了重要的基础。

当然，这一时期面对弱势群体的教育利益，国家在教育政策中也强调了补偿主义的价值原则。在该时期，中国不仅面临着精英式的专业技术人才的缺乏问题，同时在普通大众中还需要承担普及科学文化知识的重任，1980 年 9 月，国务院批转教育部《关于大力发展高等学校函授教育和夜大学的意见》，提出高等学校举办函授教育和夜大学的工作应当采取积极恢复、大力发展的方针，并纳入高等教育事业计划。1981 年 1 月，国务院批转教育部《关于高等教育自学考试试行办法的报告》，决定建立高等教育自学考试制度。自此，中国独创的成人自学考试制度在全国范围建立。1987 年 2 月，国务院批转了《国家教育委员会关于改革和发展成人教育的决定》；1988 年 2 月，国务院发布了《扫除文盲工作条例》。由此，"成人教育"作为一种重要教育形态受到国家的高度重视并获得快速发展。

"多出人才，快出人才"的教育政策价值逻辑在很大程度上解决了改革开放初期教育发展相对滞后的状况，为社会主义现代化建设的发展提供了重要动力。但也应该看到，这种价值逻辑相对集中在国家权威意义上的人才培养和教育决策上，较为忽视普适性教育的改进和发展，尤其是在面对人民群众更为高级的受教育权利需求时显得力不从心，教育的公共性价值和公益性原则受到一定程度的损害。所以，自 20 世纪 90 年代，力图解决广大人民群众更高教育需求，促进教育的灵活发展和横向扩展的教育政策价值逻辑得以逐渐形成。

20世纪90年代初，社会主义市场经济体制逐步在中国得以确立。在社会发展的诸领域，都受其深刻影响，在教育领域，如何把教育发展的规范性和市场要求的灵活开放性相结合就成为教育政策研究中的重要议题。1993年2月，中共中央、国务院印发《中国教育改革和发展纲要》，一方面延续了效率优先的思路，另一方面又积极应对市场经济体制改革的宏观环境变化，提出了“初步建立起与社会主义市场经济体制和政治体制、科技体制改革相适应的教育新体制”的改革目标和相应的改革举措，逐步形成了教育政策的市场选择范式。实际上，这种教育政策范式的价值逻辑是开放性和规范性价值的结合，其重点是如何重构政府、学校和市场的有机关系，其目标是建立现代学校制度。在这一时期，政府开始逐渐下放对学校的管理权限，学校自身的办学自主权增强，个别地区在教育市场化方面取得了重大进展。无论是个体还是作为法人的学校，其教育利益和发展需求都得到一定程度的体现，教育政策中的个体价值初露锋芒。这一教育政策价值逻辑的初衷是更为灵活地实现教育事业的大发展，破除僵化的计划经济式的教育体制机制，逐渐形成符合市场经济样态的教育发展体制和模式。该时期在取得了一系列重要成果的同时，我们也要看到，这种政策价值逻辑由于过于强调灵活开放的市场原则，造成了教育发展尤其是义务教育发展的弱化和匮乏，难以全面保障教育的公共参与、利益分配的公平性，造成了“义务教育的国家供给不足、教育的城乡差异、地区差距以及学校间办学差距”[①]等基本事实。由于教育关系到不同群体的利益，市场不能真正有效地达到社会公平，而且教育作为公共物品存在外部不经济和搭便车现象，与私人问题可以通过市场得到解决不同，国家必须运用公共权力，通过立法或制定规则的方式解决教育问题。[②]

① 邵泽斌，张乐天. 从意识形态到公共精神——对新中国60年义务教育治理方式的政策考察. 社会科学，2008，（12）：64-71，183-184.

② 余雅风. 法律变迁与教育的公共性实现. 教育学报，2005，1（2）：51-56.

进入 21 世纪，随着世界范围内公共治理的兴起，教育政策的价值逻辑相应也发生了变化。孟繁华等认为，这一时期，中国教育政策的范式主要是公共治理范式。[①]公共治理源于古希腊时期的政治实践，这种管理方式追求社会公共资源的公平、合理分配，倡导公共服务性价值的实现，在教育领域则是对牵扯社会公平全局的教育公平的认知和实践。公共治理范式教育政策的价值逻辑是最大化整合公共教育利益，从而实现教育功能的优化，推动人的发展、教育的发展和社会的发展。这种价值逻辑相较前两种，具有明显的优势，它注重人、教育和社会的和谐共生，以系统论、复杂性理论关照教育发展全局，从而在深度和广度上彰显教育的公共性和公益性特征，为构建教育公共治理体系提供重要的理论基础和实践支撑。

有研究认为，教育政策“不是反映某一个社会阶层的利益，而是对一个复杂的、异类的、多种成分的组合体做出反应”[②]。根据政府和市场并非“零和关系”的事实，教育政策的公共治理范式追求在教育领域形成国家力量、市场力量和社会力量相互博弈和均衡的体制，由单向性的政府权力模式走向多向性的混合权力模式。如果公平、公正与参与是此时关注的重心，那么就不仅要关注政策的内容本身，更要关注政策制定和执行过程。谁参与了政策制定、程序如何安排、政策为谁服务等都变成了关键问题。此时，教育政策不仅关系到教育而且关系到文明社会的本质，重建良好教育生态才是解决问题的根本之道，也是公共治理范式的价值逻辑。公共治理范式强调教育政策制定的开放性、权力主体的平等性、管理过程的协商性、管理的自愿性和管理的网络化。[③]这就需要构建一种促进个人私益与社会公益重合的、充满公正理性的制度框架。建立良好的教育生态意味着要实现教育系

① 孟繁华，张爽，王天晓. 我国教育政策的范式转换. 教育研究，2019，40（3）：136-144.

② 斯蒂芬·鲍尔. 政治与教育政策制定——政策社会学探索. 王玉秋，孙益，译. 上海：华东师范大学出版社，2003：1.

③ 李涛. 教育公共治理：什么公共？什么治理？——结构转型与法理维度的探索. 全球教育展望，2009，38（7）：45-50.

统内部各要素的有机联动以及教育与社会环境之间的和谐发展，贯通从基础教育到高等教育的体系衔接，构建优质高效的公共服务体系，激发教育系统内生动力，实现可持续发展。

当然，从宏观层面来看，当前我国教育政策价值实践中还存在着诸多问题，而造成这些问题的一个重要原因是，我国还缺乏对教育政策价值观的思考。“价值观是人（个体、群体）所具有的稳定的价值判断标准体系，是主体对于客观对象价值的总的认识。”[①]按照《公共政策词典》的解释，政策价值观是指“政策制定者以及其他涉及决策过程的人共有的偏好，个人愿望和目标；价值观可能包括一个人的政治信条、个人偏好、组织目标以及政策取向；价值观关心的是一个人认为是称心和美好的东西”[②]。“政策价值观与价值观是一般与特殊的关系，政策价值观既具有一般价值观的内涵与特点，又具有自身的内在规定性。政策价值观指的是公共政策的价值取向模式。公共政策的价值取向就是对政策系统行为的选择，即对社会资源的提取和分配以及对行为管制的选择”[③]。广义的“政策价值观是抽象的观念总体，是虚在的、无形的，在具体政策行为中政策价值观表现出来的是具体的政策价值观念，主要由政策理论、政策理想、意识形态、政策评价标准等所组成”[④]。狭义的政策价值观主要指政策理想和政策判断标准。这里主要取狭义的教育政策价值观的概念。

有学者认为，从“主体需要来说，我国未来的教育政策要重视其直接利益相应人的利益；要适当扩大教育政策制定、执行和评价主体的范围；要重视共同利益、长远利益、弱势利益和未得利益，做到共同利益与政治利益、长远利益与眼前利益、强势利益与弱势利益、既得利益与未得利益兼顾。从客体属性来说，我国未来的教育政策要重

① 刘复兴. 教育政策的价值分析. 北京：教育科学出版社，2003：107.

② A. H. 马斯洛. 人类价值新论. 胡万福，谢小庆，王丽，等，译. 石家庄：河北人民出版社，1988：2.

③ 陈振明. 政策科学. 北京：中国人民大学出版社，1998：483-484.

④ 陈振明. 政策科学. 北京：中国人民大学出版社，1998：485.

视其公共性，做到政治性与公共性的统一；要提升教育政策的合理性，做到合法性与合理性具体的、历史的统一；要加强教育政策的协调功能，做到管理功能与协调功能并重。从效应关系来看，我国未来的教育政策要提升其内在价值，做到外在价值与内在价值的统一；要重视教育政策应然价值，做到实然价值与应然价值的统一；要重视教育政策的隐性价值，做到显性价值与隐性价值的统一”[①]。这显然是未来我国教育政策宏观价值体系构建的发展方向和有效路径。

从价值论角度讲，理想的教育政策的实质是对整全的教育政策美好价值的期许和认同。从实践共同体的视角建构理想的教育政策，关系性思维、全局性和整合性思维就显得尤为重要。在教育政策共同体中，物化的资源形式和内化的人格结构的交互互生与相互滋养的价值品性决定着理想的教育政策的有机生成。

（一）理想的教育政策以协商政策话语为主要的交往品质

共同体理论认为，实践共同体不仅需要被物化为简单的资源形式和配置，还需要卷入参与者的体验。这里需明确三点：一是通过相互卷入，参与和物化可以无缝交织在一起；二是合作事业可以创造相互问责关系，它无需作为事业进行物化、讨论或陈述；三是卷入的共享历史可以成为具有持续协商意义的资源，它无需持续的“比较注释”要求。因此，教育政策主体的意义协商和沟通行动是否有效就成为教育政策是否具备合理化品格的主要决定因素之一，教育政策活动需要从形式化的条块分割陈述转化为基于内部协商的行动体呈现。

协商性政策话语的教育政策的重点内容是，教育政策的决策是由教育行政部门、专家、媒体以及相关的政策受动群体等共同论证、分析、协商而形成的。这几个政策主体围绕一个政策主题，所进行的话语碰撞与交融程度就成为政策活动能否具有有效性的主要因素之一。这种教育政策话语需要在民主和科学的典范下予以表达和呈现，在整

① 祁型雨，李春光. 我国教育政策价值的反思与前瞻. 现代教育管理，2020，（3）：29-35.

个教育政策的话语场中，科学意味着在政策议程中工具理性话语与价值理性话语的统一，也是形式正义与实质正义的结合。民主则指每个政策主体在遵循一定的话语规则与体系下，都有表达关于教育问题的看法的权利。另外，民主也要一定程度上凸显权威的主导作用，因为政策的最终决策和出台是需要权力部门的制度性裁决作为归依的。

（二）理想的教育政策以微观的教育生活世界作为主要的活动场域

传统的教育政策广博而宏大，视角架构高高在上，较为缺乏细致入微的人文关怀和策略解析。理想的教育政策运行逻辑实现了从宏观的社会世界到微观的教育生活世界的内在转向，在微观的教育生活世界中，“教育政策主、客体、情境、介体所构成的‘行动者网络’在政策‘场域’中得以表征，而文本和场景能提供最为丰富的表征信息和内容，静态的教育政策文本，包括各类方针、指示的集合通过正式或非正式的传导路径转化为特定情境中的关系、场景、事件并由此而引发冲突、妥协、抗争、对话等一系列社会行为。研究者在学校这一‘必经之点’运用人类学的方式访谈、观察、记录，会区别于传统的哲学思辨式的建构式和实证主义的数字式，表现出浓郁的‘描述、写实和分析’气质，从微观世界即日常生活世界中凝练出教育政策运行的宏观规律，为教育政策行动者所进一步感知、洞察和意义构建”①。因此，教育政策运行逻辑的情境转换和价值重塑就成为理想的教育政策的重中之重。

（三）理想的教育政策以丰富的想象力和政策智慧为主要思维方式

教育政策并非刚性的制度性存在，源于个体政策情感的涉入和政策思维的影响，教育政策也具有扩展性、调适性的特点，并有着较为充足的想象空间。教育政策的想象力是指面对复杂多变的政策环境，以一种动态、多元、丰富、充满生机的政策价值观去引导政策实践，

① 刘佳. 行动者网络理论视野下的教育政策运行分析. 理论与改革，2015，（2）：99-101.

政策主体在制定、实施、调控、评价以及终结政策过程中，要充分考察和酝酿政策对象的具体特征、政策运行的客观实际、政策模式的有效方式方法、政策文本的可行性描述，追求一种发散而又聚合的复杂性思维，以便应对政策环境的不断变化。库恩指出了“范式”的开放性、实践性和情境性，同理而言，教育政策的实践范式也不是一成不变的。作为一种理想的政策活动，教育政策努力拓展和发掘自己的想象力空间，尤为需要关注人的镜像所折射出的人性光芒和社会蕴含的丰富多元的发展趋向，以期增强政策的有效性和适用性。

另外，理想的教育政策需要高度的教育政策智慧来予以担保，教育政策智慧并非纯粹抽象的概念描述，它是一种优秀的政策思维方式、认知方式和沟通协同能力的综合体，其反思、批判、联合、创新的特性十分明显。教育政策智慧同时具有强烈的应急、应变倾向，有助于防范和控制政策风险，从而使教育政策能够在当今社会风险频发的大背景下，保持政策初衷，化解政策危机，达成预期目的。

（四）理想的教育政策以长远的政策影响作为其主要的评价标准

政策影响是有别于政策效应的，前者是一种长时段的政策作用和深远影响，后者主要体现为政策执行中的效能。政策影响可以解读为一个对社会、国家以及人所产生的关于教育、经济、社会和文化影响的长时期综合效用函数。如果说政策效应体现的是政策执行的效果的话，那么政策影响则更多的呈现出政策的社会效益和长远价值。好的教育政策影响必须兼顾长远利益与短期利益、国家利益与个人利益、教育利益与社会利益，并在很大程度上具有前瞻性和超越性，能够预料未来的教育问题的变化趋势，以及新的教育矛盾的出现和复杂的教育利益格局的生成，进而产生预判和应对能力，从而铺就长期良性循环的教育发展之路。就本质而言，公共教育利益的最大化是评判教育政策是否良善的根本标准。理想的教育政策会极度关照和保障“‘每个孩子有学上与教育资源供给不足之间的矛盾’转化为‘人民日益增长的优质教育需要和优质教育资源不平衡不充分的发展之间的矛盾’”，实现“从‘有学上’到‘上好学’的矛盾转化”[①]，并着力研究“当前我国教育的主要矛盾并寻找破解矛盾的政策与策略，着力研究公众的个性化、终身化、社会化教育需求，着力研究优化教育资源的丰富化、均衡化、城乡一体化供给”[②]。

同时，理想的教育政策会在政策责任和政策自由之间保持一定的合理张力。教育政策作为一种制度体系和实践指导，其内部存在严密的逻辑要求和行为约束。因此，政策主体要具有高度的政策责任感和使命感，并将教育政策作为正式的教育法规予以推行。同时，我们还要看到，教育政策也不是纯粹的刚性存在，它牵涉和化解的是社会和人的具体的情境困境，在这种视野下，社会和人的发展的差异性、多变性就成为我们要着力考虑的首要前提。因此，理想的教育政策会在这两者之间保持可控空间和联通路径，以便实现教育政策规范性与有效性的有机结合。

① 范国睿. 坚持以人民为中心的教育政策研究. 华东师范大学学报（教育科学版），2018，36（2）：27-28.

② 范国睿. 坚持以人民为中心的教育政策研究. 华东师范大学学报（教育科学版），2018，36（2）：27-28.

第 三 章

03

政治哲学视野下的教育政策想象力

政策想象力以一种动态、多元、丰富、充满生机的政策价值观去引导政策实践，它是教育政策智慧创生的思维工具。政治哲学是政策活动的根柢所在，以政治哲学为分析视角，在人的镜像、社会品格与教育政策之间充满着富有弹性和张力的想象空间。教育政策智慧的生成需要明确教育政策的合理定位和目标结构，有着对政策本身的自觉反思、敢于终结不符合现实需要或效能不佳的教育政策，同时要有对未来教育、人和社会发展趋势的预判、预警和超越。

美国著名社会学家米尔斯在其名著《社会学的想象力》中，将社会学的想象力主要界定为公共议题和个人困扰之间的契合和联结。[①]安德森在《想象的共同体——民族主义的起源和散布》一书中，认为民族的自我想象赋予了各个民族特有的文化风俗、制度特征和政策追求。[②]库恩在《科学革命的结构》中提出，“范式”是一种基于情境变化而不断调整、规范和适应的过程，其最终目的是实现“范式”的开放性和一定的丰富性，并最终打破所谓“范式”的封闭性和不可变动性的偏见和神话。[③]政策想象力指政策主体在制定、实施、调控、评价以及终结政策过程中，充分考察和酝酿政策对象的具体特征、政策环境的客观实际、政策模式的有效方式方法、政策文本的可行性描述，以一种动态、多元、丰富、充满生机的政策价值观去引导政策实践，以期取得良好的政策效应和效果。我国的“一国两制”、欧洲共同体（欧盟）的设想与实践都是其典型代表。

长期以来，我们在研究教育政策过程中，较为注重制度、体系、组织、方式方法等技术层级的考量，较为忽视政策所具有属人特性和社会文化品格。教育政策需要想象力，它的决策、制定、实施、调控、评价、终结的全过程需要充满人的鲜活气息和社会的生动思维。教育

---

① 赖特·米尔斯. 社会学的想象力. 陈强，张永强，译. 北京：生活·读书·新知三联书店，2001：5-6.

② 本尼迪克特·安德森. 想象的共同体——民族主义的起源和散布. 吴叡人，译. 上海：上海人民出版社，2016：2.

③ 托马斯·库恩. 科学革命的结构. 金吾伦，胡新和，译. 北京：北京大学出版社，2003：16.

政策最终需要落实于人之受动对象，贯穿于社会结构的多元变化，教育政策需要从制度约化、体系外扩走向内部的真实的“人”和外部的广阔灵动的社会。

第一节 教育政策的政治哲学根柢

政治哲学是一个古老而现代的学科，中西方的哲学源头都有其呈现与发展的轨迹。正如章学诚在《文史通义（上）》中所说的“六经皆史”[①]，克罗齐在其历史哲学著作《历史学的理论和实际》中主张的一切历史都是当代史[②]，以及柯林武德在《历史的观念》中提出的“一切历史都是思想史”[③]一样，刘小枫认为，一切哲学归根结底都是政治哲学，其在《刺猬的温顺：讲演及其相关论文集》中描述到，政治哲学归根结底就是一个问题，什么生活是好的生活。[④]马克思主义的哲学其实质也是一种政治哲学。

政策面对两大问题——社会和人，这同样是古典政治哲学和现代政治哲学的分野之处。古往今来，人类的政治活动始终在这两者之间徘徊，两者之间的关系也充满了张力，偏重社会或更强调人直接决定了政策活动指向的不同。当代，古典政治哲学和现代政治哲学逐渐靠拢，走向融合。这也使得政策活动开始兼顾两者，但仍然会有所偏重。阿伦特对“私人领域”和“公共领域”的划分、哈贝马斯的私人性和公共性、米德关于我之主体“主我”与“宾我”的界定等，就是其鲜明的体现。在西方国家的两大社会政治政策实践中，自由主义和社群主义分别代表了上述两者的进思路向。由此，我们可以看出，政策实

① 章学诚. 文史通义（上）. 罗炳良，译注. 北京：中华书局，2012：14.

② 贝奈戴托·克罗齐. 历史学的理论和实际. 道格拉斯·安斯利，英译. 傅任敢，译. 北京：商务印书馆，2009：3.

③ 柯林武德. 历史的观念. 何兆武，张文杰，陈新，译. 北京：北京大学出版社，2010：34.

④ 刘小枫. 刺猬的温顺：讲演及其相关论文集. 上海：上海文艺出版社，2002：1

践源于政治哲学的归引和滋养，其根基深深扎在政治哲学的土壤中。

一、政治哲学观照下教育政策的价值叙事

现代政治哲学的代表人物罗尔斯认为，正如真理是知识的首要美德一样，正义是社会的首要美德。[①]在政治活动中，致力于寻找和构建社会良好的秩序品格和价值精神是其根本任务与发展目标。教育政策是一种重要的公共政策活动，他遵行政治活动的价值逻辑，力图在此前提下，论说自己的价值叙事，探讨自身的合理品格，在良善价值的内发下、在政策行动的外烁下，彰显教育政策对人、对社会产生的影响和积极意义。

一般我们在考察教育政策时，往往偏重政策活动本身的外显形态和绩效功能，在程序逻辑的表征下，单纯追求教育政策的形式化理性同政策目标的符合和一致，而有意无意地忽略教育政策内部的价值逻辑，这是不可取的。

教育政策的程序逻辑是教育政策的基础逻辑。公共政策理论认为，“公共政策程序正义是指在公共政策的制定、执行、评价与终止的过程中，依照宪法与行政法规的要求，按照一定的顺序、方式与步骤做出政策选择的行动；如果说程序正义就是最好地实现正义结果的方法，那么公共政策程序正义就是通过理性权衡，寻找并选择最有效地实现正义要求的公共政策的方法”[②]。罗尔斯认为，纯粹的程序正义可以通过完善和不完善的程序正义的比较来理解。完善的程序正义是指有一种确定的有关结果公正的标准，并可以设计出有效实现这一结果的程序。其条件是有一个决定结果是正义的正当标准和保证达到这一结果的程序。不完善的程序正义是指尽管有一种关于正确结果的独立标准，但是由于人类的有限理性，还是可能因为某些偶然的因素而

① 约翰·罗尔斯. 正义论. 何怀宏，何包钢，廖申白，译. 北京：中国社会科学出版社，1988：3.

② 李建华. 公共政策程序正义及其价值. 中国社会科学，2009，（1）：64-69，205.

使我们偏离正确的结果，我们无法设计出一种程序以确保正确结果会万无一失地实现。[①]不完善程序正义的基本标志是“当有一种判断正确结果的独立标准时，却没有可以保证达到它的程序”[②]。那么，从公共政策的形态和本质来看，其程序正义属于不完善的程序正义，其程序是一种抑制性程序，其目的是保持公共政策结果的正当性。由此，我们可以得出，教育政策程序逻辑就是指在教育政策的制定、执行、评估与终止的过程中，依照宪法与教育法律法规的要求，按照一定的顺序、方式与步骤作出的教育政策选择的行动，其目的是通过对教育活动中各种因素和诉求的理性权衡与选择，最终实现教育实质正义（即结果正义）教育政策程序逻辑是实现教育政策价值逻辑的前提与基础。

教育政策毕竟是价值选择的活动，存在诸多的教育利益诉求甚至冲突，“在一定条件下，把价值问题转换为程序问题来处理也是打破政治僵局的一个明智选择”[③]。具体来说，“在价值多元时代，通过程序的设置，使不同的价值与利益要求达成共识，并藉此作出政治决策，不失为处理政治决策成本与决策风险负担两者矛盾的一种恰当的方法”[④]。为此，从其工具性结果来看，教育政策程序逻辑的作用主要体现在：

第一，能够确保公共教育利益得以实现。一方面，通过教育政策程序，把教育政策中的价值问题转化为公共教育利益问题，从而使教育政策目标具有广泛的可接受度，这就确立了其正义性的基础；另一方面，通过规范化、技术化的政策程序，把教育政策活动的各个环节约束在一个合理的运行范围之内，客观上促进教育政策正义性的实现。

① 李建华. 公共政策程序正义及其价值. 中国社会科学，2009，（1）：64-69，205.

② 约翰·罗尔斯. 正义论. 何怀宏，何包钢，廖申白，译. 北京：中国社会科学出版社，1988：86.

③ 季卫东. 法律程序的意义——对中国法制建设的另一种思考. 中国社会科学，1993，(1)：83-103.

④ 李建华. 公共政策程序正义及其价值. 中国社会科学，2009，（1）：64-69，205.

第二，能够切实提高教育政策的科学性。长期以来，我国教育政策的科学性不强，科学决策举步维艰，其主要原因在于忽视教育政策程序本身的价值，加之民主法治不完善，教育政策领域“人治”现象和非理性决策较为普遍。只有构建教育程序正义所要求的政策主体广泛参与、公平博弈等决策机制，才能切实提高教育政策的科学性。

第三，能够有效监督和约束教育政策主体的非正义行为。“教育政策是教育政策主体认识产物，具有主观性。教育政策主体拥有公共权力，主观性意味着存在恣意、专断和自由裁量的可能。”[①]目前教育政策领域许多的非正义行为，如出自私利目的任意降分录取等就是其典型表现。这就需要从政策程序上加之监督和制约，以有效维护公共教育利益。

第四，能够提高社会公众对教育政策的接受度。对政策的认知和接受是政策功能得以实现的前提条件，公众的接受程度往往决定着政策能否得以顺利实施，教育政策也不例外。心理学实验研究表明：影响人们对政策的态度，除了政策结果是否满足人们的实际需要外，政策的程序也影响人们对正义的感受和对实质正义的可接受性，而且对程序的认可更影响所得结果的可接受性。[②]无论最终的审判结果是否对自己有利，正义的程序都能提高人们对程序所产生的政策结果的评价，并能够在很大程度上遵守程序规则；否则如果政策结果对自己不利，就会产生消极抵制的行为。[③]

但我们应该看到，对于长远的政策效应和政策影响而言，教育政策的价值性内容往往是支配和引导教育政策最终走向和政策效能的根本因素，教育政策的价值逻辑是教育政策的本质逻辑。教育政策的价值逻辑反映着一个国家和一定社会的文化传统、精神意义、国民心理

---

① 石火学．教育政策程序正义的必要性与价值．国家教育行政学院学报，2011，（10）：44-48.

② 李晔，龙立荣，刘亚．组织公正感研究进展．心理科学进展，2003，（1）：78-84.

③ 李大治，王二平．公共政策制定程序对政策可接受性的影响．心理学报，2007，（6）：1093-1101.

和信仰理想，它深度镌刻着教育政策的鲜活印记，广泛观照着教育政策的独特品格，集中体现着教育政策的内在精神，是教育政策审视自我、展现自我、实现自我的有力引证和根本担保。对于教育政策的价值逻辑，笔者主要从以下几个方面加以分析。

首先，教育政策的价值逻辑是以一定社会阶段的核心价值予以统摄的。教育是社会中重要的子领域，它的价值向度和价值精神与当前社会的核心价值是相吻合的。在作为上位的社会核心价值的引领和规范下，教育活动结合自身实际和发展需要，在教育政策层面提出相应的价值内容，进而实现教育改革和发展的价值引领。换句话说，教育政策的价值逻辑必须与一定社会的核心价值逻辑相匹配，并在它的逻辑范畴中彰显自身的价值品格和价值意义。

其次，教育政策的价值逻辑体现在一定的教育政策价值关系中。一般而言，"作为社会系统与政治系统的教育政策活动中的价值要素主要包括：教育政策价值主体及其需要、教育政策价值客体及其属性、教育政策价值关系等三个方面"①。教育政策活动中的价值关系体现在各种教育政策问题的产生和解决过程中。不同的教育政策主体的需要和利益会产生不同的教育问题。教育问题大致可分为以下几种：国家教育权力分配问题、受教育权利分配问题、受教育机会分配问题、教育制度安排问题、教育物质资源和人力资源配置问题、教育组织与个人的教育活动问题。②在这些教育政策问题的解决过程中，"教育政策价值主体为控制教育资源，获得教育权力、教育权利与机会、教育物质与人力资源条件，顺利完成自身的教育活动而彼此之间构成不同的价值关系"③。这些不同方面、不同层次的价值关系就构成了教育政策的价值系统。

最后，教育政策的价值逻辑需要折射个体的人性光芒。归根结底，

① 刘复兴. 教育政策的价值分析. 北京：教育科学出版社，2003：94.
② 刘复兴. 教育政策的价值分析. 北京：教育科学出版社，2003：98-101.
③ 刘复兴. 教育政策的价值分析. 北京：教育科学出版社，2003：101.

价值是人所具有的，反映的是人性的内在需要和意义向往，所以说，教育政策的价值逻辑需要折射人的个性光芒。为什么说是折射而不是反映，这就说明了教育政策的间接表述性。人尤其是个人的教育利益诉求和教育理想属性在教育政策中是不能直接得到反映的，教育政策所反映的是作为教育活动中相关个体的集合愿景和普遍需要。教育政策的属人特性并非针对某个人或某个群体，而是在公共教育资源和公共教育利益的双重背景下的类价值。这种类价值既能较好地观照普通人的教育需要，又能在相关规范和制度下提炼整体价值和利益，这就是教育政策关于人之人性的折射作用和体现。

二、政治哲学视野下的教育政策的合法性

合法性是政治哲学探讨中的核心议题之一，它代表着一项社会制度或公共政策体系被公众所认可的合理性、权威性和有效性，并且通过法律法规的形式得以确立。合法性是教育政策的首要价值特性，它是教育政策得以运行的基础和前提，也直接影响教育政策最终的效能体现。雅斯贝尔斯说过："权威是随着历史而成长起来的。权威并不是有意而为之的事情，它只能从传承的深度去发现和更新自己的形象，只能从当下的本原中去重新认识其不断变化的内容。"他认为"真正的权威来自于内在的精神力量，一旦这种内在的精神力量消失，外在的权威也随之逝去。"[①] "合法性"一词直观上通常被理解为合乎法律，并且这常常引起人们的误解。国内学界也多是引述、借鉴西方的政治合法性的解释，合法性是政治哲学主要探讨的问题之一。政治合法性是合法性问题最显著的时代表征。这就验证了赵汀阳的判断，他认为世界性的政治和伦理危机使得政治与伦理成为当代的大事情，而哲学观念是大观念，大观念总要随着大事情走。由此，他提出了当下哲学的历史性结构——政治/经济/文化的互动结构。[②]

① 雅斯贝尔斯. 什么是教育. 邹进，译. 北京：生活·读书·新知三联书店，1991：70.

② 赵汀阳. 没有世界观的世界. 北京：中国人民大学出版社，2003：1.

在合法性的研究中，马克斯·韦伯是初创者。他认为，人与人之间的社会关系为背景，根据人类社会行为必定以制度为取向的规律，分析了人的动机与行为之间的种种关系。并认为只有当制度具有榜样的、有约束力的等合法的威望时，一种对于制度的遵守才是相对稳定的。这说明了制度的合法性具有不同的基础，它以人们的不同动机为区分依据：既表现为纯粹内在的，比如情绪的、宗教的、价值合乎理性的，也可能出于外在的利害关系。[①]基于这个前提，马克斯·韦伯认为，国家的统治关系类型可分为三类：传统型统治、卡里斯玛型（魅力型）统治和合法性统治。他认为，由于合法性种类的不同，服从的类型、为保政府从而确定的行政管理班子的类型，以及实施统治的特点，也是根本不同的。[②]传统型统治利用的是庞大的官僚结构和暴力组织的巨大体制力量，卡里斯玛型统治则依赖领袖本身的无上荣光和感染力，而合法型统治是建立在相信统治者的章程所规定的制度和指令权利的合法性之上，他们是合法授命进行统治的[③]。为此，合法性统治也是现代政治活动的核心和基础。

而真正把合法性发扬光大并纳入政治哲学研究的是著名政治哲学家哈贝马斯。哈贝马斯通过社会交往和社会结构理论确立了合法性作为政治活动的基石和主要命题，他企图通过重新定义合法性来实现合法性的实践品格。哈贝马斯在《重建历史唯物主义》中首先对合法性的使用进行了限定："只有在谈到政治制度时，我们才能谈合法性。"[④]"合法性就是承认一个政治制度的尊严性。"[⑤]换句话说，合法性是一个国家政治或政策活动的首要的价值尊严和价值基础。只有具备了合法性，这个国家的政策才具有被认可、被执行的前提和基础。

① 马克斯·韦伯. 经济与社会（上卷）. 林荣远，译. 北京：商务印书馆，1997：81-82.

② 马克斯·韦伯. 经济与社会（上卷）. 林荣远，译. 北京：商务印书馆，1997：23.

③ 马克斯·韦伯. 经济与社会（上卷）. 林荣远，译. 北京：商务印书馆，1997：241.

④ 尤尔根·哈贝马斯. 重建历史唯物主义. 郭官义，译. 北京：社会科学文献出版社，2000：263.

⑤ 尤尔根·哈贝马斯. 重建历史唯物主义. 郭官义，译. 北京：社会科学文献出版社，2000：268.

哈贝马斯同时认为，合法性是与政治秩序密切相关的范畴，“只有政治秩序才拥有着或丧失着合法性，只有它们才需要合法化”，“合法性意味着，对于某种要求作为正确的和公正的存在物而被认可的政治秩序来说，有着一些好的根据。一个合法的秩序应该得到承认。合法性意味着某种政治秩序被认可的价值”。[①]也可以说，合法性的基础是同意，是对统治的同意。[②]哈贝马斯在《合法性危机》中认为，合法性具有某种客观性，而不是只有主观心理接受性。他认为，“至少要具备下述两个条件，才可以认为某一权力是合法的：第一，建立的规范制度必须是有充分依据的；第二，由法律纽带联系在一起的人们相信这一制度是合法的，也就是说，相信当局是按照正规的程序来制定和使用法律的，这样，合法性信念便缩小为法制信念，只要做出决策的方式合法就行了”[③]。公共政策合法性的内涵可以分为两个方面：第一，公共政策本身符合一定情境的社会秩序、政治秩序和国家秩序的正当价值要求，这是一种客观存在的政策事实。第二，公共政策被社会公众承认、认可和接受的心理倾向和价值选择。这实质上是公众的一种主观心理感受。所以说，公共政策合法性是客观建构与主观认知的双重产物。由此，教育政策合法性是指教育政策的价值选择符合社会规范、习惯、文化传统及主流意识形态，并被广大公众承认、认可和自觉遵循的原则和规范。

教育政策的合法性的实质是政治合法性在教育领域的运用和体现。政治合法性就是政府的权威得到人们的广泛认同，它是任何政府获得可持续稳定发展的前提和基础。它通过制定并实施一系列的政策来调整政治秩序，保持政治系统的稳定性和有效性。一般来说，社会稳定、政府权威以及合法性三者之间存在着相互依存的辩证统一关系。具体到教育政策来说，作为一种公共政策，教育政策是调节教育矛盾、

① 哈贝马斯．社会交往与社会进化．张博树，译．重庆：重庆出版社，1989：184.

② 米切尔·罗斯金，等．政治科学．林震，等，译．北京：华夏出版社，2001：6.

③ 哈贝马斯．合法性危机．陈学明，译．台北：台湾时报文化出版企业有限公司，1994：129.

解决教育问题、合理分配教育资源的活动，其最终目的是追求教育秩序的和谐构建和教育生态的优化重组。教育政策合法性是教育政策制定、实施、评估，进而实现其效能的前提性假设。教育政策合法性表明了教育政策价值选择的正当性、公平性、正义性和有益性，同时我们还要看到，教育政策合法性与教育政策合法化存在着既有联系又有区别的逻辑关系。首先，教育政策合法性是教育政策合法化的前提，教育政策合法化要建立在前者的基础之上，只有合法性的教育政策才能最终上升为教育政策的合法化；其次，教育政策合法化是教育政策合法性原则的规范化、法律化和制度化。合法性的教育政策最终要上升为规范化、法律化、制度化的社会和国家意志，并以教育条例、教育规章、教育规划、教育法律、教育制度等方式固定下来以进行实施和评价。具体来说，“教育政策合法化主要是指教育政策法定主体依照法定的权限和程序，对经过选择的教育政策予以审议和核定，并以签署发布和颁布等形式将法案转化为正式的教育政策的过程。教育政策合法化的本质是使教育政策方案获得合法性地位，并得到社会和公众支持、认同和遵循，以有效发挥教育政策对公众行为规范和指导作用”[①]。

第二节　教育政策中公平和正义的价值品格

一、教育公平之于教育政策的合法性

公平和正义是良善社会体系的首要价值和优秀品德。自远古以来，它们就成为人类追求的主要目标和美好理想，同时也是国家治理、制度设计和政策制定的基础性价值。长期以来，在人类的各种发展愿景中、在各民族的宏伟目标中，甚至在不同层面的斗争中，都是为了

① 范国睿，等. 教育政策的理论与实践. 上海：上海教育出版社，2011：117.

这两个最基本的价值理想而奋斗。同时，公平和正义也是教育政策的基本价值所在，它们共同决定了教育政策合法性的表现形式和主要内容，是影响和决定教育政策合法性的价值前提。一般来说，我们考察一项教育政策是否具备合法性，首先需要探查它是否具有公平和正义的价值品格，只有在这个前提下，才会关注合法性基础上的有效性。所以说,如何把公平和正义作为教育政策的主要内容持续地体现出来，就成为研究的重要问题之一。

公平在教育政策价值领域主要表现为对教育公平理念的守持和践行。教育公平既是一种和谐关系，也是一种可持续发展的生态，它是对良好的教育格局和教育秩序的追寻，旨在造就和创生出符合人类美好价值的未来教育蓝图。所以说，在政治哲学的视域下，教育公平是围绕三个核心维度展开的，即教育权利、教育权力和教育资源，其实质是“教育权力对教育资源的分配，以及这种分配是否符合教育权利平等原则的评价”[①]。在此观照下的教育公平是在教育资源总量一定的前提下，“以维护教育权利平等为根本、以制约监督教育权力为保障、以合理分配教育资源为途径”[②]，充分考虑社会各个群体、阶层的利益需求所做出的教育权衡和教育选择，进而达到教育分配的合理化和公平化的目的。同时，我们更要看到，教育公平不仅具有教育资源等经济利益分配合理化的导向，也包括政治和道德的导向；教育公平不仅是抽象的价值意义建构，也是一个实实在在的实践范畴，这就需要借助社会公共政策去落实和推动，尤其是与之密切相关的教育政策。

从形态和性质上讲，教育既不是纯公共物品，由政府及其附属机构垄断和包揽；也不是私人物品，由市场来生产和配置。它是一种由政府的公共利益、市场力量与社会的教育诉求统筹与分配的非营利性的公共事业。政府需要在确保教育公益性和公共性的同时，协调社会

① 师东海. 教育公平的政治学思考. 吉林：吉林大学，2011：1.

② 师东海. 教育公平的政治学思考. 吉林：吉林大学，2011：2.

的教育诉求与国家、政府的教育价值目标之间的关系，使教育成为人民群众改善民生的重要途径与手段之一。[①]为此，“教育政策应针对教育资源短缺、选择教育、学校竞争、弱势群体和基本的教育质量标准等问题作出公平的制度安排”[②]。基于此，教育活动中的公平价值与制度建设就显得尤为重要了。教育公平问题的制度维度关涉教育政策这一领域，公平的教育政策是实现教育公平的主要途径之一。同时，教育公平也是一种社会正义，而社会正义尤其需要借助政策来加以保障。美国学者罗尔斯认为，“社会正义原则的主要问题是社会的基本结构，是一种合作体系中的主要社会制度安排。这些原则要在这些制度中掌管权利和义务的分派，决定社会生活中利益和负担的恰当分配”[③]。

在政治哲学视域下，教育公平呈现出多重面向和多个维度：“其一，教育公平制度由权威机构予以设定，并赋予其强权性和法定性，政策与法规作为其规范存在的载体，具有公开性和稳定性；其二，以权利与权力为制度的客体，具有资源分配的利益特性与国家强制力的保障机制；其三，制度具有价值定向，表征着特定时空场域下教育公平理念，兼具着合法性与合理性。价值是制度的灵魂，制度是价值的外在表征。”[④]为此，公平的教育政策是一种兼顾理想与现实、糅合制度与价值的公共政策活动，它体现着一个国家对于教育发展的高质量化和高和谐度的认可与努力，是一种矢志不渝的品格塑造和精神追求。在此基础上，教育公平权利就成为一个极具包容性的范畴，主要体现在以下几个方面：公平权利可以理解为一种资格，是受教育主体可以行动、占有或享受的资格，这种资格是法定的，是由法律和政治赋予的，任何人不能随意剥夺和侵犯；公平权利是一种主张，受教育主体

---

① 阮成武. 论社会建设中的政府教育职能. 中国教育学刊，2009，（3）：1-4.

② 刘平秀. 教育公平与教育政策选择. 湖北社会科学，2010，（2）：157-160.

③ 约翰·罗尔斯. 正义论. 何怀宏，何包钢，廖申白，译. 北京：中国社会科学出版社，1988：54.

④ 王立峰. 法政治学视域下的教育公平. 江苏高教，2018，（12）：15-20.

可依政策、法律的正当、合法的理由要求或呼吁国家或他人承认其权利；公平权利是一种利益，是政治和法律所承认和保护的利益，需要国家通过正式的制度形态保障其基本利益的实现；公平权利是一种自由选择，这种选择只能由受教育主体自由决定，这是政治和法律允许的一种有限制的自由，在其法定的自由范围内，受教育主体不能受到他人的强制；公平权利也设定了权利的救济机制，"无救济，无权利"，权利必须通过设定后续权利的保障机制（义务与责任）作为后盾，否则权利必然沦为"镜花水月"。作为政治哲学意义上的人权选项，教育公平权利的权利主体不仅是原子化的自然人，还包括分子化的类主体，即包括法人、族群、国家等。[①]

在政治哲学视域下，宏观的政治决策、政策导向与微观的国家法律、行政法规都是公平权利的法定依据，如果公平的设定标准出了问题，必然导致教育领域出现不公平现象。为了防范政治和法律只关注一般人而忽视先天性的个体差异导致的资源获得的不平等，罗尔斯在《正义论》中认为，可以适用其差别原则来分配教育方面的资源，以便改善最不利者的长远期望，也就是在保障合理性教育价值时，不应当仅仅根据经济效率和社会福利来评价，而应该对出身和天赋不平等的人给予某种补偿。为此，教育公平权利更不能忽视妇女、儿童、残疾人等弱势群体，在政策与制度层面要遵循"差异原则"，保障其教育公平权利的充分实现。在保障教育公平权利的政策中，权力的合理运用是首要条件。政治活动的核心要素之一就是权力运作。所有政治都是关乎权力的。政治实践经常被视为权力的运作，政治学的学者是研究权力的学者：他们试图了解谁拥有权力、权力是如何使用的，以及在什么基础上被行使。教育公权力的运作，直接影响教育政策的制定、执行和效果评价，所以说，要妥当合理运用教育公权力。"国家教育权力既是国家的一种统治权力，也是国家举办和发展教育这种社会事业和对教育这种社会活动进行管辖的权力，它通过确定教育目的、原则

---

① 王立峰. 法政治学视域下的教育公平. 江苏高教，2018，（12）：15-20.

及其结构组织形式来实现”[①]。教育公权力的合理运作能够把教育的社会公共属性发挥得淋漓尽致，实现公共教育资源和教育利益的最大化，从而推动教育改革和发展；反之，不当的对于教育公权力的滥用或误用就会对教育公平造成极大损害，消解教育的公共性和公益性，破坏整体的教育资源配置和教育利益格局，给社会发展带来长期的深重影响。

为此，追求教育公权力的正当化和正义性就成为必须要解决的首要问题，具体可从以下几个方面入手：“一是通过规范教育权力的合法律性，设定教育权力的正当性，教育权力的设定要有法律和政策的依据，其权力的主体法定、职权法定、裁量法定、范围法定，保证权力不得随意侵入私人权利空间。二是通过规范教育权力的程序机制，实现正当程序的价值诉求，保障‘看得见的正义才是真正的正义’。教育公平权利的实现离不开正当的程序机制，教育权力的正当行使同样离不开‘阳光’与‘透明’。实践中，一些重大的教育决策一定要保障公众的参与权，保障公众听证权、质询权、批评建议权，使教育决策不武断、不恣意、不腐化，真正从受教育者角度出发，考虑教育公平问题。三是通过设定责任机制防范教育权力的滥用，‘有权必有责’，权力与责任是统一的。教育权力的背后是国家和政府的教育义务，违反义务必然引发责任，政府对于教育公平是有责任的。”[②]因为“政府责任是政府对社会所尽的当然性义务，这种义务是从政府成立之时就必然具有的一种社会责任，不能回避也不能转嫁。只有这样，才能避免出现因政府缺位、错位或退位所致的不公平的社会利益鸿沟”[③]，这应该是防止教育公权力不当运用的主要路径。

确立教育公平的相关问题域是构建朝向公平的教育政策的前提和基础。“问题域（problem domain）是指提出问题的范围、问题之间

① 高立平. 教育公平：教育权利与教育权力. 现代教育科学，2005，（9）：19-21.

② 王立峰. 法政治学视域下的教育公平. 江苏高教，2018，（12）：15-20.

③ 王立峰. 教育公平与政府责任的反思：以责任法制化为路径. 社会科学战线，2010，（3）：205-211.

的内在关系和逻辑可能性空间。优化教育公平的问题域意味着在审视和研究教育公平时，提出新的问题，拓展问题范围，优化问题结构，确定优先问题，并对问题间的关系、对问题产生的前因后果予以逻辑分析。优化问题域，不仅具有重要的认识价值，可以对教育公平问题进行系统性、结构化的反思，克服研究的碎片化现象，而且具有重要的政策价值，为构建政策框架，确定政策重点，提高政策针对性，选择合适的政策工具提供智力支持。”[①]教育公平的问题域主要集中在一定的社会实际情境下，如相关教育资源的分配、相关教育利益的协调以及相关教育矛盾的处理和化解。这牵扯横向和纵向的教育现实格局，以便形成符合合理性目标的新的教育秩序。在横向方面，主要涉及不同教育地区和群体在不同教育阶序中的教育需要和教育渴望是否得到充分满足；在纵向方面，主要涉及不同层次的教育过程和体系是否能够完整而有意义地存在和呈现。实际上，基于教育公平的教育政策需要在横向和纵向的教育格局中取得平衡和协调，而这需要借助对教育活动的深度考察、审视和反思予以实现。

教育公平范畴不是一成不变的。它需要根据社会的变迁来决定其具体内涵，它和一定的社会情境与社会发展态势密切相关，并同不同历史阶段的不同人（群）的需求嵌合在一起。为此，就需要教育政策工具的动态化、完善化和科学化，需要教育政策工具的体系化、制度化和实效化。教育政策工具是教育活动中为解决现实的教育矛盾和问题而形成的政策体系，它包括政府的行政命令、专家的调查研究、舆论的引导影响和受众的感知实践等。所以说，合理化的教育政策工具是这几个维度的有机结合以及它们共同发挥作用的成果，而并非某一要素独自起主导作用。其中，行政性工具体现国家意志有其突出的优势，但也表现出刚性有余而柔性不足的问题。在建设责任政府、法治政府和服务政府的背景下，需要把非强制性的政策工具，如“行政指

① 褚宏启. 新时代需要什么样的教育公平：研究问题域与政策工具箱. 教育研究，2020，（2）：4-16.

导”“宣传引导”“能力建设”等纳入行政性工具箱，这几种工具集中体现了政府的服务性职能，也是当前一些发达国家特别强调的。[①]专家的调查研究是教育政策工具箱中的主要利刃之一，它能够以学理的缜密思考和合理的研究实践来面对纷繁的教育问题和教育矛盾，促进教育政策的科学化。同时，专家群体所形成的智库力量和研究机构能够把自身关于教育公平的教育政策意见、建议反馈给相关政府部门，从而实现研究力量和行政力量的有机结合。但也需要看到，专家的调查研究也具有理想化的特征和取向，在直面相对复杂的教育利益格局时，单从学理视角考虑，有时会显得力不从心或者出现理论和实践脱节的问题，这也是我们必须面对的客观现实。

新时期，我国教育政策的公平价值取向需要从社会制度、经济结构等社会本位逐渐走向关乎人的公平发展、自由发展、全面发展的个体本位。党的十九大提出，中国特色社会主义进入新时代，我国社会主要矛盾已经转化为人民日益增长的美好生活需要和不平衡不充分的发展之间的矛盾，并提出要把“优先发展教育事业”“推进教育公平”作为保障和改善民生的重要着眼点。本质而言，“教育，是一个人成长的起点，决定个人、家庭乃至国家的命运。从这个意义上说，教育无疑是最大的民生，教育问题的实质就是民生问题。教育政策是国家为实现教育目的而作出的价值调配，体现了国家的利益诉求。教育的价值取向决定了教育政策的制定和选择。教育政策是教育价值取向的外在体现，受教育价值取向的引导。社会主义国家的教育更应该以正确的价值取向为引导，把教育政策的选择立足于民生价值”[②]。因此，新时代教育政策的公平价值就需要从人民群众的福祉出发，扎扎实实、切切实实地把有质量的教育公平提上议事日程并付诸实践。

有质量的教育公平“意味着教育要充分开发人的潜能，发展人的

① Fowler F C. Policy Studies for Educational Leaders: An Introduction. (2nd Ed.) New Jersey: Pearson Education Inc., 2004: 253-255.

② 邵彦敏，金鑫. 教育政策的民生价值取向. 社会科学阵线，2016，（10）：224-232.

能力，培育并弘扬人的主体性即积极性主动性创造性，促进人的全面发展与个性发展，最后让人过上美好生活。这种价值追求体现的是‘以人民为中心’的发展思想，体现的是人道主义精神”[①]。联合国教科文组织在《反思教育：向“全球共同利益”的理念转变？》中明确提出，维护和增强个人在其他人和自然面前的尊严、能力和福祉，应是21世纪教育的根本宗旨。这种愿望可以称为人道主义。[②]“人道主义发展观的道德伦理原则反对暴力、不宽容、歧视和排斥。在教育和学习方面，这就意味着超越狭隘的功利主义和经济主义……需要采用开放和灵活的全方位终身学习方法:为所有人提供发挥自身潜能的机会，以实现可持续的未来，过上有尊严的生活。”[③]

新时代的教育政策也需要遵循此种公平价值思维和向度，走向以“人”为核心评价指数的教育政策公平观。这种教育政策公平观需要“树立以‘人’为核心评估域的新教育公平理念，超越以经济发展或政治权利等为评估要素的传统教育公平观。新教育公平倡导新的教育发展观，关注以育人质量为中心的内涵式发展；秉承新的教育正义观，注重对人的尊严的承认；树立新的教育公平评价观，增强人民群众的教育公平感”[④]，从而使“人”在教育政策公平观中占据主导与首要地位。相比于传统的教育政策公平观，以“人”为核心的教育政策公平观更加强调和重视人的全面发展和未来发展的重要性与特殊性，在制定教育政策时，会更加考虑制度中的人性光辉和人的内在需求，充分考察人在社会中的主动性和建构性因素，将制度性的政策规范同人的鲜活品格有机结合在一起，从而彰显新时代教育政策的人文精神和人文价值。

① 褚宏启. 新时代需要什么样的教育公平：研究问题域与政策工具箱. 教育研究，2020，（2）：4-16.

② UNESCO. Rethinking Education: Towards a Global Common Good? Paris: UNESCO Publishing, 2015, 36: 10.

③ UNESCO. Rethinking Education: Towards a Global Common Good? Paris: UNESCO Publishing, 2015, 36: 10.

④ 程天君. 以人为核心评估域：新教育公平理论的基石.华东师范大学学报（教育科学版），2019，（1）：116-123，169-170.

德国社会学家和政治哲学家马克斯·韦伯指出，“与任何其他行为一样，社会行为也可以由下列因素决定：①目的理性的因素，此时，行为者预期外界事物的变化和他人的行为，并利用这种预期作为‘条件’或者作为‘手段’，以实现自己当作成就所追求的、经过权衡的理性目的；②价值理性的因素，此时，行为者自觉地和纯粹地信仰某一特定行为固有的绝对价值（例如伦理的、美学的、宗教的或任何其他性质的绝对价值），而不考虑能否取得成就；依此观点，工具合理性追求事物的最大功效，以获得最优收益；价值合理性则关怀意义的世界，‘人’最终的归宿和目的。人的‘合理’社会行动是工具（合）理性和价值（合）理性的统一，追求功利的目的和意义追寻的目的不同程度地同时存在于人类的理性思维与理性活动之中”①。在这种理论视野下，新时代教育政策的公平观需要将物质层面的教育资源和教育利益自觉转化为人对教育活动的内在感知和精神归依，由外置的教育需求转变为内在的教育依靠，以积极主动的灵魂信仰去体验教育理想，以满腔热情和无限激情去拥抱教育的梦想蓝图，从而实现教育中人的属性的真实存在和持有。若不这样，而一味地凭借教育资源和教育利益的物质属性，就会导致“教育机会均等和教育资源平等配置暗示将效用作为价值本身和价值大小的唯一要素——忽视了权利这一对社会主体来说更为重要的保障因素，同时它也坐实了思想者对‘计算理性’和工具理性的有力批评——教育沦为‘算计’，意味着将教育存在的根基连根拔起”②。这是我们不愿意看到和面对的，也是新时代教育政策公平观所必须规避和去除的。

二、教育正义之于教育政策的合法性

政治哲学认为，教育正义是社会正义在教育这一特殊领域的价值

---

① 马克斯·韦伯. 社会学的基本概念. 胡景北，译. 上海：上海人民出版社，2000：31.

② 高伟. 从追求绝对正义到反对非正义——教育正义论的范式转换. 教育研究，2016，(8)：13-22.

体现与实践，二者存在着相互作用的紧密关系。教育正义既表现社会正义，同时又促进社会正义。如果没有教育正义，社会正义不仅是不完整的，而且会遭到毁坏。因此，“教育正义既是社会正义的根本主题之一”，“与成熟成人的社会相比，教育领域通过正义处理的问题比社会领域更复杂、更多样。从这个意义上说，教育正义更为迫切、更为需要”①。同时，由于教育活动的特殊性，教育正义又有着其自身独特的形式与内容。教育正义的提出是基于受教育者基本人性的假设，是对受教育者个体尊严和人格完整性诉求的肯定与保障。教育正义的内容一方面包括教育行动的正义、教育分配的正义②，具体表现为教育基本结构、基本制度和教育机构等确定人的教育的基本权利（包括自由权利）的具体表达形式，确定教育利益包括教育机会、教育资源以及其他教育基本好事物的分配原则，教育正义体现了人在教育中所应当获得的尊严与完整性的发展，因此教育正义是教育实践的根本价值③。另一方面，教育正义的内容也包括教育基本结构、基本制度和教育机构所提出的针对受教育者的一切政策和措施以及实践方式的正当，这不仅指引国家和政府教育目标标准的制定，而且也可以约束教

① 金生鈜. 教育正义：教育制度建构的奠基性价值. 陕西师范大学学报(哲学社会科学版)，2011，40（2）：157-164.

② 金生鈜认为，在西方政治哲学中，社会正义一般是分配正义，指社会利益和负担的分配，但是在一个社会里，有些社会利益难以纳入分配的范式。在讨论教育正义时，鉴于教育的特殊性，金生鈜把行动正当作为正义考虑的因素之一。艾利斯·杨（Iris Young）提出的正义要消除“制度性支配和压迫”的思想超越了正义仅仅处理社会利益与负担的分配问题。参见：Young I M. Justice and the Politics of Difference. New Heaven: Princeton University Press，1990：4. Young said, “instead of focusing on distribution, a conception of justice should begin with the concept of domination and oppression. Such a shift brings out issues of decision —making, division of labor, and culture that bear on social justice but are oftenignored in philosophical discussions.” 与教育分配正义不同，教育行动正义是指正当的对待意味着充满善意、以接受教育的人的精神健全发展、生活福祉为目的，以人性的本质所需要的方式尊重人的尊严，这意味着国家、学校及其他教育机构、制度、教育管理者、教师等必须正当地对待人，以人的发展为目的来保护人的尊严，促进人性的完善。参见：金生鈜. 教育正义：教育制度建构的奠基性价值. 陕西师范大学学报（哲学社会科学版），2011，40（2）：157-164.

③ 金生鈜.“教育正义”是教育改革的根本立场//“教育改革的哲学反思”国际学术研讨会会议论文集，2011：96-106.（未出版）

育中所有人的行为规范。所以，教育正义不仅指教育制度的内容和实践方式的正当，而且指教育中的集体和个人行为的正当。[①]

也就是说，教育正义从根本意义上讲，是对教育道德和教育善的一种向往和追求，是促使教育朝着更加合乎道德和善的境界的改进和建构，是以塑造受教育者健全人格、自由能力、理性精神、卓越德行、独特个性，促使其过上美好生活，并积极参与公共生活的价值导向；同时，教育正义也不是一个抽象而空泛的概念，它与教育制度变革、教育结构更新与优化、教育权利维护、教育权力监督与制约、教育义务确认、教育资源合理配置、教育利益调节与分配等密切相关，是对教育实践正当性的追求，需要诉诸教育政策去落实和实现。

在政治哲学思想上，有两大关乎正义的理论：一是罗尔斯的“分配正义”，二是诺齐克的“持有正义”。“分配正义”的观点主要体现在罗尔斯的名著《正义论》中，在罗尔斯看来，“只有在一种正义的社会基本结构的背景下，在一种正义的政治结构和经济和社会制度安排的背景下，我们才能说存在必要的正义程序”[②]。如果在一个不正义的社会结构中，纯粹程序的正义和任何主张权利享有的机会公平都无法得到保证，不同群体享有各项正义之结果同样无法得到保证。在制度的结构性宏观视角下，罗尔斯也注意到个体经历及先天禀赋与结构性制度安排形成的互塑所造成的不同个体间资源享有结果的差距。罗尔斯认为，人们未来的不同生活境遇不仅“受其所处的政治制度、经济和社会结构等制度性安排的宏观影响，也受到人们出生伊始随之而来的先赋性不平等的社会出身和自然禀赋的深刻而持久的影响，但个体因先赋性不平等的社会出身和自然禀赋所造成的资源享有差距以及对未来生活境遇所造成的不利影响应加以改变”，“在社会的所有部分，对每个具有相似动机和禀赋的人来说，都应当有大

① 金生鈜. 教育正义：教育制度建构的奠基性价值. 陕西师范大学学报：哲学社会科学版，2011，40（2）：157-164.

② 约翰·罗尔斯. 正义论. 何怀宏，何包钢，廖申白，译. 北京：中国社会科学出版社，1988：3.

致平等的教育和就业前景。那些具有同样能力和志向的人的期望，不应当受到他们的社会出身的影响”。[①]改变先赋性不平等的社会出身和自然禀赋所造成不利处境的手段是“再分配”。罗尔斯建构的正义价值主张，强调政府主导的“再分配”对消解因先赋性不平等的社会出身和自然禀赋等因素对个体生活境遇造成不利影响的重大作用。为从社会结构层面消解先赋性出身不平等、自然禀赋不平等等偶然因素对个体生活前景产生的不利影响，罗尔斯确立了著名的“正义两原则”。第一个原则：每个人对与所有人所拥有的最广泛的平等的基本自由体系相容的类似自由体系都应有一种平等的权利。第二个原则：社会的和经济的不平等应这样安排，使它们：①在与正义的储存原则一致的情况下，适合最少受惠者的最大利益（差别原则）；②依系于在机会公平平等的条件下，职务和地位向所有人开放（机会的公平平等原则）。[②]

诺齐克与罗尔斯一样，也是当代西方正义理论的主要代表人物，但诺齐克与罗尔斯在公平价值立场上存在严重分歧。在《无政府、国家和乌托邦》的前言中，诺齐克鲜明地表达了与罗尔斯“分配正义”分歧的关键点。诺齐克认为，“个人拥有权利，而且有一些事情是任何人或任何群体都不能对他们做的（否则就会侵犯他们的权利）”[③]。在诺齐克看来，“分配正义”只考虑了那些处境不利者的利益，而对处境有利者拥有资源持有资格的正当性缺乏必要考虑，这种价值立场在保护自然禀赋较差和家庭出身不好的不利者方面体现了一种特别的关爱，但对那些天赋更高、更加努力的群体而言是一种“剥夺”，而这种“剥夺”本身也不公平。基于权利的首要性构成了诺齐克公平理论的核

① 约翰·罗尔斯. 正义论. 何怀宏，何包钢，廖申白，译. 北京：中国社会科学出版社，1988：87.

② 约翰·罗尔斯. 正义论. 何怀宏，何包钢，廖申白，译. 北京：中国社会科学出版社，1988：73.

③ 罗伯特·诺齐克. 无政府、国家和乌托邦. 姚大志，译. 北京：中国社会科学出版社，2008：前言 1.（该书将作者翻译为诺齐克，未做强行统一，下同，编者注）

心价值立场，这一价值立场通过包括获取的正义原则和转让的正义原则所构建的“持有正义”予以确立。诺齐克构建的“持有正义”理论主要涉及原初获取的持有正义与从一个人到另一个人持有的转让正义两个基本方面，这两个方面的基本逻辑如下：如果一个人（无论处境有利者还是处境不利者）依据正义原则获取了一个持有物，那么这个人对这个持有物是有资格的；如果一个人依据正义原则从另外一个有资格拥有该持有物的人那里转让获得一个持有物，那么这个人同样对这个持有物是有资格的。只要这个人的持有符合“正义的获取原则”和“正义的转让原则”，那就意味着这个人对其持有物拥有了权利，一旦这个人对其持有物拥有了权利，那么这种权利是任何人和任何组织不得以任何理由加以侵犯的。

在诺齐克看来，“持有正义”反对从道德应得或同情心理的角度为处境不利者通过对处境有利者的“剥夺”并以“再分配”的方式为他们提供额外支持，除非这种额外支持符合“获取的正义原则”和“转让的正义原则”。除原则的分歧外，诺齐克与罗尔斯关于政府在推进公平中发挥主导性作用的立场同样存在明显分歧。诺齐克认为，政府更可能是造成不公平的重要原因而不是推进公平的重要力量，因为“任何更多功能的国家都会侵犯人们的权利”[①]。在诺齐克看来，为保证权利持有者的合法持有物不被政府以任何“正义之名”进行“合法”再分配，包括政府在内的任何组织和个人都没有资格通过任何集中分配或其他手段将个体拥有的正当持有物予以再分配，否则便是一种赤裸裸的“剥夺”。为防“剥夺”，他还构建了一个“最低限度的国家”，而“保护该地域内所有人的权利”不受侵犯是其限度的责任边界。从以上论述可知，罗尔斯“分配正义”把人由先赋性因素而非后致性努力所造成的生而不平等作为其公平理论的逻辑基点，主张从社会结构的制度性安排视角出发，通过“再分配”手段构建一个更加有利于处

① 罗伯特·诺齐克. 无政府、国家和乌托邦. 姚大志，译. 北京：中国社会科学出版社，2008：179.

境不利者的分配原则，以改善因先赋性因素造成的个体差距，从而实现不同个体享有资源以及未来发展大体相当的结果平等。与罗尔斯的价值立场不同，诺齐克“持有正义”的关注点显然不是结果公平，他把个体对自己是否拥有权利作为考察公平性的逻辑基点。如果个体对自己的持有拥有权利，无论个体在社会中处境是有利还是不利，都不应当由任何主体以任何理由通过“再分配”的拉平式手段予以改变。在诺齐克看来，不同个体的持有状态是其持有权利的应得结果。因此，诺齐克设计的“最低限度的国家”的任务在于确保持有权利的落实而不是“再分配”策略的实施。

程天君认为，“在中国特色社会主义新时代的新历史方位上，努力让人民共享更高质量和更加公平的教育除了通过发展、改革、创新而不断解决优质教育资源的稀缺难题外，还要确保个体公认的、合理的承认得到认可，并使其以一种自愿的形式来展示他或她个性的潜能，进而形成个体认同”①。霍耐特则认为，“如果想获得个体认同，则人们必须获得的三种承认领域是：爱，法律承认和社会尊重。另外，三者的优先顺序是根据主体之间维持社会关系的各自类别来衡量的。如果关系的形成通过爱来形成，那么需要原则有优先权；如果在法律上形成关系，那么平等原则优先；如果形成合作关系，价值原则占优”②。这种建立在个体认同基础上的多元正义观被称为承认正义。承认正义的实质是打破分配正义背后所隐射的绝对正义观念。“人人生而平等”自创生以来便不证自明，但实现平等多依靠制度性的分配和再分配公平，即通过程序正义去保障。以罗尔斯的程序正义为代表的正义理论包含两个优先原则：一为自由；二为平等。理论上是用先验的自由和平等来保障程序合理而非相反，因而只能通过所谓的“无知之幕”的思想实验来作为其前提。

---

① 程天君. 以人为核心评估域：新教育公平理论的基石. 华东师范大学学报（教育科学版），2019，（1）：116-123，169-170.

② 阿克塞尔·霍耐特. 承认与正义——多元正义理论纲要. 胡大平，陈良斌译. 学海，2009，（3）：79-87.

在当前文化与观念多元化发展的新时期，事实与价值这种传统二分法已经逐渐失去了指导意义，正义的内容也需要根据主体之间维持社会关系的各自类别来进行衡量，并倾向实用主义的公平观念。这与霍耐特认为的“将分配冲突解释成为承认斗争的特殊种类”“为承认而斗争是社会合理分配理想实现的根本保障”[①]等思想如出一辙。分配正义机制下的教育公平往往以效率为主要取向，虽然易于操作，但以物质平等作为“人”的代表出场，漠视人的多元需要，抛弃了教育公平的终极目的。对绝对正义的追求虽有参考价值但无益于彻底解决新时期的教育公平难题。对此，阿马蒂亚·森认为，正义问题需要关注生活与现实，而不只是停留在抽象的制度和规则上，需要关注如何减少不公正现象，而不是局限于寻找绝对的公正。[②]在教育领域，教育中的不公正也“必须超越经院哲学的逻辑建构，走向真实的生活世界，仔细倾听非正义的实际受害者的诉说”[③]。承认正义作为实质正义，通过强调主体之间的爱、尊重与平等体验，纠正了分配正义的物质导向，有利于促使教育公平研究回到“人”本身。[④]

同时我们还要看到，长时间以来，我们对教育政策中的正义追求不可谓不努力，但也常常陷入为“正义”而正义的误区，常常忽略教育正义的底线逻辑和标准，这也就造成了教育政策中看似充斥着正义的理论基础和价值取向，而缺乏对“非正义”的现实考察和实践认知。教育政策是否具备真正的正义品格，除了对“正义”正面的探寻外，还需要绕其背后，从“非正义”的视角审视和反思教育现实中的非正义表现和内在逻辑，从而为教育政策的正义品格构建动态可行的价值体系。高伟认为，“一种追求单一性和绝对性的本质主义正义论的问题

① 阿克塞尔·霍耐特. 承认与正义——多元正义理论纲要. 胡大平，陈良斌译. 学海，2009，(3)：79-87.

② 阿马蒂亚·森. 正义的理念. 王磊，李航，译. 北京：中国人民大学出版社，2012：前言.

③ 高伟. 从追求绝对正义到反对非正义——教育正义论的范式转换. 教育研究，2016，(8)：13-22.

④ 程天君. 以人为核心评估域：新教育公平理论的基石. 华东师范大学学报(教育科学版)，2019，(1)：116-123，169-170.

并非在于其价值追求的理想性，事实上，这种价值理想性对于正义性来说必不可少，而在于这种理想性是前设逻辑的理想性。人们当然需要正义理论来引导现实生活，因此长篇累牍为正义辩护不外是一种常识性表达或情绪性宣泄——正常的理智都承认正义对于生活的重要性，正义理论对于学术、思想的重要性。但当这种正义论是以放逐人们的真实生活为代价，或者以某种逻辑在先的理论框架来要求真实的社会生活，这种正义论难免是情感的而不是理性的，是信仰的而不是知识的。一种诉诸理智的正义论必须直面真正的困难：即便人们能够就绝对正义达成一致（当然这既不必要，也不可能），仍然需要在辨识现实状况与理想状态的距离时考察多种不同的因素而不是仅仅着眼于单一因素和绝对因素"[①]。

教育政策实质上是在教育理论与教育现实之间穿行的，它用理想性的价值标准去鉴别、认定教育现实的合理性和科学性，而教育现实的情境光芒却也常常照进教育理想中，在这种光的折射中吟说自己的处境或困境，从而企图改变教育理想的理想化特征。也就是在这样的交互滋养中，教育政策才实现了良好的价值品格的重塑和再生。为此，观照教育现实尤其是观照教育现实中常常徘徊在甚至已然突破了"非正义"底线的教育活动，是建构完整的教育政策正义价值体系的有效路径和根本前提。

罗尔斯认为，"实质正义本质上是一个社会的结构问题，是一个社会合理分配权利和价值的基本原则。同时，他还通过与形式正义的对比论述了实质正义的概念。认为实质正义就是社会制度，特别是法律制度本身的正义，就是能体现正义二原则的社会制度自身"[②]。教育政策实质正义可指教育政策活动对教育正义在绝对意义上的一种事实性和结果性的价值追求。因此可以说，教育政策实质正义是最接近

① 高伟. 从追求绝对正义到反对非正义——教育正义论的范式转换. 教育研究，2016,（8）：13-22.

② 颜廷锐. 实质正义与程序正义：公共政策的价值基础. 中共杭州市委党校学报，2003,（5）：34-38.

教育政策正义性价值的理想化目标，是教育政策正义性价值的完全实现。从关系上讲，教育政策程序正义是教育政策实质正义的前提和条件，教育政策实质正义是教育政策程序正义的结果和追求。

教育政策实质正义的衡量标准和目标是对教育活动中相关利益主体的教育权利的完全维护、教育机会的绝对平均保证、教育资源的完全合理分配，以期达成教育政策活动结果正义价值的完全实现。但我们同时应该看到，在这个价值多元和利益诉求复杂的社会中，教育政策是一种社会公共政策，其制定、执行、评估等过程毕竟会受到诸多社会政策的影响。所以说，教育政策要想完全实现其教育正义价值的追求，目前来说显然是不太现实的。教育政策实质正义在某种程度上是一种理想化的应然的结果状态，只有随着社会的进步和人类文明的发展，教育政策实质正义性才能完全实现，这也是教育政策对教育正义价值的终极追求所在。新时代教育政策的正义价值需要特别关注“正义”在教育政策中的“可行性”能力和“可实现因素”，这是教育政策正义观的合理转向和有机创造。因为无论是程序正义还是分配正义，均无法彻底解决新时期人在教育政策中的经验建构和生活旨趣问题，唯有以实质正义为依据，摒弃传统教育政策中理想性的正义憧憬和理论建构，从人的生活出发，扎根于人之生活的真实情境而非空泛的逻辑推演，才能真正解决教育政策中的正义实现问题。换句话说，教育政策中的教育正义研究问题必须来自生活而不是逻辑。这就要求对教育正义的研究必须回到教育生活世界中来，直面教育生活世界的真实问题。

教育正义研究需要可靠的道德论证，而这一道德论证必须是来自生活的道德论证；教育正义研究需要可靠的理智推理，而这一理智推理同样必须是生活所要求的并由生活所决定的理智推理。一种必不可少的理智必须从形式上以更全面的视野最大限度地克服立场的片面性，在内容上更包容地对待各种合理的理由。诉诸理智思考的教育公正理论必须有其面向生活的实质性内容，即它应当保证人们的实质自由得到扩展。一种恰当的教育正义论，不仅应当有程序公正的承诺，还要看它是否实质性地提升了人们过他们所珍视的生活的可行能力。[①]

教育政策正义观的“可实现性”则主要体现在教育政策活动关于“正义感受”在教育受众中的渗透、认可与内化之中。人的内部教育生活质量取决于人在自身教育经验的基础上，对教育观念、教育实践的感知和认可，而非单纯的政策外部演绎和推动。内因作为人之发展动力的第一要素，是人所崇尚的精神理想、价值追求和心理品格的系统综合。它需要在教育政策中树立“以人为本”的价值观念体系，实现从外部的逻辑演绎走向内部的经验感知的过渡，让教育中的人们在情感上接受正义理想的召唤，切实解决教育现实中存有的“非正义”现象和问题，在逐渐的事实累积中、在深刻的心理吸引中、在紧密的情感纽带中，走向教育正义。如果说教育政策中的分配正义、程序正义和持有正义是基本正义的话，那么基于实质正义的人的自我选择、自我完善的正义则属于自由正义，它跨过了教育正义的基本门槛，走向了更为深远、更富生机和活力的正义价值中，在人的自我完善中实现了教育政策中教育正义的人文精神的塑造和人格光辉的升华。

三、理性教育批评之于教育政策的价值意蕴

在教育政策工具箱中，公众和舆论的力量是不可忽视的。在教育传播学视野下，公众和舆论主要起到的是监督、批评和改进的作用，其目的是通过批评达到改善现有状况，实现新的公平的教育秩序和格局。其中，二者的理性教育批评所具备的质疑特性和超越品格是教育活动开展和运行的价值引导，并充溢着无限的价值意蕴。在发生学意义上，“教育批评”源于个体和社会公众对教育活动现状与未来发展前景的质疑、担忧、不满乃至批判。从语义学上说，“教育批评”的核心词汇为“批评”，其限定词汇为“教育”，其主体词汇是“人”。换句话

① 高伟. 从追求绝对正义到反对非正义——教育正义论的范式转换. 教育研究，2016，(8)：13-22.

说，“教育”是对“批评”的修饰和限定，由此说明其属性和类别，进而使之有别于政治批评、文学批评、文化批评、社会批评等其他诸多批评形态[①]，而这种批评又是由处于社会中的个体或公众所发出的。教育批评的本质是个体或公众对自身教育利益的权衡和诉求，其最终目的是期待教育活动变得更加公平与正义。

近年来，教育批评日益成为诸多批评范畴中最富普遍性、表现力和冲击力的批评形态之一，并日趋向于教育改革活动。这与随着社会的发展，在基本物质性条件满足以后，人们越来越追求与自身未来发展机会和精神内容需求密切相关的教育利益有关。“教育批评的盛行有其深刻的社会基础，集中反映了教育和社会关系的崭新变化与时代特征。质言之，教育批评的盛行在于教育在社会中的位置正在发生着从边缘到中心的转移，现代社会的发展越来越离不开一个教育基础。对教育批评的社会基础的透析，一定意义和程度上丰富了我国教育理论对教育和社会关系的基本解释。”[②]因此，教育批评在激荡变化的社会变革以及教育改革中逐渐扮演着日益重要的角色，发挥着令人难以相信的功能和力量。

就哲学而言，教育批评分为非理性和理性两种存在类型，是否遵循联系性和发展性是衡量它们之间区别的哲学基础。非理性的教育批评往往只关注简单的教育负面现象或割裂的教育活动现状的局限与不足，进而忽略教育活动本身的实际情境、动态发展和前景生成。非理性的教育批评很容易使批评者（个体或社会公众）形成偏激的教育发展悲观论调，并在更广泛的社会范围内形成教育无能（无用）的社会心理效应，从而使这种教育批评失去任何对于教育改革与发展的建构的可能性。正如鲁迅所言：“恶意的批评家在嫩苗的地上驰马，那当然是十分快意的事；然而遭殃的是嫩苗——平常的苗和

① 刘生全. 论教育批评. 北京：教育科学出版社，2006：14.

② 刘生全. 教育批评的社会基础透析. 华东师范大学学报（教育科学版），2003，（2）：32-41.

天才的苗……我以为幼稚的人，或者老大的人，如有幼稚的心，就说幼稚的话，只为自己要说而说，说出之后，至多到印出之后，自己的事就完了，对于无论打着什么旗子的批评，都可以置之不理的！”[①]在一个高度文明进步的社会，理性的教育批评理应是教育批评的主导类型。理性的教育批评源于对教育活动向上、向善的美好期许和愿望，并愿意在自我批评的基础上提供力所能及的建构性路径和策略。这种教育批评能够深入到造成教育活动效能不足的内部病理中进行分析，并结合社会发展实际进行科学表述，进而提出自己的质疑意见、合理诉求与建构内容。合理质疑与主动超越是理性教育批评的根本特征，因此，理性教育批评在促进教育政策公平中具有无可比拟的价值和意义。

教育政策是一种基于教育现状不足而提出和实施的有关教育变革、教育更新和教育完善的实践活动。教育政策的起点在于教育现状不足，其终点是教育在某个发展阶段内实现人才培养与社会发展的双重建构与双赢结果。教育批评与教育政策遵循着同样的演绎基础和逻辑进程。理性教育批评同样源于对教育现状不足的质疑，终于对教育活动美好未来的期许和愿望。因此，质疑就成为教育改革中理性教育批评的逻辑起点和价值前提，在教育政策公平性诉求中，理性教育批评的质疑特性是如何存在与表现的，又有着怎样的具体内容，这是需要回答的首要问题。

第一，对教育政策预期目标的质疑。这同教育政策活动的原初动力和特征是密切相关的。任何政策在启动初期，所绘制的改革前景都是波澜壮阔、甚为美好的。教育改革也不例外。这个时期的改革动力是期望在较短时间内实现教育弊端、教育沉疴[②]以及教育危机等教育问题的有效化解。其实，在某种程度上说，一部基于政策目标的教育改革与发展史就是一部教育批评史，这里面饱含着理性教育批评对教

① 鲁迅. 未有天才之前//鲁迅全集（第 1 卷）. 北京：人民文学出版社，1981.

② 冉云飞. 沉疴：中国传统教育的危机和批判. 海口：南方出版社，1999.

育改革与发展的美好期许与善性自觉。从社会学角度看，政策活动初期往往是最容易对改革难度估计不足的阶段，因为这需要触及一些领域以及一部分人的现有教育利益，这就很容易造成个体和公众对教育政策预期效果的怀疑，但这种怀疑的背后又若隐若现地存有某种企图相信的成分（理性教育批评本质上是期望教育向上和向善的）。因此，将信将疑（实则是质疑）就成为教育政策活动初期理性教育批评的标签和思维工具。

第二，对教育政策推进力的质疑。在教育政策的实施过程中，理性教育批评无疑是作为教育政策推进力的监督者和评价者而存在的。这种监督和评价在很多时候是从质疑开始的。众所周知，教育政策的执行力是一个值得深究的话题，执行力在很大程度上决定着教育改革预期目标的实现程度。教育批评在诸多时候就扮演着这样的一个角色，即严格按照自我的预期进程来界定教育政策推进的实际效果，达成则默默观察，未达成或走向偏离则由质疑产生批评。在这个问题上，理性教育批评实际上起着对教育政策的纠察、纠偏作用，这与非理性教育批评一味批评（批判）而不着眼于实际建构有着天壤之别。

第三，对教育政策过程中相关教育矛盾和问题的质疑。教育政策活动的原初动机是解决教育矛盾和问题，而在教育政策执行的过程中同样会暴露和涌现更多深层次的教育矛盾、问题甚至教育冲突，如教育发展质量问题、教育公平问题等。这些矛盾和问题往往成为教育批评的主要关注点和发力点，因此被予以集中质疑。在这个过程中，理性教育批评所呈现出的质疑生态在于，通过对这些矛盾和问题的形成原因、构成要素、产生后果的深入分析，在发出批评声音的同时，阐发自己关于解决这些矛盾和问题的有效路径和策略，这是理性教育批评对于教育政策的最大的价值所在。

对于教育政策的公平诉求来说，理性教育批评的发声与阐释需要借助某些方式来予以表达和释放。一般而言，在当代社会，这些教育批评者所需要的方式主要包括以下几种。

第一，批评者的口耳相传。大多数教育批评者既对教育政策问题感同身受，又限于自身认知、思维水平的局限，再加上其在社会序列中的群体影响，往往采用在相同教育利益群体间口耳相传的方式进行教育批评。这种教育批评主要表现为：理论层次不高、系统性不强；批评本质性思维欠缺、缺少归因分析；批评主要关注于自身教育利益是否得到满足、缺乏整体性关怀；等等。但为此不能否定由此批评路径所产生的理性教育批评的可能，因为广大公众应当是教育改革的社会基础和最终受益者，他们的教育批评中所蕴含的质疑甚至否定意味是未来教育政策日趋完善的经验基础和实践导向。

第二，批评者的科学研究。通过科学研究产生的学术成果来表达和阐释自己的教育批评内容是另外一种较为普遍的理性教育批评形式。这种教育批评的主体一般为长期关注教育理论与教育实践的学者、研究员、教师或教育管理行政人员等研究群体。此类教育批评的优势在于其批评内容是经过较纯正的理性思维或实际调研分析，再加以归纳总结，并且以较为正式或权威的形式得以发表（出版）的，而且此类教育批评往往具备某些对策性的研究内容，是质疑同建构合二为一的理性批评模式，由此会对教育政策的制定和完善产生重要的引导作用。

第三，批评者的媒体宣传。在当代社会，媒体已然成为一股重要的传播力量。在教育批评界，诸多针对教育政策的批评都是通过新旧媒体（报纸、电视、互联网）进行表达和阐释的。批评内容从教育政策的制定、发布，到教育政策的推进、实施，再到教育政策的效能评价等。鉴于媒体，特别是知名媒体的公共性和权威性，所有这些教育批评大多遵循理性原则，在质疑教育政策存在问题的同时，也会对此问题背后的本质予以探讨，进而提出某些对策和建议，力求从立体多维的角度展现教育政策目标所应具有的善性品格。

理性教育批评在教育政策中的价值不能仅仅停留在质疑维度，超越维度则是更为高远和广阔的层面，即促进新的、富有公平正义精神的教育政策格局生成的终极价值导向。在教育政策活动中，理性教育批评的超越维度的内容主要包括以下几个方面。

其一，超越传统的理论与实践的分野。教育批评刻意纠结于批判与评论本身，意义尚不丰富。需要进一步指出的是，理性教育批评的生命力在于有效串联理论与实践，实现二者的滋养共生、和谐共存。一般来说，教育批评主要以言语、话语、书面内容等理论（准理论）形态呈现，但这些理论批评的背后所蕴含的应是面对实践、更新实践和完善实践的因子。换句话说，教育批评除了倡导畅快淋漓的“有感而发”以外，还需要将这种“有感而发”切合于脚踏实地的“付诸实践”，从而实现自我价值的超越。

其二，超越狭隘的价值偏向的桎梏。批评就意味着价值的有所抉择。教育批评是在批评者自我价值取向的引导下所参与的批评活动，这就意味着每一种教育批评都存在先天的价值涉入或价值干预的可能。需要注意的是，由于教育政策活动本质上是对教育利益的调整和再分配，追求的是公共教育利益的最大化，那些由利益主体狭隘的价值偏向而导出的教育批评是不能作为常态化的理性教育批评的主要样态呈现的，这也是理性教育批评超越性的主要内容。

其三，超越肤浅的“只评不判”的假象。批评是评论和判断（判定）的结合体。在教育批评界，要谨防肤浅的“只评不判”的假象，徒有口舌之争，而无真理标准，更无实践建构，是教育批评之大忌，客观上亦不会给教育改革带来多大意义。理性教育批评之于教育政策，追求的是细细分析和品味后的是非曲直的判定以及由此产生的政策建议，而非一派看似欣欣向荣实则平淡无奇的评析之虚假繁荣。

在教育政策活动中，理性教育批评的超越路径主要包括以下几个方面。

第一，为教育政策的反思者。在教育政策中，反思是理性教育批评超越品格体现的首要路径。这种反思包括两个内容：一是对教育政策的反思；二是教育批评自身的反思。教育政策在规划和运行过程中，由于各种主客观因素的影响，难免会存在这样或那样的问题，理性教育批评对其的反思是督促其改良改善之利器。另外，批评者站在教育批评之外，对现有自身批评内容进行反思，以使之更加符合理性判断和认知，进而有效地起到对教育政策的督促作用，也是理性教育批评超越品格的重要路径之一。

第二，做教育政策的介入者。传统（或非理性）教育批评是作为旁观者的立场和姿态来看待教育改革的。旁观一般意味着利益无关或利益关系不大，而身临其中的介入则揭示着利益攸关的内在联系。教育政策的本质是对教育利益的合理分配，其最终目的也在于合理的教育利益格局的生成。因此，建构性的理性教育批评的充分介入将有效防止教育政策活动中的偏移或错位，并促进其朝着预期目标挺进。

第三，成教育政策的引领者。理性教育批评的超越品格，最为根本的路径是对教育改革的引领。批评范畴包含着解读、批判、诠释等诸多意味，这些都是对现状的评析与评判。在教育改革中，真正的理性教育批评除了包括上述内涵外，对未来教育政策方向的准确预测、定位、把握与引导势必成为其重要任务，这是理性教育批评所应具有的本能与担负的使命，也是其超越品格得以实现的终极路径和价值所在。

第三节　教育政策想象力与教育政策智慧的生成

目前，政治哲学的研究趋势从理想主义、普遍主义、本质主义和形式主义的思维逐渐走向具体主义、实证主义、情境主义和非本质主义。事实上，这也是所有人文社会科学的未来的研究模式之一。差异性、非同一性甚至断裂性将成为政策科学的重要范畴。可以看到，在卢梭所区分的“公意”社会和“众意”社会[①]之间，还存在着广阔的模糊地带，这一地带是政策想象力的主要运行场域，各个政策主体可以根据自我的民族传统、社会的实际状况和公民的迫切需求之间的张

① 卢梭. 社会契约论. 何兆武，译. 北京：商务印书馆，2003：35-36.

力而予以调节和控制，政策从来都没有固定不变的规律和特性，所有政策的生命力都在于其适用性和实效性。为此，教育政策必须充满丰富的想象力，洋溢着无限的教育政策智慧。

一、教育政策想象力

借用美国著名社会学家米尔斯在其名作《社会学的想象力》中所提出的关于传统社会学研究中的四种偏见（偏向），即宏大理论、抽象的经验研究、科层制气质和科学哲学，可以看出，在当前的教育政策研究中也多多少少存有上述倾向。教育政策对于宏大理论和叙事的偏好导致其中微观层面操作性的不足，教育政策过于抽象的经验研究导致其理论和实践的脱节与断裂，教育政策只着眼于眼前的绩效主义导致其长远政策影响的缺失，教育政策过于依靠教育行政机构的制度主义倾向导致其下层社会基础的弱化以及教育政策过于追求科学主义的观念导致其人文精神的消解和式微等。所以说，提高和扩展教育政策的想象力，就需要在教育公共问题和个人困扰之间建立有机联结，实现教育政策社会价值和个体价值的耦合。

对宏大叙事的偏好是理性主义哲学的一贯传统，作为教育政策的重要理论基础，这种哲学支配下的政策活动也深受其影响。长期以来，在我国教育政策的制定中，理论化、化约性和学理气息贯穿其全过程，政策理念悬浮化、政策目标模糊化、政策举措框架化、政策对策模式化是这种教育政策的典型特征。如何实现教育政策的鲜活性、生活化、切合性和实际性就成为在此背景下教育政策研究努力的方向和趋势。情境主义的路径或许可以为我们寻找到一条通达此处的道路，情境主义是一种在流动变化中寻求真理的理论，它反对固定和封闭，反对过分的规范和约束，强调结构的变动性、异质性甚至断裂性，正如艺术情境主义者所极力标榜的，“漂移”并非一般意义上的“漫步”，而是在固定场所的一种“持续的流动”，通过不断进入或退出，具有很强的随意性；并非所有“选择”都能指向“异轨”，在当代文化现实中运动的标志，其存在的轨迹，以及引起的争论，其实质就是异轨最新和最佳的应用[①]；而情境的建构，重心在于对社会陈规旧律和日常平庸现实的反抗，旨在提供给观众以“艺术性生活瞬间”[②]。换句话说，情境主义的思想可以为目前稍显僵化的教育政策的宏大叙事提供切入点和突破口，它能够在不断的学理创新和有效应对中为教育政策提供源源不断的理论动力支持。情境主义的教育政策不仅强调先天的秩序建构和制度生成，而且直面教育矛盾和教育冲突，并试图在矛盾和冲突中超越旧的教育格局，通过教育批判的自我革命走向新的教育发展之途。

教育政策中的抽象经验研究是制约教育政策想象力的另一个影响因素。在米尔斯看来，所谓的抽象经验研究是“在其实践中一般把对抽样挑选出的人群所进行的访谈当作基本的‘数据’来源。为方便起见，访谈对象的回答经过标准分类，被键入何勒里斯代码卡片，并通过找出变量之间的关系进行统计。毋庸置疑，任何有点头脑的人都能掌握这种步骤,从而轻易得到某个事实和结果,因而它很受青睐……在最简单的层次上，这些结果只是一些比例结论；但在较复杂的层面上，根据不同的问题，解答经常被组合进繁复交互分类之中，并且这些解答又以不同方式形成等级量表……因为它们不管怎么复杂，仍只是对已知数据的分类而已”[③]。实际上，米尔斯所说的抽象经验主义就是指目前社会科学中运用的浅薄性的实证研究，这种研究看似遵循了实证研究的基本范畴、范式和方法，但又没有深得其精髓所在，有的只是成为社会科学追寻科学门面的“包装纸”和“遮羞布”，甚至成为成果可以顺利发表的虚浮形式和投机行为。抽象经验主义式的研究缺乏深度的价值关怀和伦理关照，疏于对理论的探讨和反思，只是直

① 居伊·德波. 景观社会. 王昭凤，译. 南京：南京大学出版社，2006.

② 黎小锋. 情境的碎屑：居伊·德波、情境主义与互动纪录片. 北京电影学院学报，2019，（8）：14-20.

③ 赖特·米尔斯. 社会学的想象力. 陈强，张永强，译. 北京：生活·读书·新知三联书店，2001：57-58.

接借助于所谓的“实证”形式获得缺乏理论支撑的“速效”结论和工具策略，以至于成为某些研究者四处标榜的学术标签和研究风格，这种空洞的研究取向不仅无助于研究问题的解决，甚至成为现实问题层出不穷的主要诱导因素。

在当前的教育政策研究中，也存在大量的抽象经验主义现象。教育政策的抽象经验主义主要体现在以下几个方面：①盲从指标和标准，忽视自身的政策理论建设。政策研究离不开政策指标和政策标准，这是客观现实。但同时我们需要清楚地看到，这两者只是政策活动的外在评测因素，它们需要和政策内部的价值品格与意义追求相对照、相统一，而不能一味地把它们作为政策研究的主要内容，甚至把其理解成为教育政策的全部内容。比如，目前盛行的各种国际教育指标测试等，均没有考虑各国不同的文化传统和教育现实，只是拿一个所谓“通行”指标强行扣加在各个国家的教育评价中，并以其作为国际教育排名的主要标准，这是不可取的。②用局部的政策调查得出的数据来分析和论证整个教育现实的全局，并针对国家层面的教育政策提出建议。这种政策研究并不考虑教育现实的差异性和动态性，常常把经过各种纷繁分析工具得出的加权指数或权重数量作为科学依据来强行插入教育现实中，忽略教育现实的具体性和情境性。③忽视了教育政策的独特品格和特殊意义。教育政策的“泛公共政策化”势必会影响关乎人自身发展的目标的实现，并以各种所谓的公共指标取代个人发展素养，在教育政策活动中出现“只见社会，不见个人”的不良现象。

科层气质取向的教育政策研究也是造成目前教育政策想象力缺乏的主要因素之一，这主要体现在教育政策制定和评估的过程中。政府主导、行政干预的教育政策的制定是保障政策权威性、强制性的前提条件，但过度的官僚科层观念和实践在某种程度上会削减教育政策的学理基础和理论内涵，甚至会成为政府考核的绩效工具的附庸。在这种背景下，教育政策很难完全发挥纠偏教育问题、处理教育矛盾的作用，其制定的内容也缺乏具体的操作规则和实践因子，使其完全成为单纯的行政命令而得以构建。这也是造成教育政策执行中面对复杂的教育利益格局而难以发挥实效的根本原因之一。另外，在教育政策评估中，政府特别是教育行政部门依旧是主角，从评估专家的选择、评估指标的确立、相关评估程序以及后续评估数据的最终处理和斟酌都由其最终决定。为此，在保障政府主导的前提下，如何引入更多的社会资源，扩大教育政策活动的社会基础，在更为全面和合理的指标体系和评价标准下，有效推动教育政策活动的相关运行和研究就显得特别重要。

科学主义的教育政策研究和实践是我们必须面对的另一个问题。科学经由哥白尼、伽利略、牛顿和爱因斯坦的不断发现和拓展后，已然成为现代社会的典型特征和核心发展动力之一，这是毋庸置疑的。但是，我们应该看到，“科学”原本是一个中性词，它也是不断在发展完善着的，在某种程度上，科学是暂时的“迷信”。而科学主义哲学则高举封闭的科学观和价值论，认为科学能够在所有层面、所有程度、所有活动中占据统治地位，凡是不遵循现有科学、不尊重所谓科学精神和科学规范的行为，都应该严加禁止和予以谴责；相反，在活动实践中，包括公共政策活动中，都应该遵循科学的规范和要求，要以科学主义统领政策活动的全过程。教育学是“人学”，教育政策是以人的发展为核心内容的政策活动，人文精神理应在其实践活动中占据重要的位置。自古以来，科学和人文是促发人类社会发展的双翼和动力，偏好哪一种无疑都是片面的和不值得推崇的。科学主义的教育政策研究和实践以片面的科学观指导教育政策的运行过程，强调唯一的科学标准和测量体系，以完全的数据化、实证化和标准化决定和衡量教育政策的内容和评价，丝毫不给人文精神以固有席位，这是不足取的，所产生的后果也是比较严重的。

为此，教育政策应该脱离上述四种窠臼，在遵循教育政策基本规范的前提下，扩大和丰富其想象力，形成鲜活、生动、有机的教育政策生态和实践品格。教育政策的想象力需要在正当性、向善性和有效性的根本要求下，以实践推理为决策思维路径，充分发挥政策协同的诠释力和理解力，注重内在的政策动机的激发，追求“合理”与“合情”的智慧的政策价值观，进而生成良善的教育政策品格。

（一）教育政策预设的实践推理

政策预设的主要思维工具是实践推理。就本质而言，实践推理把实践论证和实践结论有机联结起来，并提出了评价实践的前提标准。好的教育政策预设在遵循第一个论点的同时，需要着力重视和解决第二个论点，即不仅知道要“做什么”的政策内容，还要同时找出政策内容的效能优化点并提出相应的评价标准和机制，这是教育政策论证中的应有之义。良好的基于实践推理的教育政策预设首先需要深入考察当下的教育问题、教育矛盾甚至教育危机，在理性分析的基础上，形成关于教育格局失调的综合认知。其次，在综合认识的基础上，假设构想解决教育非均衡局面的政策理念、政策措施、政策执行以及政策评价等前置命题与内容。最后，在前两者的基础上，形成最后的关于未来教育政策的系统的政策设想和蓝图。

（二）教育政策协同的诠释力和理解力

政策诠释力和理解力是好的教育政策构成的另外一个主要因素。作为实践共同体的教育政策活动涵养的是组织化的叙事想象力，这是一种建基于个人对共同体实践的理解力，发挥自我的合理想象并将其联合到整个实践系统中的想象力。实践活动的外在显现主要是交往行动。哈贝马斯认为，通过主体间的相互交往，包括彼此的想象、对话、理解、论辩甚至批评可以达成一致或共识。[①]这种想象力和理解力首先基于政策文本，因此好的教育政策的文本要考量不同政策主体的认知、执行等实际情况，以一种最有利于发挥政策效能的表述和结构来呈现文本，要凸显政策活动“是什么”“做什么”“怎么做”的情境内涵，而不是简单的逻辑描述和行政命令。政策理解力还需要对政策蓝图有整体通透的把握和调适能力，最好对政策的社会背景、现实条件

① 尤尔根·哈贝马斯. 交往行为理论（第一卷）. 曹卫东，译. 上海：上海人民出版社，2018：154.

和场域差异有较为充足的了解，只有这样才能够避免出现政策的被动接受效应，彰显教育政策的主动性话语和风格。

（三）教育政策实施的内在理由原则

政策实施一向是政策活动的重点，也是难点所在，这里面存在理论理性与实践理性相互碰撞的问题。从美好愿望的角度出发，理论应该与实践是高度统一、一脉相承的，但实际过程中，我们可以发现，理论内涵很难同实践活动完全耦合。其中，意志软弱是导致政策实施不畅的主要因素之一。意志软弱是实践哲学的主要概念之一，它指一种“知其当行却未行”“知其当止而未止”[①]的心理状态。戴维森认为，“如果一个当事人不遵循自己较佳判断去做事，并且有意这样做的，那么我们说他的意志是薄弱的”[②]。这里所说的“较佳判断”就属于理性判断。

政策实施中意志软弱主要表现为对政策理由的打折、歪曲甚至失效。作为人的存在方式，实践行动既有其理由又有其原因，二者是实践行动的动因。理由关联着自觉和自愿的行动形态，无理由在某种程度上就意味着非理性，克服政策实施中的意志软弱需要借助“内在理由”的理性能动性原则予以解决。威廉斯认为，实践过程中，内在理由是这样的：它仅仅凭借个人先在的倾向而被看做某人的理由；外在理由则是独立于个人的倾向而算做他人的理由。内在理由可以获取人之欲求的东西而转化为相应的行动表达，外在理由则只从外部推动人的行动而较少产生实际效果。[③]也就是说，克服行动中的意志软弱，需要把理性、意欲和情感协调起来，达到“我思”“我欲”与“我悦”的统一。“我思”主要表现为理性的认知、评价和判断，“我欲”则是行动的选择与决定，“我悦”意味着情感的认同和接纳。好的教育政策，

① 杨国荣. 人类行动与实践智慧. 北京：生活·读书·新知三联书店，2013：105.

② 唐纳德·戴维森. 真理、意义与方法——戴维森哲学文选. 牟博，选编. 北京：商务印书馆，2008：462.

③ 徐向东. 实践理性. 杭州：浙江大学出版社，2011：586-587.

其属人的内在理由必定要超越外在理由，政策理念和政策目的要符合真实的政策情境，有利于调动政策主体的积极性和主动性，只有这样，政策实施过程中的意志软弱现象才能避免。

二、教育政策智慧的生成

“实践智慧”是实践哲学中的核心概念之一，亚里士多德借用古希腊神谕的“认识你自己”和提出的“凡事勿过度”的主张，中国传统哲学的“中庸”思想以及孔子在《论语·子罕》中所言的“叩其两端而竭焉”的教育理念都是实践智慧的集中体现。实践智慧实质上是解释世界与变革世界的思维与行为的有机结合，追求“是什么”的理性品格与“应该成为什么”和“应该做什么”的价值方式的统一。“合理”与“合情”是实践智慧的最高境界，也是实践合理性的具体体现，这里的“合理”是遵循政策的根本规范和基本原则，这是前提条件。“合情”一是指真实的政策情境，二是指政策主体的情感认知和接受程度。所以，实践智慧是规范性与情境性的交互，理想性与现实性的融合，“经”与“权”的运用。因此，在实践智慧中，“势”的行动逻辑是必需的。“势”是中国哲学中的重要概念，它指人之实践的综合背景和条件。“势”和“位”是密切相关的，《管子》曰：“人君之所以为君者，势也……势在下，则君制于臣矣。势在上，则臣制于君矣。故君臣之易位，势在下也。”[①]在教育政策实践中，所谓的“势”就是政策所面对的现实力量和有利条件，政策主体要审时度势、因势利导、顺势而为、乘势而行，把政策行动聚合化、即时化、实效化，排除不良干扰，杜绝人为扭曲，充分调动政策环境的能动因素，发挥时机效应，进而实现教育政策活动的大力推进。另外，教育政策实践要在自由与责任之间保持一种良好的张力，政策本质上是一种规范性的存在，需要政策主体肩负重大的责任和义务予以推行，但同时，教育政策又要

① 管仲. 管子. 李山，译注. 北京：中华书局，2016：126.

面对多样的环境和鲜活的教育对象，在保证实现政策的根本意图的前提下，因地、因人制宜而变通政策空间也是有益的经验路径。

首先，教育政策的实践智慧要明确教育政策的合理定位和目标结构。政策是一种体系，涉及国家与社会发展的所有政策是一个联动的有机体，教育政策是所有社会政策中的一种。合理的教育政策着力于解决教育领域的一些发展问题，效果是突出的，但复杂的教育问题的形成机制也往往较为复杂。比如，现在的教育欺凌问题，既是教育学问题又是文化学问题，还是社会学等诸多问题的交叉点。比如，美国社会学家柯林斯所认为的暴力的微观社会学理论则又是校园欺凌的解析路径之一。再如多年来的农村留守儿童教育问题，针对这一问题，我们也出台了很多相关的教育政策与法规。实际上，这一问题的形成机理是多方面的、深层次的。从根本上来说，我国固有的传统的城乡二元结构体制是其主要因素之一，这种体制的主要特点是国家治理的统一性和不均衡性的并存。这里面会涉及经济总量的不均衡、教育资源的不均衡、文化传统的制约与治理体系的完善与否等问题。所以，单独靠教育政策是难以彻底解决复杂问题的。由此，教育政策就需要走出自己的心理舒适域,主动寻求与其他政策的现实契合点和联接点。这是教育政策思维的发散与耦合过程，也是教育政策实践智慧的主要呈现方式之一。

其次，教育政策的实践智慧体现在对过去政策进行自觉反思、敢于终结已经不符合现实需要或者效能不明显的教育政策。政策的提出往往都是为解决一时一地的问题，甚至于有些政策本身由于各种因素的制约，其完善性和合理性就不够理想。实际上，政策的实施是有周期限制的，过长或过短的政策周期都是不合理的。考察西方发达国家以及亚洲日本的教育政策，我们可以发现，大多数政策的周期长达 20 年甚至 30 年。这就需要我们严谨地运用教育政策内容和政策方法，同时，要不断进行政策反馈和反思，避免出现固化的政策僵尸效应。对于明显不符合现实需要的政策，要及时终结，避免带来社会成本和人力成本的无度浪费。1957 年，苏联成功发射世界上第一颗人造地球卫星“斯普特尼克1号”，一下子在美国掀起了对学校教育政策进行反思的浪潮。美国开始纠正过去过度倚重杜威生活教育而造成的弊端，颁布了《国防教育法》，开始注重学生的自然科学、数学和现代外语等基础知识的掌握和运用，关注职业技术教育和天才教育，以便培养科技人才。经过10多年的努力，美国于1969年成功实施了人类历史上第一次载人登月计划——阿波罗计划，确立了其在科技领域的领先地位。这也充分说明教育政策不是固定不变的，与其被动改变，不如充分发挥其想象力，推动教育政策观念的变革。

最后，教育政策的实践智慧要对未来教育、人和社会发展趋势进行预判、预警和超越。未来教育的形态和内容是教育研究中的热点之一。但实际上，未来教育的范型需要融合人和社会的未来发展和需要，它并不是孤立的。施瓦布提出，未来需要培养四种智慧，即情境判断（思维）、情绪管理（心灵）、自我激发（精神）、身体素质（身体），以此才能有效应对第四次工业革命的挑战。[①]世界未来学的奠基人托夫勒在其“未来三部曲”的《第三次浪潮》和《权力的转移》中认为，未来人类将具备一种崭新的社会性格，它将摒弃谬误和偏执的观念。在21世纪，知识的权力地位将超越暴力和财富，成为权力体系中的最高权力。[②]联合国教科文组织在《反思教育：向“全球共同利益”的理念转变？》中提出，要重申人文主义教育观和发展观，确保增强教育的包容性，提高复杂世界中的教育决策能力，注重全球教育治理和国家决策。同时建议将教育和知识视为全球共同利益，以便在复杂的世界中协调作为社会集体努力的教育的目的和组织方式。[③]这种涵摄人类美好生活的发展观以及知识的创造、控制、习得、认证和运用尤其需要彰显教育政策的实践智慧。朱永新教授认为，未来人类教育将以学习中心为主要载体，所谓学习中心就是一个系统，它涵盖家庭、

① 转引自阿尔文·托夫勒. 第三次浪潮. 黄明坚，译. 北京：中信出版集团，2018：394.

② 阿尔文·托夫勒. 权力的转移. 黄锦桂，译. 北京：中信出版集团，2018：12.

③ 联合国教科文组织. 反思教育：向“全球共同利益”的理念转变？. 联合国教科文组织总部中文科，译. 北京：教育科学出版社，2017：2-3.

学校、社会、企业与政府的联合和联结。[①]这分属于不同场域的契合关系是需要高度的教育政策实践智慧加以融合的，可以这么说，为解决未来社会的复杂问题，会出现多元复合的政策体。这种政策体将由不同领域的专家、学者和技术人员共同制定，内部分设不同的子政策，共同担负起公共政策所具有的诠释、评价、化解社会问题和社会危机的功能。《中国教育现代化 2035》就提出，建立协同规划机制、健全跨部门统筹协调机制，建立教育发展监测评价机制和督导问责机制，全方位协同推进教育现代化，形成全社会关心、支持和主动参与教育现代化建设的良好氛围。可以预见，随着知识权力的上升，未来的教育政策将成为政策体中显著的子政策而发挥重要作用，教育政策实践智慧所具有反思、批判、联合、创新的特性也会愈加彰显。

① 朱永新. 未来学校——重新定义教育. 北京：中信出版集团，2019：31.

第 四 章

04

良善教育政策的哲学品格与政治实践

追求教育政策的良善，是教育政策的根本价值所在。良善的教育政策不仅关注一时、一地、一己的价值诉求与实践需要，而且着眼于长时段的政策影响给社会和个体带来的深远意义和经验重塑。良善教育政策旨在从人的教育生活内部寻找教育所带给人的精神依托和行为归引，它是一种根本形态的教育政策品格，需要在政治哲学的理论视野中建构起其哲学意蕴，并在此基础上进行关乎自身的政治实践。具体来说，良善教育政策的建构需要探究什么是好的教育政策，包括具有教育善价值的教育政策的内在逻辑和呈现生态以及此视阈下良善教育政策的运行实践。

第一节 良善教育政策的哲学内涵与根本特征

一、什么是好的教育政策

好的教育政策是关于良善教育政策的价值话语和价值描述。公共政策学家泰勒认为，政策是源于政治过程的输出产品。[①]鲍尔则认为政策是一种基于文本的话语体系。[②]“一个好的教育政策，除了通过‘好’的生产（话语）过程，形成‘好’的文本外，还要看这种文本是否产生‘好’的社会效应。话语、文本和社会效应构成政策评价的三个基本维度。”[③]由此，政策话语和政策文本就构成了好的教育政策的理论依据，政策效应和政策影响就构成了好的教育政策的实践依据。

（一）好的教育政策话语

上文提到，泰勒曾经把政策话语诠释为在整个政策议程中人关于

① 转引自 Henry M, Lingard B, Rizvi F, et al. Educational Policy and the Politics of Change. London, New York: Routledge, 1997: 25.

② Ball S J. Sociology of Education：Maojor Themese. London, New York: Routledge, 2001.

③ 涂端午，魏巍. 什么是好的教育政策. 教育研究，2014，35（1）：47-53，59.

政策活动认识和理解的一种价值和倾向。换句话说，好的教育政策话语需要秉承有利于深刻领悟与积极践行教育政策活动本质的原则和方法，在瞬息万变的社会巨变中，紧紧把握教育政策的正确方向和效能呈现。同时，政策话语尤其是政策文本中的语言也同社会话语即政治、经济、文化等现实条件紧密相关。政策话语在同社会话语的对话中，并不是单纯的被动呈现，也起着一定的建构和引领作用。[①]基于利益博弈论的分析，教育政策的话语表达和教育利益的追求是内在关联的，它同时也受制于权力机制。教育政策是在教育利益与教育权力间寻求平衡的社会活动，它实现的是教育资源的最大可能的合理分配。所以说，处于政策旋涡中的各种利益群体，他们始终关注的是自身的教育利益是否通过公权力得到了满足和实现，由此，再结合他们自身的现实处境和未来需要，提出他们新的有关教育政策价值诉求的话语之声。

在教育政策具体的制定过程中，各制定主体都需要有效发挥自身作用，克服以往行政命令为主的观念和态势，充分发声，有力探讨，着力协作，紧紧围绕政策的核心议题进行论证和协商，从而最终形成符合实际情况的教育政策话语体系。同时，还要看到，政策协商中的分歧、矛盾甚至对抗都是正常的，要学会求同存异，以大的格局为重，以教育发展的长远利益为重，摒弃个人私利，有效沟通，在必要的时候要在遵守大局的情况下学会妥协，这样才能真正促进多元共生的政策话语的形成。

（二）好的教育政策文本

文本是政策的意义载体和行动蓝图。诠释学认为，文本具有审视实践、干预实践和引领实践的功能。教育政策文本是在面对教育现实问题的基础上，通过语言描述来形成关于政策活动的意义阐释、行动路径、评价机制和组织保障等内容。在教育政策文本的内部秩序中，需要重点关注几个因素：权威性、责任性与价值性。权威性指的是教

① 诺曼·费尔克拉夫. 话语与社会变迁. 殷晓蓉，译. 北京：华夏出版社，2003：3.

育政策本身的官方性、制度性和强制性。政策是政府的公共行为，体现的是国家意志和国家理性，官方气息较为浓厚，它是在组织化的制度体系中所呈现出来的强制关系，这是教育政策文本的首要内容。责任性是教育政策文本的重要内部因素之一，关注最重大的教育问题，关切广大人民最迫切、最急需的教育利益诉求，进而形成理性的教育政策评价体系[①]，是政策文本中所要提出的主要内容。价值性则是在前两者的基础上，政策文本所蕴含的意义所在。本质上，教育政策体现的是政策制定者、实施者和受动群体的价值需求和价值期待，为此，文本更应关注教育政策的价值之维和意义之维，它生动而丰富地呈现了教育政策的价值品格和价值关怀，是深嵌于教育政策活动内部的价值基础。

在教育政策的外部秩序中，文本陈述的可理解性和可操作性是重点。好的教育政策文本需要在文本陈述和人对文本的解读上形成默契，构成理解效应，并能为之展开具体操作，明确该政策应该怎么做，以什么为重点和抓手，最终要达成什么样的具体指标。克服过于抽象和宏观的政策文本表述，提高其生活化、情境性、可测评性的描述水平，是我国未来教育政策的努力方向。同时，我们还要注意到，作为政策主体的人由于主客观条件的限制，对业已形成的政策文本也会出现不解、曲解甚至误解现象。对于教育改革政策来说，吴康宁认为，“由于任何改革都不可避免地涉及到对原有权力行使空间与资源配置格局的重组，并最终导致对原定利益占有份额的调整，因而对绝大多数人来说，最终决定他们是否以及在多大程度上参与或支持教育改革的主要因素，并不是对理念的守持，而是对利益的权衡”[②]。因此，良好的政策文本对于政策主体去正确领悟政策的内涵和实质，致力于形成符合中国实际的理念突出、逻辑严密、结构规整、表述规范、生活实践

① 范国睿. 坚持以人民为中心的教育政策研究. 华东师范大学学报（教育科学版），2018，36（2）：27-28.

② 吴康宁. 中国教育改革为什么会这么难. 华东师范大学学报（教育科学版），2010，28（4）：10-19，36.

特征明显、具体指导性强的教育政策文本体系，意义是非常重大的。

（三）好的教育政策效应

政策一经发布和实施，就需要重点关注其执行效果。教育政策是一个实践共同体，温格提出的实践共同体理论认为，学习需要从被物化为一种活动类型的情境活动理论转变为将学习看作一切活动的一个方面的社会实践理论。[①]实践共同体的实质是人、活动和世界之间的一系列关系，这些关系超越时间维度，并会对个人和社会产生深远影响。相互卷入、合作事业和共享智库是实践共同体的三个内在关系维度，支撑和推动着其活动的顺利开展。

在教育政策的实践共同体中，存在着几种基本要素，即政策制定者、实施者、受动对象和评价者，共同体的最终目的是通过政策活动来获取教育意义和教育身份认同。在教育政策活动中，这几种要素通过政策实践共同体的三个内在关系维度展开行动、发生关系，将教育政策意图和预期目标分解到各个活动过程中，最终生发出政策的现实图景并产生作用。这便是教育政策效应。相互卷入意味着各个政策主体的有效参与和实质联合，合作事业则是指政策主体之间通过对政策目标的责任担当、解释理解和沟通行动而产生的政策扭力，共享智库是指教育政策执行所面对的政策背景、历史条件、现实资源乃至政策风格。所以，当我们论及良好的政策效应时，这三者之间的有机融合、共同发挥作用是必不可少的。只有这样，教育政策执行才能产生良好的效果。

（四）好的教育政策影响

当好的教育政策影响出现时，它首先表现出来的是对教育改革和发展的长远影响力，而非一时一地的计较和得失。长期以来，我们的教育规划时期较短，往往以 5 年、10 年为限，这是远远不够的。十年

① 埃蒂纳·温格. 实践共同体：学习、意义和身份. 李茂荣，欧阳忠明，任鑫，等，译. 南昌：江西人民出版社，2018：4.

树木，百年树人。任何一项教育政策从提出、执行到效果评价都需要长期的坚持和推动，由此产生的教育政策影响也应该是最深远的。另外，好的教育政策影响要植根于当下的社会情势，深度契合于实际的社会土壤中，并紧密结合教育发展的真实境况而予以确认。

纵观世界，这样的成功案例不胜枚举。如2016年11月14日，芬兰赫尔辛基教育局正式下发通知：从现在开始到2020年之前，正式废除小学和中学阶段的课程式教育，转而采取实际场景主题教学。芬兰将成为世界上第一个摆脱学校科目的国家。芬兰在教育改革的过程中，坚持见贤思齐，学习和借鉴他国教育改革成功的经验，但又不照搬照抄，而是依据自身国度的文化传统，选择了一条与世界各国教育改革运动完全不同的道路，并最终取得了成功。和全球教育改革运动的趋势相比，芬兰的不同之处表现在：

第一，不推崇标准化的教育，而是突出量身定做的教育和学习。国家不设置明晰的课程标准，而是为校本课程设置清晰且有弹性的国家框架，鼓励各地和各校自行构思达成国家教育目标的方式，为每一个孩子找到适合自己的最好的学习方式。

第二，不仅关注核心科目的学习，更关注人格、道德特质、创意、知识与技能的全方位发展，发展出深邃、广泛且平等的教学风格。

第三，没有统一的教学要求，鼓励以学校和教师为基础，协助寻找崭新的教育教学方法；鼓励教与学之中的冒险、创新精神。

第四，尊重本土既有的教育政策，关注政策前后的连贯性和一致性。尊重教师在教学方法上的传统价值，呵护教师的专业职责与和谐的师生关系。

第五，在教育体系中逐渐建立起责任与信任文化，看重教师和校长的专业能力，相信他们可以做出对学生最好的选择。鼓励各校积极建构良好的学习环境，规划良好的教育内容，以期能够指引学生实现更多学习目标。

实际上，芬兰近年来的教育改革凸显出来的就是对教育政策长远影响功能的高度重视和有力实践。他们着眼于孩子的长远发展和生命关怀，坚决反对无意义的科目灌输和应试模式，以孩子的心智成熟为首要目标，基于此，其教育政策的终极价值和意义就显得格外突出。

为此，从衡量标准上，好的教育政策品格应该具备以下几个特点。①价值理性与工具理性的统一。王大泉等认为，好的教育政策不仅要符合价值标准和学术标准，而且要符合实践标准，即要好用、管用和实用。[①]这是好的教育政策的根本标准。②要兼顾不同利益主体的利益倾向，实现公共教育利益的最大化。教育政策的主要目的就是调节不同群体的教育利益关系，在此基础上解决教育问题和教育矛盾，为此，公共教育利益的最大化的呈现是应有之义。③要在责任和自由之间保持一定的合理张力。教育政策作为一种制度体系，其内部有着严格的逻辑要求和行为约束，因此，政策主体要具有高度的政策责任感和使命感，要把它作为正式的教育法规予以推行，但也要看到，政策不是死板的文本表述，它面对的又是鲜活灵动的教育活动，所以要根据具体的情况来形成教育政策的贴切性和灵活性。实际上，这需要较高的政策智慧来进行理解和判断，要在责任和自由之间保持想象空间和联通路径，以便实现教育政策规范性与有效性的有机结合。

二、基于教育善的教育政策内涵与本质

“善”是政治哲学中有关人、社会和国家发展的最高目标。教育政策活动作为一种政治性意味浓厚的公共政策活动，对教育善的遵循、追求和实现是其根本和终极的价值原则与目标。“教育善”并非一个空泛而抽象的概念，它同教育理论的更新与教育改革的发展密切相关，只有以教育善为价值引导的现代教育，才能扬善抑恶，“只有善的教育，才能真正教人为善和促进社会向善”[②]。

一直以来，善都是政治哲学的一个既古老又经典的主题，尤其是

① 王大泉，卢晓中，朱旭东，等. 什么是好的教育政策研究. 华东师范大学学报（教育科学版），2018，36（2）：14-28.

② 王本陆. 教育崇善论. 广州：广东教育出版社，2001：2.

古典政治哲学，始终把善作为政治活动的终极目标来看待。善源于价值范畴，揭示的是一种价值倾向性和价值目的性。亚里士多德曾说："善的定义揭示的是，具有自身由于自身而值得向往的这类性质的东西，都是一般的善。"[①]罗素（Bertrand Russell）则认为，"善的定义必须出于愿望。我认为，当一个事物满足了愿望时，它就是善的。或者更确切些说，我们可以把善定义为愿望的满足"[②]。我国的孟子也认为，人的活动或行为所追求的目标就是善，即"可欲之为善"[③]。

从政治哲学的视角理解教育善，我们可以发现：第一，教育善所体现的是人和社会对教育活动的需要和追求，是人和社会对教育活动的一种价值期待和价值向往。这种价值期待和价值向往首先是应然性的，即教育活动的最终目标和意义应该也只能是教育善的实现，除此之外，别无其他终极目的。第二，教育善可分为"个体善"和"社会善"，分别对应教育活动所应该追求和达成的个体和社会的发展与完善，即教育活动所促成的人的人格、个性、道德等的培育、塑造与全面发展以及良好的社会秩序的生成。

政治哲学意义上的教育社会善其实是一种教育公共善。社群主义认为，"公共善是指导社群生活方式的共识，它为个体的行为选择提供参照标准。社群成员从共同生活中获得个体生活的意义，并在参与共同活动的过程中通过合作和关爱形成共同的情感和道德。引导成员过一种善的生活是社群的重要任务，通过共同的生活引导社群成员在获取个人利益的同时有意识地关怀公共利益，知晓个人利益内在于公共利益之中，个人利益的获得也有益于社群利益的增加"[④]。那么，教育公共善就是一种基于教育公共生活的善的教育价值的选择和确认，按照亚里士多德的解释，政治关乎城邦——国家这一最崇高、最有权

---

① 苗力田. 亚里士多德全集（第8卷）. 北京：中国人民大学出版社，1992：244.

② 伯特兰·罗素. 伦理学和政治学中的人类社会. 肖巍，译. 北京：中国社会科学出版社，1992：66.

③ 孟轲. 孟子译注. 杨伯峻，译注. 北京：中华书局，2008：263.

④ 魏峰. 正义的教育政策：社群主义的视角. 比较教育研究，2008，（3）：6-10.

威，并且包含了一切其他共同体的共同体，所追求的一定是至善。[①]而至善就是幸福。幸福是终极的、自足的，是一切行为的终极目的。[②]为此，教育公共善所追求的终极目标理应是基于公共教育利益最大化的教育公共生活的完满与幸福。政治哲学意义上的教育善是教育伦理学中教育善的理论前提和依据。

从根本上讲，教育善的本质主要在于其教育道德性和教育利益性。道德是具有善恶价值的。这里的道德主要指教育道德，教育道德是指在教育活动中教育者所理应具备和必须遵守的道德规范与行为准则，以及与之相适应的道德观念、道德情操和道德品质。教育道德是"用人的道德本质来审视教育活动、规范教育活动，使人的这一实践领域能够最大限度地反映出人的良性，摒弃和避免种种教育暴力、腐败和悲剧，达到最好地为人的发展服务的目的，这是教育道德的'人性'或'人道'维度，也是基点；同时，教育道德包括教育的理性，这里的理性，是与人的理性一致的概念，是指教育计划、目的、决策的科学、慎重与对教育浓厚的责任感，是与教育的简单、粗暴相对的；再有，教育道德包括在教育决策与教育过程中坚持公正优先原则"[③]。换句话说，如果从道德价值论的视角出发，教育活动是促使人和社会发展完善的社会活动，是向善（个体善与社会善）的社会活动，此处教育善就集中表现为教育道德性，教育善的实现过程实质上就是具有合理性的教育道德规范体系为广大教育者自觉信守与践行的过程。

美国当代著名学者富勒认为，道德可以分为"义务的道德"和"愿望的道德"，前者是指秩序社会所必须遵循的一些基本原则；后者指高层次的道德要求，其实质是人类社会对至善的追求。[④]基于此，教育道德也可以分为两个层次：一是广大教育者在教育活动中所必须遵守

① 苗力田. 亚里士多德全集（第9卷）. 北京：中国人民大学出版社，1994：1-5.

② 张燕琳. 浅析亚里士多德的"善"的内涵及类型. 华章，2008，（7）：17-19.

③ 孙彩平. 教育道德与道德阈限. 教育理论与实践，2002，22（1）：56-59.

④ 富勒. 法律的道德性. 郑戈，译. 北京：商务印书馆，2005：6.

的关乎教育基本价值意义的教育道德原则与要求；二是旨在提升教育者德性和体现教育道德之超越性[①]，以最终实现教育善为目的的教育道德规范体系及其道德行为，这是教育善之道德性的最高层次。同时，“利益是道德的基础，社会中的道德及其原则和规范，总是从一定的利益关系中引申出来的，并反映着一定的利益要求，维护着这种利益”[②]。马克思认为，“正确理解的个人利益是全部道德的基础”[③]。他还认为，“在社会经济关系中占主导地位的统治阶级所表现出来的利益需求或者说价值追求，也通过道德的方式来表达。道德的实质是对一定主体间正当利益的尊重、维护和调节”[④]。同时，“道德的善恶价值体现道德是受利害人己意识支配的、具有利害人己效用的行为”[⑤]。善不是抽象的存在物，而是和利益诉求、利益分配与调整密切相关的。人的本质是一切社会关系的总和，利益以及利益关系是联接人与人之间的纽带，善是人与人的社会关系的体现。教育活动中的利益主要指“教育利益”，它和教育活动中的每一个人息息相关，如何调适并平衡相关利益主体的需求和诉求就成为教育善的应有之义。而从长远来说，实现公共教育利益的最大化就是教育个体善走向教育公共善的过程。

教育善的利益性不仅指物质层面的利益范畴，还包括非物质层面的利益范畴，主要是指对受教育者的个体发展机会、条件、权利和资格等教育利益的尊重、认可、合理分配、调整等。教育善的道德性与利益性是相辅相成的，道德性是利益性的前提和基础，是分配和调整教育利益的标准和依据；利益性是道德性的载体和内容，所有对教育道德的信守与践行都要落实到教育利益的分配和调整中来。换句话说，

① 刘云林. 教育善的实现：基于教育道德向度和层次的视角. 教育研究与实验，2007，(4)：13-16.

② 高力. 公共伦理学. 北京：高等教育出版社，2002：76.

③ 中共中央马克思恩格斯列宁斯大林著作编译局. 马克思恩格斯选集（第2卷）. 北京：人民出版社，1972：166-167.

④ 彭华安. 论教育政策的道德品性. 教育学术月刊，2010，（10）：17-20.

⑤ 孙艳霞. 教育政策道德性研究——义务教育城乡差距的归因与路径探析. 长春：东北师范大学，2006.

教育善需要基于教育利益的教育道德的规范和引导，进而追求符合教育道德的个体教育利益和公共教育利益。

三、基于教育善的教育政策价值品格

从政治哲学的视角，如果说以罗尔斯为代表的新政治自由主义是研究教育政策公平性和正义性的理论基础的话，那么与之相对应的社群主义则是研究教育政策公共善的价值属性的理论基础和前提。

社群主义的主要代表人物有麦金泰尔（Alasdair Maclntyre）、泰勒（Charles Taylor）、桑德尔（Michael Sandel）和沃尔泽（Michael Walzer）等。社群主义认为，社群优先于个体，善优先于权利。没有独立于善的自在权利，权利应该建立在普遍善的基础上，即“权利及其证明依赖于它们所服务的那些目的的道德重要性”[①]。总之，社群主义是“一种强调社区联系、环境和传统的积极价值以及共同利益，旨在揭示人格自足的形而上学的虚假性并遏制自由主义带来的个人主义的极度发展所产生的危害性的理论思潮”[②]。这是社群主义思想的主旨所在。

教育活动担负着引导教育公共生活向善的重大责任。教育作为公共事务，它本身既是公共善，又是为了公共的善，是超越任何的非公共利益之上的，是在政治共同体之内的，由公共权力审慎管理的公共事业，是对政治共同体的发展非常重要的公共实践。[③]沃尔泽则认为，教育要突破过于窄化的利益纷争而走向公益性。[④]同时，“在社群主义的社会里，共同利益被想象成一种关于优良生活的实质观念，并由它来界定共同体的生活方式。这种共同利益不再取决于人们的偏好模式，相反，它为评价那些偏好提供了一个标准”[⑤]。这个标准就是基于共

① 迈克尔·J. 桑德尔. 自由主义与正义的局限. 万俊人，等，译. 南京：译林出版社，2001：4.

② 应奇. 社群主义. 台北：扬智文化事业股份有限公司，1993：5.

③ 金生鈜. 保卫教育的公共性. 教育研究与实验，2007，（3）：7-13.

④ 迈克尔·沃尔泽. 正义诸领域：为多元主义与平等一辩. 褚松燕，译. 南京：译林出版社，2002.

⑤ 威尔·金里卡. 当代政治哲学. 刘莘，译. 上海：上海三联书店，2004：397.

同（公共）利益的公共善。因此，建构于社群主义理论基础之上的教育政策的公共善的价值属性是以个体教育利益的分配、满足、调节与整合基础上的公共教育利益的最大化为本质特征的。

但是，我们必须看到，教育善的教育政策对公共教育利益最大化的追求是以对个体教育利益的维护和保障为前提和基础的。这是不容回避和必须坚持的首要原则。善的教育政策的必要条件是“它至少在形式上不因人而异，能够被无差别地一致实施”[①]。也就是说，在教育政策的制定和运行过程中，对教育利益相关主体的教育利益诉求要始终保持敏锐性和敏感度，尽量考虑到每一个人的教育利益需求，从政策程序和政策制度上保证每一个利益主体的利益需求都能投射到教育政策活动过程中，并在最大程度上得以满足和实现。正如罗尔斯所说：“所有的社会价值或基本的社会善——自由和机会、收入和财富、自尊的基础——都要平等地分配，除非其中的一种价值或所有价值的一种平等分配合乎每一个人的利益。”[②]具体到教育政策活动中的个体教育利益，即“教育利益分配、各种教育资源的配置以及创设规范应当实现平等对待，社会成员应当平等地成为教育领域的受益人，教育领域必要的政策优惠不能发展成为差别对待甚至异化为特权”[③]。这种在教育政策中对个体教育利益的有力维护和保障为公共教育利益最大化的实现提供了合理的逻辑基点和实践保证。

同时，我们更应该看到，亚里士多德在《政治学》中指出：“依绝对公正的原则来评断，凡照顾到公共利益的公众政体就都是正当或正宗的政体；而那些只照顾统治者们的利益的政体就都是错误的政体或正宗政体的变态（偏离）。”[④]卢梭也认为，判断一个政府的统治是否具有合法性，最为根本的标准就是看其统治的立场和出发点是否是

① 李建华，张效锋. 社会保障伦理：一个亟待研究的领域. 哲学研究，2009，(4)：110-115.

② 约翰·罗尔斯. 正义论. 何怀宏，何包钢，廖申白，译. 北京：中国社会科学出版社，1988：275.

③ 蒲蕊. 论教育行政的伦理精神. 教育研究，2007，(9)：39-44.

④ 亚里士多德. 政治学. 吴寿彭，译. 北京：商务印书馆，1997：132.

公共利益。[①]因此，公共利益的体现和维护是一切政治以及相对应的公共政策行为的出发点和归宿。众所周知，教育政策活动具有明显的公共性特征。而“就‘公共’一词来说，本身就是一个与私人领域相对应的范畴，它意味着作为个人的私人的超越，也同样意味着对非公共的利益集团、特定的私人组织和群体的超越，它立足于社会整体的公共利益，立足于全社会共有、共享、共利、共需的利益要求”[②]。因此，运行于公共性基础上的教育政策活动的主要特征包括以下几点。

第一，教育政策的公共性意味着教育政策活动主要是解决教育中公共问题和矛盾的。公共教育问题是教育政策的逻辑起点。教育政策是为了解决特定时期、特定社会和认定教育情境下的特定教育问题而制定、实施和评估的。公共教育问题是发生在公共教育场域的公共教育事务，是需要借助于政策主体的公共权力予以解决的公共教育活动。它的解决过程影响到大多数公众的教育利益和教育价值追求。

第二，教育政策的公共性需要教育政策活动以一种超越性的姿态去对各种教育利益诉求甚至教育利益矛盾进行调节和整合，以期实现公共教育利益的最大化。这种调节和整合的过程主要通过“调节非营利性教育组织来提供非商品性教育服务来实现教育资源和教育利益的重组，并对公共教育利益进行维护。公共教育利益是一种对个人教育利益的超越，在主体上是整体而不是局部的利益，在内容上是普遍的而不是特殊的利益，是公众对社会文明状态的一种愿望和需要，维护和实现公共教育利益就成为教育政策最重要的目标”[③]。正如詹姆斯·E. 安德森所说：“对于公共政策应该与公共利益还是私人利益保持一致这个问题，绝大多数人将选择公共利益。”[④]

① 卢梭. 社会契约论. 何兆武，译. 北京：商务印书馆，2003：72.

② 张康之. 公共管理伦理学. 北京：中国人民大学出版社，2003：142.

③ 李北群. 论教育政策的利益分析：必要性、框架及应用. 江苏社会科学，2008，（6）：210-214.

④ Anderson J E. Public Policy Making: An Introduction. Boston: Houghton Mifflin Company, 2003: 135.

第三，教育政策的公共性并非静态的、业已存在的状态，需要通过教育政策活动过程中教育利益相关主体的通力协作与积极参与予以实现。“公共性的实现过程的实质就是私人领域与公共领域的相互作用，相互合作，通过公共讨论和公共对话产生‘共通’感觉，以达成符合公共利益的‘重叠共识’，最终维护和实现公共利益。”[①]所以，对于教育政策来说，利益相关者的自愿主动参与、沟通、合作与否是教育政策公共利益能否被识别并得以实现的主要路径之一。

由此可见，对于教育政策来说，公共教育利益是其制定和运行的核心影响因素，增进和实现公共教育利益的最大化是教育政策活动的根本目的。这种基于教育公共善的价值原则上的公共教育利益的最大化超越了一切私人及集团教育利益的偏见和束缚，是一种有利于教育整体发展的公共利益需求的满足和实现，是处于教育政策价值基础体系中最高层次的终极价值所在。

在教育政策活动中，教育善的价值属性应该主要体现在以下几个方面。首先，教育善的教育政策应该通过培育和塑造具有教育公共生活精神和公共生活能力的学生来体现。具体来说，这种教育政策活动应该着力培养学生的教育公共生活情操和公共生活素质，使其逐渐成为教育公共生活的理性主体，这些学生具备较高的教育公共生活批判能力、理解能力和适应能力，具备自我教育利益和公共教育利益需要的辩证认知能力，并在此基础上形成对教育公共善的理性认识。其次，教育善的教育政策需要推动教育评价机制的变革，改变过去传统的以知识获取为主要标准的评价模式，把对教育公共生活的参与广度和深度以及由此形成的能力引入教育评价指标体系中，这为教育政策活动中公共教育利益最大化的实现提供了客观的教育评价标准和依据，将有利于教育善的教育政策的形成。再次，教育善的教育政策还需要进一步推动学校教育课程内容与结构的变革，改变学科知识一统天下的局面，将关于教育公共生活的知识引入课程、优化课程结构，为教育

① 彭华安. 论教育政策的道德品性. 教育学术月刊，2010，（10）：17-20.

政策活动公共教育利益的最大化的实现提供教育教学内容和载体保证。最后，也是最关键的，教育善的教育政策活动需要通过合格的公民的培育和参与来实现，即“通过培养公民、形成有教养的公众而产生公共善”①。对于教育政策来说，这种公共善将会为公共教育利益的最大化提供良好的社会主体条件和实践保证，同时也是教育善的教育政策得以体现和实现的根本因素。

四、走向善治的教育政策价值实践

（一）何为善治

善治（good governance）属于政治哲学和公共管理学的双重范畴。总的来说，“善治就是使公共利益最大化的公共管理过程。善治的本质特征就在于政府与公民对公共生活的合作管理，是政治国家与市民社会的一种新颖关系，是两者的最佳状态”②。善治具有法性(legitimacy)、透明性（transparency）、责任性。各个社会公共机构在参与社会公共管理时必须进行协商谈判、相互交换管理资源，并且遵循一定的公共管理规则；治理需要形成一个自主的公共管理网络。在这个网络中，某些特定的领域内存在着特定的公共管理权威，这些权威与在特定领域内进行公共管理的政府合作，分担政府的公共管理职责和功能；治理意味着政府并不是有效地解决所有公共问题的唯一管理主体。在某些公共问题的解决中还存在着其他的相对较好的管理主体和机构，政府有责任、有义务正确引导和建立社会性的公共管理网络，以便有利于公共管理和公共政策活动的开展。

由此可见，治理是“一种权力运作方式，体现为一种工具理性，其基本含义是指在既定范围内运用权威维持秩序，满足公众需要，目的是在各种不同的制度关系中运用权力去引导、控制和规范公民的各

① 金生鈜. 保卫教育的公共性. 教育研究与实验，2007，（3）：7-13.

② 俞可平. 治理与善治. 北京：社会科学文献出版社，2000：8-9.

种活动，以最大限度地增进公共利益”[①]。这是治理理念的本质所在。

治理理念是在传统的以统治为核心的公共管理模式愈发存有不足甚至低效的情况下提出的，它在某种程度上能够有效弥补国家和市场在社会资源配置方面的不足。“市场的失效指的是仅运用市场的手段，无法达到经济学中的帕雷托最优（Pareto optimum）。市场在限制垄断、提供公共品、约束个人的极端自私行为、克服生产的无政府状态、统计成本等方面存在着内在的局限，单纯的市场手段不可能实现社会资源的最佳配置。同样，仅仅依靠国家的计划和命令等手段，也无法达到资源配置的最优化，最终不能促进和保障公民的政治利益和经济利益。”[②]但是，我们应该看到，治理也不是万能的，在复杂的社会环境中也存在着治理失效的可能，于是旨在克服和解决治理局限的“元治理”“有效治理”“良好的治理”“善治”等概念和范畴就应运而生了。其中，善治理论影响最大，且其公共管理和公共政策活动适应性也最强。善治是一种基于治理内涵的良好、合理、科学的治理模式，是善的内涵在公共管理和公共政策活动等社会政治领域的体现和扩展。

（二）善治的教育政策治理

法国人类进步基金会认为，“治理是公民利益间关系以及地方、国家、地区和全球等各不同层次间关系在公共空间中的组织艺术；是具有意义、兼顾各种社会复杂性并有利于对话和集体行动的游戏规则的创造艺术”[③]。教育活动中同样存在着普遍和共同的利益——教育利益，对这些共同和普遍的教育利益的追求是教育政策活动的终极价值所在。

“教育公共治理”理念是治理理念在教育领域的体现和实践。其

① 俞可平. 治理与善治. 北京：社会科学文献出版社，2000：5.

② 俞可平. 治理和善治——一种新的政治分析框架. 南京社会科学，2001，（9）：40-44.

③ 卡兰姆，苏盖. 治理改革讨论与比较研究国际网络// 乐黛云，李比维. 跨文化对话. 17辑——“中法文化年”专号. 上海：上海三联书店，2005：49.

实质是“一种协调各教育相关主体的权力运作方式，强调按照相应的权责比例共同达成对教育政策或教育制度的社会性回归，其目的是充分体现各主体的教育利益诉求，有效实现公共教育利益”[①]。完善的教育公共治理应该首先尊重教育主体的多元化，教育的目标既要符合国家发展的最高利益，也要保证教育举办者和受教育者的合法权益；其次要以契约联结政府与学校；最后是建立协商式的教育决策机制。但是最为关键的是，要建立新的教育改革决策机制、教育管理协商机制、教育政策保障机制和教育系统监测机制。[②]这些都是良好的教育公共治理的核心内容和主要机制。为此，善治的教育政策实践需要从以下几个方面进行努力。

第一，确定尊重教育主体多元化、实现个体利益和共同利益共生的教育政策宗旨。具体来说，教育政策要引导和规范教育活动的正确方向，使之符合社会利益、民族利益和国家利益；教育政策要保证教育举办者和受教育者的合法权益；教育政策要保持教育生态系统的平衡，初等教育、中等教育和高等教育的协调可持续发展；教育政策要维持学校内部的协调和有机运行；教育政策要保证教育系统外部力量的有效参与，主动欢迎政治、经济、文化、科技等社会场域同教育场域的协作交流和家长、媒体等对教育的指导与监督等。上述体现整体性、系统性、发展性的教育政策宗旨是善治的教育政策实践形成和有效开展的前提条件和基础。

第二，充分发挥教育利益博弈中政策契约的作用。在教育政策活动中必然存在着多元而复杂的教育利益博弈，基于合理性的一定范围和一定程度上的利益博弈是促进教育政策活动良好运行、实现其功能的基本动力。但无限制的甚至是失去合理规范约束的利益博弈对教育政策活动来说，往往是对政策资源的过度浪费和政策成本的不必要提

① 李涛. 教育公共治理若干问题探析. 教育发展研究，2009，29（8）：61-63.

② 王晓辉. 关于教育治理的理论构思. 北京师范大学学报（社会科学版），2007，（4）：5-14.

高。这就需要在教育政策活动中引入一种平衡机制，以政策契约的形式，在充分关照和规范各种利益诉求与利益博弈的基础上，找出具有普遍性的共同利益的内容，进而实现公共教育利益的最大化。契约思想源于政治哲学，原本用来解释国家起源的社会基础问题。英国著名政治哲学家霍布斯认为，人的本性是相互争斗的，只有订立某种契约才能有效消解过度争斗问题，维护共同利益。洛克则认为，在人与人订立契约的基础上形成市民社会，有利于消除社会的不公平现象，维护社会稳定。法国伟大的启蒙思想家卢梭认为，人生而平等自由，人在政治共同体内生存，体现“公意”的唯一路径就是契约保障。[①]对于教育政策而言，善治的教育政策的生成“实际上就是政策利益相关群体的协商、对话和理解或博弈，达成‘政策契约’的过程。这种‘政策契约’的正义与否，关键是看各种利益相关者是否受到足够的尊重，其价值诉求是否能得到充分表达，其利益是否得到平衡与维护，在教育政策决策机制中是否获得相应的‘合法性’席位”[②]。这种教育政策活动中利益相关主体通过多方参与与沟通，达成政策契约，进而实现公共教育利益的最大化。政策契约的达成是实现善治的教育政策的主要路径之一。它一方面保证教育政策的科学性，另一方面也保证了教育政策的道德性，即不仅具有真的特质，更具有善的特质。

第三，构建以协商为本的教育决策机制。“教育治理过程，就是教育决策民主化的过程。在知识经济和学习化社会中，不仅教育在国家发展中的作用愈加重要，教育对个人成长与发展的作用也凸显出来，社会各界对教育的发展比任何时候都更为关心。参与教育决策的主体越来越多元化，除了政府及其管理者之外，专家学者、新闻媒体、企业、学校、教师、学生、家长都可能是教育决策的参与者。”[③]或者说，教育公共治理模式下不存在国家（政府）教育强权，教育规划的设计

① 转引自唐士其. 西方政治思想史. 北京：北京大学出版社，2002：199，234，250.

② 彭华安. 教育政策的伦理基础及其价值诉求. 江苏高教，2010，（5）：19-21.

③ 王晓辉. 关于教育决策的思考. 北京大学教育评论，2003，1（4）：78-83.

和教育政策的制定依据有两个：一是多元利益的平衡共叠；二是多数方的赞成和少数方的弥补。教育公共治理强调，按照多元教育主体相应的权责比例共同达成对教育政策或教育制度的社会性回归。[①]在善治的教育政策实践中，教育决策不仅仅是决策者的专利。随着教育管理和教育决策的民主化和法治化，越来越多的决策主体进入教育决策领域，教育管理者也需要时时刻刻关注教育决策领域的动态，汲取有利于教育决策的各种资源和思路。尽管在教育决策领域，各个个体、社会组织、集团和阶层的价值取向与利益诉求存有差异，但经过协商式的决策方式和路径，能够达成某种共识，进而使公共教育利益诉求在教育决策领域能够有效和最大化体现。

第四，建立完善的教育系统监测机制。在教育公共治理活动中，监测机制同决策机制是相辅相成的，教育决策的民主化、科学化需要相应的教育监测体系的完善，只有这样才能及时纠正教育决策执行中的偏差和失误，真正提高决策的科学化水平。现代教育管理中教育改革和教育决策需要对整个教育系统进行监测，以提供教育政策合理科学运行的宏观教育标准和机制。对于教育政策而言尤其是对于教育改革政策而言，科学合理地预设监测目标及指标，以此为标准对教育改革政策进行反馈和调节，进而对其进行改进和完善，将会极大地提高教育政策的善治程度，推动教育改革的发展，增进和实现公共教育利益的最大化。中国目前的教育系统监测机制和指标尚不够科学和完善，需要下大力气加以解决。

第五，大力发挥教育评估对教育政策的调节作用。在某种程度上，教育活动是一种讲究投入-产出比的社会公共活动，国家、政府和民众对教育的期望与满足度需要通过教育评估予以体现。例如，自 2000 年开始的由世界经济合作与发展组织实施的国际学生成绩评估项目（Programme for International Student Assessment，PISA），重点从阅读、数学、科学三个方面进行国际性的学生学习质量对比和考察，所获取

① 李涛. 教育公共治理若干问题探析. 教育发展研究，2009，29（8）：61-63.

的结果一方面反映了某个国家和地区的教育质量和青少年的学习质量；另一方面，这种教育评估的结果将会对国家的教育政策产生重要影响，起着调节和改进甚至终结某项教育政策的作用。例如，德国在PISA教育评估中表现不佳，就直接引发了德国民众对本国教育政策和教育质量的质疑和不满，促进了德国教育政策的改进和教育改革的发展。[①]说到底，教育评估对教育政策的调节和影响本质上就是教育政策活动对教育利益相关者的教育利益诉求的重新合理分配和调整，进而使之达成新的公共教育利益共识，增进和实现公共教育利益的最大化。

第六，建立健全教育政策保障机制。教育政策是一个由理论形态向实践形态过渡的过程。教育政策方案只有在行动实施中才具有真正的意义和价值。从教育公共治理的角度看，作为一种社会公共行动措施的教育政策，理应需要相应的各方面的保障机制予以保证，尤其是公共财政经费投入机制的积极介入。“其实，一项教育政策或教育改革措施，叫什么名字并不重要，关键是要有保障机制，不仅是法律保障，更要有经费保障。”[②]在教育政策活动中，教育经费的投入是至关重要的，它直接关系到教育政策能否真正有效地发挥其作用，从本质上讲，关乎国家和社会公共教育利益能否实现。可以这么说，以公共财政经费投入机制为主要内容的教育政策保障机制是实现善治的教育政策实践的关键性因素之一。

总的来说，以善治为目标，依赖于教育公共治理路径的教育政策实践“强调教育政策制定的开放性，强调教育发展的推进机制应该予以必要转变：由硬法机制走向软法机制，即从法和行政措施的硬约束力走向为教育事业共同奋斗的软法感召力，这个软法机制的框架包括五维要素，即总体目标和指标、定标比超、社会监督、模式与经验共

① 唐伦亿，李国强，谭军．“未来教育”重塑德国形象．中国教育报，2002-08-31（004）．

② 王晓辉．关于教育治理的理论构思．北京师范大学学报（社会科学版），2007，（4）：5-14.

享、多边约束，这些不仅仅应反映在教育政策设计时，还应反映在政策实施过程中”[①]。在某种程度上，教育活动总是充满了相对的不确定性，试图建构一套完美的教育政策体系来一劳永逸地解决所有教育公共问题是不可能的。所以说，在教育公共治理的思想指引下，追求公共教育利益的最大化是良善教育政策的根本要义之一。这理应成为教育政策合理而终极的价值目标走向。换句话说，教育善的教育政策价值就决定了教育政策的发展性。

五、善治的教育治理与我国的教育改革

善治的教育治理主要关乎教育改革与发展中的相关政策、方法和制度问题。实际上，我国的教育改革政策也经历了从教育控制、教育管理到教育治理的过程。目前，我国的教育改革业已进入深水区。习近平总书记在谈到改革时说：“在中国这样一个拥有 13 亿多人口的国家深化改革，绝非易事。中国改革经过 30 多年，已进入深水区，可以说，容易的、皆大欢喜的改革已经完成了，好吃的肉都吃掉了，剩下的都是难啃的硬骨头。”[②]这样的表述同样适用于新时期的教育改革。协调好教育改革与社会改革的关系，进而推动教育领域的综合改革，实现“立德树人”的教育根本任务，为国家发展和社会进步培养更多德才兼备的人才，是目前全面深化教育改革的主要目标。2012 年 1 月,《胡锦涛在中国共产党第十八次全国代表大会上的报告》提出“全面贯彻党的教育方针”，“把立德树人作为教育的根本任务”，要求“深化教育领域综合改革”。[③]这预示着中国教育改革即将开启一个新的篇章。2013 年 1 月,《教育部关于 2013 年深化教育领域综合改革的意见》发布，旨在：用系统思维、全局意识和全球视野认识改革，用普遍联

① 罗豪才. 软法与公共治理. 北京：北京大学出版社，2006：69.

② 中国人民共和国国务院新闻办公室. 2015.《习近平谈治国理政》之三：全面深化改革. http://www.scio.gov.cn/zxbd/nd/2015/Document/1487344/1487344.htm[2015-07-29].

③ 胡锦涛在中国共产党第十八次全国代表大会上的报告. http://cpc.people.com.cn/n/2012/1118/c64094-19612151.html[2012-11-08].

系观点设计改革，用统筹兼顾办法推进改革，进一步增强改革的系统性、整体性、协同性；要以改革人才培养模式、改革办学体制、改革管理体制、改革保障机制为主要抓手，进一步完善推进机制，形成推进教育领域综合改革的整体合力。2013 年 1 月，中共十八届三中全会通过的《中共中央关于全面深化改革若干重大问题的决定》，对深化教育领域综合改革做出了具体部署和指导。由此中国教育改革进入了一个崭新的发展时期，形成和遵循着不同的演绎逻辑和推进路径。

目前，我国已进入社会发展的深度转型期，以此产生的社会深层次矛盾和教育问题层出不穷，新的教育改革需要以此为基础和前提制定自身的改革方案，规划自身的改革进程，评价自身的改革效果。这是一个围绕社会深度转型而不断调整和更新教育改革价值观的发展过程，以增强教育改革之于教育发展和社会发展的有力诠释力和指导力。教育改革是一个关乎公众利益、影响公众生活质量的社会公共议题。在新时期，社会公众对教育改革的关注度达到了前所未有的高度。这是因为，随着社会的发展，人们生存的物质条件得到满足后，会对能够影响自身生活质量和精神满足程度的教育产生更高的追求，尤其表现在与自己密切相关的教育公平、教育正义和教育质量提升等形式性与实质性兼备的教育诉求上。因此，新时期的教育改革将要更加直接面对社会不同阶层公众的高度关注、批评与审视，由此完成自身的改革使命。

同时，教育改革是一个系统性社会工程。新时期，面对更加复杂的社会发展情境和多元的教育利益诉求，单一的、相对封闭的教育改革模式已远远不能满足形势发展的要求。教育改革的内在联系性亟待增强，这无疑是新时期教育改革的重要趋势和主要特征之一。因此，新时期的教育改革应从整个教育领域出发，探求教育发展的规律，明确教育发展的内在逻辑，进而构建教育改革的运行机制。改革作为一种美好的期许与愿望，应深深扎根于赖以生存的社会土壤之中。教育改革既要有理想主义的情怀，又要具备现实主义的运作因子。相对于以往的教育改革，新时期的教育改革将更加明确其目标、任务的层次性，追求目标设计的现实合理性，充分吸收更多利益相关主体的真知灼见，注重改革方案程序运行的规范性和科学性，从而在最大程度上保证教育改革目标的有效实现。

区别于以往的教育改革，在新时期，我国的教育改革将主要遵循以下推进路径。

第一，注重调节利益诉求，兼顾人和社会需要。教育改革的根本动力是社会发展过程中各利益群体对教育利益的诉求。因此，教育改革的主要内容就是对现有教育资源、教育利益存在格局的再调整和再分配。纵观历史，在价值取向上，教育改革经历了从政治统管到经济本位的转变，而经济本位的教育改革是用教育的经济动机和经济目标填补政治动机和政治目标被淡化后留下的真空的价值取向。现阶段，在社会多元化趋势日趋明显的背景，教育改革的价值取向也要随之发生转变，尤其是要改变过去教育改革以社会功能实现为主要目的的旧模式，转而追求人和社会共赢共生、双向滋养、互相促进的教育改革新模式，从而使教育改革实现促进人的全面发展和社会有效建构的双重价值与意义。

第二，教育是培养人的特殊社会领域。教育改革是社会改革的一部分，但也有其特殊性和相对性。在功能方面，二者是互相影响、相互支撑的，因此，沟通二者的内在关系而非简单地生硬“嫁接”就成为新时期教育改革的必然选择。在考察各国的教育改革实践后，联合国教科文组织提出，有助于教育改革成功的三个主要方面：一是当地社区尤其是家长、校长和教师；二是公共当局；三是国际社会。过去的许多排斥现象都是由于其中的一方或另一方参与不足造成的。自上而下或从外部强制推进教育改革的种种尝试显然都失败了。[①]教育领域存在着相互影响的诸多要素和关系，协调各种要素和关系以形成教育改革的合力，有效发挥改革的整体功能以破解教育乃至社会发展

---

① 联合国教科文组织. 教育——财富蕴藏其中：国际 21 世纪教育委员会报告. 联合国教科文组织总部中文科译. 北京：教育科学出版社，1996：14.

中出现的矛盾和问题，将是新时期教育改革的着力点。

第三，为教育改革立法，目前这已成为世界各国教育改革的共识和发展趋势，因为它是教育改革规范有序进行的保障。在诸多教育改革法案中，最有名的当属英国的《1988 年教育改革法》。该法分为学校、高等教育和继续教育、内伦敦的教育问题、其他补充条款和解释四个部分，主要针对普通中小学教育的改革问题，但也涉及高等教育、职业技术教育、教育管理、教育经费等方面的问题。英国《1988 年教育改革法》是继《1944 年教育法》颁布以来最重要的一项教育法，是英国教育史上里程碑式的教育改革法案，促进了当代英国教育改革的顺利进行。我国目前尚无关于教育改革的专门性法律。在新时期依法治国的宏大背景下，构建中国特色教育改革的法律法规体系是一项紧迫的任务。只有构建教育改革的法律法规体系，才能使教育改革置于“有法可依”的社会情境，才能提高教育改革的权威性和强制性，有效避免教育改革仅仅停留在口号宣传或形式性实施阶段。

第四，完善教育改革评价机制，促进教育改革更新换代。教育改革从来不是一蹴而就的，教育改革的内容与方式方法亦不是一成不变的。“社会评估应当预期并描述社会效果，以尽可能在早期实行管理，并在社会发展过程中卷入所有群体以平衡变迁带来的成本和收益。”[①]教育改革评价机制的确立需要遵循动态调整和具体情境的原则和要求，将社会和教育发展中的变化及时吸收并反馈到具体的教育改革评价标准中。同时，要积极谋划，长远考虑，避免以封闭狭隘的观点看待教育改革问题，以提高教育改革评价的民主化和科学化水平。

总之，在新时期的教育改革中，我们应摒弃保守观念、增强创新意识，以一往无前的改革态度和魄力及时终结不符合时代发展的改革内容与方式方法，结合社会发展及人才培养实际，催生新的改革观念和改革措施，开拓新时期中国特色教育改革的新局面。

---

① C. 尼古拉斯·泰勒，C. 霍布森·布莱恩，科林·G. 古德里奇. 社会评估：理论、过程与技术. 葛道顺，译. 重庆：重庆大学出版社，2009：67.

第二节　良善教育政策的运行逻辑

教育政策的运行逻辑是教育政策活动自身所赖以生存和发展的规律与规则，它由一定的本质机制和实现方式组成，其根本上是基于教育政策价值诉求，并指向教育政策实践的意义显现和行动指南。教育政策的运行逻辑通常决定着教育政策活动的前摄命题、主要内容和最终走向，是教育政策活动内部所持有的理念归旨、价值向度和实践路径的总和。

一、教育政策的运行逻辑

政策运行理论研究起步较晚，大致起源于20世纪70年代。以英国学者H. K. 科尔巴奇为代表，他们将政策过程理解为“对目标的追求”，“开始于思考，通过行动进行，并结束以关注开始转向公共政策的系统性、结构性和动态性，结束于解决”，并将政策的决策者和执行者均称为“行动者”。[①]国内学者熊跃根将社会政策的运行机制界定为“在社会政策实施和发挥影响的各个环节与过程建立的行动系统”，并且将“政策工具、行动议程问题、需求界定、实施（或执行）、政策行动者、外部行动者（或关联行动者）以及情境”等因素作为“社会政策运行中的行动者构成”。[②]

实际上，政策运行理论是将早期政策研究中静态、孤立的观点推向强调公共政策的系统性、结构性和动态性的视野。以社会理论中的视角，“政策行动者与社会结构之间发生交互作用的过程构成了教育政策运行过程，围绕政策的目标实现生成出特定的社会系统结构和政策

---

① H. K. 科尔巴奇. 政策. 张毅，韩志明，译. 长春：吉林人民出版社，2005：64-66.

② 熊跃根. 社会政策：理论与分析方法. 北京：中国人民大学出版社，2009：140.

空间，进而形成相应的社会关系网络和行动模式”[①]。同时，在政策系统中，“政策主体、政策工具、政策微观客体、政策宏观客体等行动者在政策运行系统中有各自的位置和角色，随着非结构性的复杂动因日趋增多，教育政策运行系统内部结构和外部功能都处于不稳定的性态，而行动者在系统中的位置也不是相对固定和单一的，作为个体的认知复杂和作为群体的关系复杂使得教育政策运行成为动态变化且富有非结构性色彩的系统。围绕政策资源展开的行动者互动或系统内外的关系生成带来系统结构的分化、社会权力转移、政策认同危机等社会问题，政策行动者的利益诉求也呈现出多元化、差异化倾向，教育政策成为一个高度复杂的、动态性的、非线性的具体行动系统，教育政策系统内部的行动者身份认同与政策系统内外达成的社会认同共同构成教育政策优化或革新的系统动力”[②]。“系统的结构与系统的功能之间的关系并非简单的一一对应的线性关系，而是错综复杂的非线性的关系。”[③]

从以上研究可以看出，教育政策运行是一个系统的动态过程，它是在一定社会情境下，处于教育政策系统内部的各种行动者的彼此接触、认知、博弈并产生相互关系、作用和影响的过程。其中，教育利益是教育政策运行的本质性内容之一，它直接决定着教育政策运行的形态、内容和评价机制。同时，我们还应认识到，教育政策运行是教育政策实现自身使命、完成自身责任的根本动力之一，教育政策只有在动态运行中才能具有生命力，静止的没有有效执行的教育政策本质上只是教育政策文本而已，并不具备完整教育政策的全部品格和内容。

叶澜认为，“教育是一种人类社会所特有的更新性再生系统，可能是人世间复杂问题之最。对教育的认识，我们或是立足于教、或是

① 刘佳. 社会系统分析视角下的教育政策运行动力机制研究. 现代教育管理，2015，(11)：34-39.

② 刘佳. 社会系统分析视角下的教育政策运行动力机制研究. 现代教育管理，2015，(11)：34-39.

③ 魏宏森，曾国屏. 系统论的基本规律. 自然辩证法研究，1995，(4)：22-27.

立足于学、或是给出‘主导’与‘主体’的关系模式来解释，而没有从双方交互作用、相互锁定、动态转换、共同生成等这样一些思维方式”[①]。以此为依据，教育政策的运行逻辑注定也不是一湖静水，它需要在暗流涌动的社会境况中，以复杂性思维、动态发展理念和非线性思想来应对变幻莫测的教育现实和未来趋向。尤其是在面对人的思维、态度、情感、行为和社会系统、组织、结构、制度、文化的复杂机理和特质时，传统理性主义的教育政策绩效观无法全部解释和推动人自身在教育领域的深度变革和价值转化，教育政策的运行逻辑需要从工具主义的理性规制转向价值主义的价值探求，而且需要在教育政策共同体的范畴内实现政策主体的网络互通、价值互认、情感沟通和目的认同。所以说，推动教育政策运行逻辑的理论创新和实践变革就显得尤为重要。

巴黎学派的代表人物之一拉图尔指出：“方法论的问题是以形而上学为基础的，而每一种形而上学其核心都是道德和政治问题。”[②]“当我希望了解技术时，我着手描述地铁的项目；当我希望理解法律时，我在法国最高法院进行调查研究。总之，两者之间无法分割，我既是一名哲学家；也是一名社会学家……我知道什么是哲学，什么是科学，但是，我认为没有必要把一个领域称之为科学哲学。通常这是指认识论，在90%的情况下，我称之为‘政治认识论’(political epistemology)，更喜欢明确地称之为‘政治哲学’。科学所提出的真正重要的问题：本体论问题、政治学问题以及形而上学问题。”[③]因此，在教育政策的运行逻辑中，既要考量政策的现实和背景，也要考虑政策运行的软环境和人文精神，更要善于在教育利益激烈博弈的缠斗中获得公共教育利益的最大化。这是教育政策运行逻辑的时代特征所要求的。

本质上，在教育政策运行的视野中，它“不是反映某一个社会

---

① 叶澜. 世纪初中国教育理论发展的断想. 华东师范大学学报(教育科学版)，2001，(1)：1-6.

② B. 拉图尔，张敦敏. 答复D. 布鲁尔的《反拉图尔论》. 世界哲学，2008，(4)：71-81.

③ 成素梅. 拉图尔的科学哲学观——在巴黎对拉图尔的专访. 哲学动态，2006，(9)：3-8.

阶层的利益，而是对一个复杂的、异类的、多种成分的组合体做出反应”[①]，如何在此状况下，打破固有的教育利益格局，直面、交换、糅合教育主体彼此的利益需要和情感需求，并且遵循教育理性的基本规范，致力于协调教育现实中的冲突和矛盾，走向新的和谐的教育利益格局，就成为新时期教育政策运行逻辑的形式和内容。刘佳认为，在新时期，“教育政策的运行不再是政府单向的指令或公众对权威的服从，不同群体间的利益诉求呈现差异化，社会各群体力量的不均等带来社会各阶层的分化、社会权力转移、社会群体心理焦虑等社会问题，这也迫使教育政策过程是高度政治性的、动态性的、非线性的。冲突、妥协、抗争等行动特征影响着‘行动者’在整个社会系络中位置的变动，并且在利益博弈中形成新的利益分配机制。”所以，“教育政策运行是政策文本从政策制定、执行到目标实现、评估反馈进而政策调整的动态传递过程，也是一个不断与社会环境、政策工具、宏观与微观客体等交换信息和能量并具有反馈功能的行动系统，系统各要素之间相互作用，构成了多元、多维、多层的网络状结构，充满了复杂的策略互动，进而在我国特定的教育政策情境中围绕多元化的价值诉求展开冲突、斗争、妥协和整合的过程”[②]。

按照拉图尔的行动者网络分析理论，教育政策运行是由一系列的行动所组成的，包括人的（actor）非人的（object）行动者，物体、仪器、程序、观念、技术、生物等许多“非人”（non-humans）元素行动者共同存在于实践和关系之中。传统的社会学研究会将“人”或“非人”因素视为“中介者”（intermediary）而忽略其能动性，拉图尔将“行动者”又界定为“转义者”（mediator），在实践活动中改变（trans-formation）、转译（translation）、扭曲（distort）、修改（modify）他们所承担的意义或元素，在共同的目标作用下完成社会关系网络的

① 斯蒂芬·鲍尔. 政治与教育政策制定——政策社会学探索. 王主秋，孙益，译. 上海：华东师范大学出版社，2003：1.

② 刘佳. 行动者网络理论视野下的教育政策运行分析. 理论与改革，2015，（2）：99-101.

整体建构。假设将学校作为核心行动者，地方政府、教育行政机构、社会团体、家长等都会作为异质行动者通过核心行动者的活动与之发生联系，与此同时“非人”因素，如制度、组织、公共行政管理、权力、资源等也都成为行动者，学校通过转译功能对其他行动者的利益重新进行解释和界定，吸引行动者之间进行有效的言语、经验、价值、伦理及信念的交流和行为互动，把来自网络内部和外部的各种复杂因素纳入统一的解释框架。教育资源的分配过程中社会利益、文化冲突、认知差异、权力矛盾是如何相互协调、相互妥协或交互作用的？政策决策者、政策执行者、政策受众者、政策非受众者、政策反馈者和政策评价者等群体从各自的角度是如何看待资助政策的伦理追求和价值实现的？不同群体对教育政策的认知和理解、对政策目标的态度和认可、政策执行者的情感偏好、政策受众者的信息对称、非受众者的容忍限度和政策评价者的多元价值取向等因素都让教育政策的运行呈现出诸多非结构性特征。普遍联系的内在机制促进教育政策运行构成的行动者网络不仅是具有一定功能的行动者聚合体，也是一个动态变化而富有非结构性色彩的系统，通过整体力量致力于教育政策的执行目标和价值目标的共同实现。

在这个理论视野下，教育政策运行逻辑需要从宏观的社会世界转向微观的生活世界。微观生活世界下的教育政策运行逻辑着重考察以下内容：一是教育政策运行的内容需要扎扎实实地深入到具体的教育生活中去，避免政策内容的空洞化和形式化；二是教育政策运行的实践模式或路径需要高度契合当时当地的实际情况，避免政策执行的实效不足问题；三是教育政策运行的评价标准或指标需要考虑政策对象的个体差异性和独特性，避免“一刀切”或者“千人一面”的现象。

二、良善教育政策运行的过程

（一）良善教育政策运行的实质

良善的教育政策是一种约定于现实、憧憬于教育理想的教育政策形态。所以说，具体探讨良善教育政策的运行过程、内容和特征就成为研究的首要前提。

从教育政策过程理论出发，我们可以看到，教育政策是一个连续的过程体，这个过程体在某种程度上遵循连续性的运行过程，它既是有目的的，也是生生不息的。美国学者戴维·伊斯顿就认为，政策实际上是一个由众多的政策圆圈所构成的一个生生不息的连续（或称为断续）过程。[①]詹姆斯·安德森认为，“政策是一个有目的的活动过程，而这些活动是由一个或一批行为者，为处理某一问题及其有关事物的、有目的的行为过程”[②]。刘复兴认为，要重视对教育政策整个过程的研究，它“是我们理解教育政策本质的一个重要维度。任何一项教育政策都必须在政策过程中才能确定和实现它的价值”[③]，因为“教育政策就是通过其过程的有效运行来发挥它对教育活动的调节和规范作用的。在这一过程中，缺少其中任何一个环节，或任何一个环节出现问题，都会造成教育政策目标的实现受阻，而解决政策问题，实现政策目标则是通过有组织的、协调的、主动选择的政策运行过程来完成的”[④]。实际上，基于教育政策过程的视角可以把教育政策从静态的文本表述上升为动态的政策组织和运行，这就打破了传统的以教育政策制定为侧重点，忽略教育政策执行的研究路向，从而有助于提高教育政策研究的科学性和实践效果。

从组织学的视野，可以把教育政策过程视为一个有序的组织化和制度化行动。组织化是教育政策的首要特性之一，它能够系统、有效地揭示教育政策运行的规律和层次性。制度化则揭示出教育政策从制定、执行、调整到评价等整个过程的协调合作性、规范性和强制性。为此，需要逐渐建立教育政策过程的监测与评估体系，教育政策的监

① 戴维·伊斯顿. 政治生活的系统分析. 王浦劬，等，译. 北京：华夏出版社，1999.

② 詹姆斯·E. 安德森. 公共政策. 唐亮，译. 北京：华夏出版社，1990：4.

③ 刘复兴. 教育政策的四重视角. 清华大学教育研究，2002，23（4）：13-19.

④ 罗志敏，黄明东. 教育政策过程与效率：一种宏观的视角. 教育研究与实验，2009，（2）：50-53.

测与评估本质上也是教育政策过程的延续和扩展。

良善的教育政策运行过程需要在公平和效率之间取得平衡，且随着社会的不断发展和教育的实际状况，应在保障公平基础之上逐步建立教育政策效率观。教育政策效率是经济学的“效率”概念在教育政策研究领域的运用和发展，教育政策效率旨在从政策执行的效能来理解其存在的价值和意义，它关涉几大因素和几种关系，如政策文本的可解释度和可操作性、政策主体之于政策的诠释力和实践力、政策执行环境的适用性与切合性等。应该说，教育政策效率观是最直接理解教育政策是否有意义的直观体验和感受的观念集成，它在很大程度上决定着教育决策体系和内容的实现程度。常规理解教育政策效率观，可以从如下内容着手：①从经济学的视角来看，教育政策是为一国教育事业的发展提供服务的，是一个为适应教育事业发展需要而不断推陈出新的过程，因而具有给国家带来效应与收益的功能。同时，教育政策运行过程中的一些活动（如制定、实施以及管理等行为）也会产生成本和费用，所以，在教育政策的运行过程中也存在着效率问题。它可以表示为在提供既定的服务条件下，政策成本费用最小的政策为最有效率的政策，或者在成本费用一定的条件下，提供更多的服务或功能的政策为最有效率的政策选择。②从社会学的视角来讲，教育政策总是着眼于教育改革和发展的实践需要，在一定的教育目的的指引下，在其不断的运行过程中，直接地为教育实践服务，其结果必然会对教育实践活动起着某种作用，如导向、协调、控制和规范等。因而，教育政策的结果与教育目的（或政策目的）越契合，教育政策的作用发挥的越大，教育政策运行的效率就越高。如果再把时间因素也考虑进去，那么一项富有效率的教育政策一定能够充分反映所有有关的教育信息，并能根据新的信息做出迅速的政策调整，从而不断地促进教育事业向更高的层次发展。总之，宏观层面上的教育政策效率是指教育政策实现其管理教育职能的实际结果，它更多地反映着教育政策规范教育实践活动的质量，着重于长期的和动态的趋势，涵盖了整个教育政策体系运行中教育资源配置的效果。[①]

基于教育公平的教育政策效率观需要把公平置于效率的前提下予以确认。从长远来看，缺失公平的教育政策效率如“饮鸩止渴”，缺乏对教育发展和社会发展的责任与良心。教育是一项长远的事业，不可能在短期内实现其全部价值和意义，因此，需要从民族和国家的长期战略视野定位教育发展的内部关系和外在呈现。一味地求快、求“立竿见影”实效的教育政策注定要被扫进历史的“垃圾堆”，因为其功利主义的价值倾向从根本上违背教育活动的基本内涵和特征，也违背广大人民对教育发展的美好期待和无限憧憬。从教育政策过程来讲，公平的教育政策应该从以下几个方面着手。

1. 教育政策制定阶段：教育公平价值的确认和选择

众所周知，“教育政策是以解决教育问题或实现教育价值诉求为根本目的的，从公共教育问题被识别和确认开始，就意味着教育政策制定过程的开始”[②]，而教育问题的识别和确认过程实质上就是对教育价值诉求的描述、可行性分析和实质分析过程，二者是同一和统一的过程。在教育政策的制定过程中，为了教育公平的价值实现，就需要考虑各个利益主体、利益群体的利益诉求和价值偏好，这就要求教育政策的制定过程能够充分收集各个政策利益相关者的信息，并通过民主化和科学化的信息处理方式加以分析，进而制定出合理化的教育政策。

首先，教育政策制定的科学化是教育公平价值得以实现的技术基础。政策制定模式可以分为完全理性模式、有限理性模式、渐进模式、规范最优（综合决策）模式、混合扫描模式等。对于教育政策制定的科学化来说，规范最优（综合决策）模式无疑是最佳的选择。规范最优模式由德洛尔（Delors）于1968年在《公共政策制定的再审查》中

① 罗志敏. 教育政策的运行原则与效率分析. 河南师范大学学报（哲学社会科学版），2007,（6）：201-204.

② 范国睿，等. 教育政策的理论与实践. 上海：上海教育出版社，2011：78.

提出，它是在承认人的有限理性的基础上，追求决策的规范和最佳。这一模型以下列四种具有连续性的假设前提作为自身建构的基础。第一，最佳决策是一个认同理性、增加理性的过程。人们通过寻求新的政策方案、精心论证政策期望和政策目标等，是可以提高政策理性程度的。第二，人们虽然不能充分占有实现思维理性所要求的全部客观资源和具备完全主观能力，但可以最大限度地增加理性的努力。第三，增加理性的努力可以通过许多种途径和方法来实现，还可以通过增加各种可能的资源投入来实现，如增加时间、提高政策者的专业水平等。第四，社会发展变化的节奏正在明显加快，要以积极的态度制定和执行公共政策。[①]这种科学化的诉诸合理化理性的政策制定模式充分考虑到了各个利益相关者的利益诉求，有利于对政策制定中的各种要素、信息进行技术化的分析，从而追求一种规范化的、最优的、公平的教育政策选择。

其次，教育政策制定的民主化是教育政策公平价值得以实现的程序和前提。教育政策制定的民主化主要意味着政策制定主体的多元化。决策论认为：①在决策过程中，每个人在与他人的关系中都是有一定权力的；②同一权力关系不一定会永久持续下去，相反，权力关系是为了做出某种特定的决策而形成的，当一项政策制定出来后，为此而建立的特定的权力关系就会消失，当制定另一个政策时，另外的权力关系就会形成；③“精英”和“大众”的身份并不是固定不变的，在一个时间段内参加某项政策制定的个体在另一个时间段不一定参与另一项政策制定。[②]林德布鲁姆（Charles E. Lindblom）所提出的渐进主义政策制定模式也认为,“公共政策的制定程序必须在民主制度的框架内按照民主政治的运行原则进行，公共政策过程要与多元社会政治权力主体的影响和制衡过程相一致。这种思想建立在政策制定的民主参

① 李孔珍,洪成文. 教育政策的重要价值追求——教育公平. 清华大学教育研究,2006,(6):65-69.

② 詹姆斯·P. 莱斯特，小约瑟夫·斯图尔特. 公共政策导论. 2版. 英文版. 北京：中国人民大学出版社，2004.

与和充分考虑各利益群体利益的基础上，相信只有针对不同的政策议题，通过与不同政策议题相关的利益群体的民主参与，倾听和把握来自各利益群体的声音，才能使政策制定真正权衡各种利害关系，有利于教育公平目标的实现”[①]。所以，通过代表不同利益诉求和利益立场的政策主体的多元参与的教育政策制定的民主化为教育政策的公平性的形成提供了制度性程序基础。目前，经常使用的程序公开、程序参与、听证会、专家咨询会议等教育政策制定途径和方法都是其主要表现形式，教育公平的价值也同时得以选择和确认。

2. 教育政策执行阶段：教育公平价值的实现

在教育政策执行阶段，其目的是教育问题的解决和教育价值诉求目标的实现。然而，我们应该看到，教育政策执行并不是一个理想化的进程，它会受到很多不确定的因素的影响，政策理想能不能变成政策现实需要在政策执行过程中对政策目标、政策方式等进行不断调适，以期达到良好的政策实施效果。教育公平价值要想实现，就需要教育政策在执行过程中善于收集执行信息，不断关注执行动态和反馈，了解各利益主体对政策执行的反应和接受程度，进而根据政策执行情况做出相应的调整和完善。

首先，教育政策执行的信息反馈有利于保证教育公平意愿的表达。“相互调适模型认为，政策执行过程是执行组织和受影响者之间就目标手段做出的相互调适的互动过程，政策执行的有效与否取决于二者相互调适的程度。而相互调适的前提条件之一是充分考虑信息反馈。”[②]这就表明：第一，在政策执行过程中，政策执行者与政策受众之间是存在着利益、观点、立场、价值等差异的；第二，政策执行者和政策受众必须修正、妥协甚至放弃自已固有的立场和倾向才能促使政策的正常执行；第三，这一相互的调试过程是完全建立在平等交流

① 转引自李孔珍，洪成文. 教育政策的重要价值追求——教育公平. 清华大学教育研究，2006，（6）：65-69.

② 李孔珍，洪成文. 教育政策的重要价值追求——教育公平. 清华大学教育研究，2006，（6）：65-69.

的基础上的，而非单纯的“上令下行”；第四，政策受众的观点、利益、立场、价值等会反映在政策上，进而影响政策执行者的价值倾向。同样的，对于教育政策来说，这种相互调适和相互作用、注重政策反馈的教育政策执行模式更有利于发现、调节、合理分配教育利益，尊重各个利益主体的利益表达和价值倾向，从而有利于教育公平价值的实现。

其次，教育政策执行的信息追踪有利于保证教育公平目标的达成。对于政策执行来说，最重要的是保持政策反馈信息的真实和有效，防止政策信息偏差、失真，甚至失效，以及政策制定者与政策受众之间信息的严重不对称。这种政策信息的偏差、失真、失效和不对称将会极大损害部分利益主体的利益和诉求。所以说，仅仅停留在政策受众反馈信息的被动获取是不可行的，保持对政策执行中信息的主动追踪将是解决这一问题、促进教育政策有效执行、解决教育问题的关键所在。政府是教育政策执行中信息追踪的主要责任者，它可以通过各种检查和督导来收集客观的政策执行信息；同时，教育政策研究者也需要进行实地调查研究，来知晓实际的政策执行情况。信息追踪和信息反馈相结合才能保证教育政策执行中公共教育利益不受损害，进而促进教育公平价值的实现。

3. 政策评估阶段：教育公平价值的最终确立

政策评估是牵涉如何将事实和价值整合在一起，并使之成为更加系统化的分析模式的问题。[①]可见，教育政策评估分为两个层面：一是事实层面，向人们说明政策是如何推进的，政策成本有哪些，政策结果怎样，政策目标是否达成，等等。二是价值层面，即以特定的价值标准来判断政策的实施状况和效果，如政策程序是否公正，政策实施的结果是否体现了公平，等等。[②]

---

① 弗兰克·费希尔. 公共政策评估. 吴爱明，李平，等，译. 北京：中国人民大学出版社，2003：10.

② 范国睿，等. 教育政策的理论与实践. 上海：上海教育出版社，2011：180.

首先，教育政策评估阶段必须以教育公平价值的最终确立作为评估的主要内容之一。公平是教育活动所要呈现的主要目标之一，如果教育活动偏离公平的价值向度，那么，我们就很难说这个教育活动一定符合一个国家和一个民族的长远期待。换句话说，教育政策的公平价值是教育政策的首要和基本价值，没有其他价值比这个更为重要。邓恩认为，评价的性质之一是价值中心："评价的主要特性是促成了本身具有评价性的主张。这里的问题不是某个事实（某物是否存在?）或者某种行为（该做些什么?）而是某种价值观念（它的价值是什么?）。""'评价'与'估计'、'估价'和'评估'等词是同义的。这些词都包含着这样一种企图，即使用某种价值观念来分析政策运行结果。更为确切地讲，评价提供政策运行结果所带来的价值方面的信息。某项政策确实有价值，是因为它对既定目标或目的的实现起了作用。在这种情况下，我们就说该政策或计划取得了某种意义上的成效，同时也表明政策问题已经被澄清或者得到了缓解。"[①]就上述角度和教育活动的本质而言，教育公平价值是否得以最终确立，理应是教育政策评估中所要着力注重和解决的内容和问题。

其次，教育政策评估阶段的评价指标体系中理应加入教育公平等价值要素指标。从我国目前的教育政策评估的评价指标来看，多注重于量化的指标统计，而忽视价值性要素的指标介入；多注重于事实陈述，而忽略价值判断。或者说，"目前对教育现状的统计基本是描述性的，缺乏比较和评价；同时，明显缺乏教育公平的维度"[②]。除了在教育政策评估中加入教育公平的维度外，更为重要的是，我们需要通过对教育公平的价值追求的评估去影响教育政策的制定和执行，缩小差距，最大限度地实现教育公平的目标。当我们以教育公平作为教育政策的重要价值追求时，教育政策的成效就要以教育公平目标的实现

① 威廉·N. 邓恩. 公共政策分析导论. 谢明，等，译. 北京：中国人民大学出版社，2002：435.

② 杨东平，周金燕. 我国教育公平评价指标初探. 教育研究，2003，（11）：30-33，74.

和实现的程度作为评估的重要衡量标准，[①]进而实现教育公平价值最终需要确立的目标。

另外，基于公平的教育政策效率观也需要把效率放到重要位置，要在保证公平的基础上想方设法地提高教育政策运行过程的效率，尤其是要注重教育政策执行的力度和实效。有研究认为，教育政策过程中的教育效率应该从以下几个方面入手：一是教育政策过程的组织性与教育政策效率的统一；二是教育政策的协调性与效率的统一；三是教育政策过程的主动性与效率的统一。[②]教育政策的组织性主要体现在政策执行或实施中的有目的性、程序性和实践性上，否则教育政策很容易沦为空想的形式。教育政策运行不可能一帆风顺，常常会遇到不确定性、风险和危机，只有借助组织的过程，才能有效地预测风险、建立防范机制。

良善教育政策过程实质上也是决策主体与利益主体在相互作用中对利益加以协调的过程。对此，公共选择学派的研究很具参照意义。基于经济人理论假设，公共选择学派认为在市场经济条件下，无论是经济领域还是政治领域活动的人，都是以追求个人经济利益最大化为动机的。而在政策的过程中，政策主体以及目标群体归根到底都是由一个个普通经济人所构成的，自然会关心新政策能否为自己带来好处以及需为此付出的代价。因此，这种个人的理性化的经济人行为往往能左右政府的政策行为。与此相近的观点是将政策过程视为是一个交易过程。这种理论认为，政策过程就是政治上的博弈过程，各种力量在这种博弈过程中达成某种政治交易（如妥协、退让以及默契等）。在这种情势下，政策的目标与具体的行动方案就会容易出现某种程度的扭曲，因为它们最初是以政策主体以及目标群体都讲究理性作为假设条件而确定下来的。而教育政策作为一个国家公共政策体系中的重要

① 李孔珍，洪成文. 教育政策的重要价值追求——教育公平. 清华大学教育研究，2006，(6)：65-69.

② 罗志敏，黄明东. 教育政策过程与效率：一种宏观的视角. 教育研究与实验，2009，(2)：50-53.

组成部分，它的运行过程实际上也是一个利益协调与交易的过程，从本质上讲就是各种利益群体把自己的教育利益要求投入到政策系统中，由教育政策主体依据某种利益的需求，对复杂的利益关系进行调整的过程。因此，要保证教育政策高效率地运行，就必须明确教育政策主体，即哪些人能够参与政策运行，他们以何种身份参与政策运行，他们是站在某一利益群体的立场上还是站在公共政策的立场上来参与教育政策的运行的，他们如何克服各自的偏见和身份局限性，在此基础上再通过民主协商与对话达成一定程度上的共识。

良善教育政策过程应该是教育决策主体在诸多教育政策问题中不断进行主动选择、教育利益主体不断进行主动参与的过程，也是一个主观条件与客观条件相统一、主体与客体相适应的过程。因此，从教育政策问题认定、教育政策信息筛选、教育政策手段的使用到教育政策评价标准的确定乃至教育政策分析方法与技术的采用，整个教育政策过程实际上就是一种教育政策主体（决策主体和利益主体）不断的主动选择的活动。这种“主动性”应是个人选择与集体选择的辩证统一，是个人选择与集体选择相互作用的一个多方合作博弈的过程。如果在教育政策过程中只重视决策主体，忽视利益主体；重视个人决策，忽视集体参与；重视被动接受，忽视主动选择，那么同样也会导致教育政策效率低下。教育政策效率低下的动因包括以下几个方面。①在思想观念上容易造成教育政策的“唯上性”。这种固化的思维定势使教育政策的主体多了“服从”，而少了“主动”，抱着一种墨守成规或抱残守缺的心态，缺少了一种政策创新的愿望和行动。②在实践过程中教育行政主管部门往往把政策制定权、分配资源、行政管理、教育行业监管权等集于一身，往往把精力主要集中于教育资源分配和行政审批上，而对行政事务管理所要求的成本控制、能源节约等内容过问甚少，导致支出的政策成本偏高、成本收益的相对比率较大，最终造成教育政策效率低下，造成教育资源浪费。③忽略教育政策过程主动性这一特性，还易造成学校、教师和学生等教育政策利益主体的权利、机会等方面的损害，以致违背教育政策的“促进教育公平”这一重要的目标原则。

（二）良善教育政策运行的主要内容

教育政策内容是教育政策体系的主要部分。教育政策内容的文本、理念与可行性直接决定着教育政策活动能否有效展开和运行。我们通常在接触教育政策内容时，初步了解和认知的是其政策文本，政策文本表述是用语言和词句法结构来描述和阐释政策内容的，语言和阐释性是政策文本的主要特征。从解释学的视野看，教育政策文本是政策内容同政策运行主体的意义互动过程，良善的教育政策内容理应在文本和意义之间为政策运行主体搭建良好的沟通桥梁，并在二者之间保持一种良好的张力。

除此之外，我们还要看到，政策理念也是决定教育政策本身是否良善的主要决定因素之一。教育政策理念是教育政策设计和运行的价值引导和意义呈现，它一般从根本的宏观层面对教育政策活动进行指导和约束。教育政策理念具有很强的时代特征和精神因素，纵观新中国几十年来的教育政策流变，其指导理念经历了从政治本位、经济本位、社会本位到以人为本的教育本位的转变。在新时期，如何把教育政策理念进一步完善，使之更加科学，是这一时期实现良善教育政策的主要标志之一。一般来说，新时期教育政策内容中的理念指导可以从横向和纵向两个方面予以确认：在横向方面，要实现教育政策的创新品质；在纵向方面，各级各类教育内容都将更加聚焦重点问题，更加注重系统化和一体化设计。[①]具体来说，在新时期，要建立与新时代社会主义现代化建设要求相适应的教育创新体系，将道德、科学创新和国际意识贯穿于教育体系，为在校学生提供通识教育，建立教育内容、方法和手段的创新机制，细化创新人才培养教育政策内容、过程、环境与价值趋势研究模式，形成相互激励、教学相长的师生关系。以学生的自主发展为本，保障学生个性得以充分发展，引导形成创新

① 孙绵涛. 教育政策学. 武汉：武汉工业大学版社，1997：17-46.

型人才培养模式。使教师具有进行创新实践的动力，有设计创新行动方案的能力，培养教师的改革意识、开拓精神和开创意识，引导形成创新型的教师培养模式。同时，以进一步促进教育公平为重要目标将通过重点关注弱势群体的入学机会、性别平等和教育质量等问题，真正建立起服务于包容全纳与平等优质教育的政策环境和学生友好型的学校与学习环境，以满足所有人基本和多样化的学习需求，同时应更加注重运用法治思维和法治方式来推进涉及教育公平的各项改革。进一步通过公共教育投入缩小城乡、区域、学校之间在经费投入保障、基础设施和师资力量等方面的差距。进一步落实和完善随迁子女在当地就学和升学考试政策。

另外，以进一步推进学校治理现代化为重要任务深化管办评分离改革，明确各级教育行政部门的权力清单内容，做到“权由法定，依法行政”,进一步明确学校独立法人的权利地位和办学自主权的内容与方式，明确第三方评价机构的资质条件与认证方式、评价规范、结果发布等操作规程。重视学校章程建设及学校内部治理体系和质量保障机制建设，真正落实现代学校办学自主权和质量主体的责任及地位。以继续加强教育信息化为关键抓手，一是解决教育信息化与教育教学“两张皮”问题。用高质量的数字教学内容和现代技术来创建全方位、多样化、人性化、个性化的教学环境，大幅提升教学和学习效果。利用现代化技术创建评估体系对教育效果进行多维度评价。二是建立有效和全纳的教育信息化管理制度。创建统一协调的教育信息化管理机构，充分利用教育管理信息系统建立有效的问责机制和融资机制，建立信息化国际标准体系，建设完善的学习资源、学习环境及教育管理信息标准。以继续拓展教育国际化为重要途径完善教育机构的国际合作办学：一方面通过发展留学生教育事业吸引优秀国际人才留在中国发挥所长；另一方面鼓励留学人员归国为祖国做贡献。提升教育国际认同，包括教育学历资格证书、教育内容与国际的接轨。全面提升国际交流与国际事务参与能力，谋求教育国际话语权，增强中华文化的国际影响与辐射力。

基于此，还要全面建立以终身学习理念为引导的终身化教育体系，建立从幼儿到老年的终身教育体系，建立终身学习协调机制。通过建立与完善学分银行制度、“互联网+”教育学习模式来实现教育资源共享，进一步完善终身教育“立交桥”建设。同时，在教育阶段方面，尝试实施十二年义务教育，可以使学习者获得能够支持其终身学习的基础读写和计算能力，并为所有年龄段的学习者提供能终身获得知识、技能和价值观的机会。[①]同时，我们还要看到，良善教育政策需要同其他社会公共政策建立良好的互动关系，作为优良品质的教育政策，其主要特征就在于它既具有自身的相对独立性，又具有公共政策的共同特点,特别是对其他公共政策会产生较强的影响力和感染力，并在一定程度上能够影响整个社会政策的走向和趋势。

另外，新时期教育政策的理念还需要遵循政策一体化、体系化的原则，有机运用复杂性思维和系统理论，在学前教育、小学教育、中学教育和高等教育间实现教育政策的连续性、内在逻辑性和继承性。具体来说，首先要重点关注学前教育政策的突破性。目前，学前教育在我国处于一个较为尴尬的境地，它既不属于义务教育范畴，有时还很容易被排除出整个教育政策体系外,这种境地是我们不愿意看到的，因为学前教育的重要性是不言而喻的。成尚荣认为，儿童是教育的核心，儿童立场是教育的基本立场。[②]如何促进儿童的健康与全面发展，可以说是教育活动的重要任务之一，理应得到国家层面的高度重视和广泛投入。为此，建议制定学前教育免费政策并将之纳入国家教育发展战略。通过学前教育免费让更多孩子接受教育，对于全面提高我国国民的素质、促成城乡学前教育的教育公平来说具有重大意义。同时，要保障偏远地区学生、弱势学前教育群体的权益。对于儿童来讲，免费化的学前教育可以让无力承担学前教育学费的孩子，能够在相应的

① 袁晖光，杨克瑞. 教育政策内容、过程、环境与价值趋势研究. 现代教育管理，2020，(2)：25-31.

② 成尚荣. 儿童立场. 上海：华东师范大学出版社，2018：14.

年纪得到应有的教育，可以让条件艰苦的幼儿园，拥有确保教学活动得以基本运行的配置及资源，让孩子获得较为平等的受教育权利；对于成人来说，是一种减压，免费的学前教育政策可以使他们不再为孩子的学前教育费用问题发愁，他们能够安心工作，有利于进一步提高劳动者的劳动效率，带动其在劳动力市场的竞争优势；对于社会而言，城市流动人口、“入园难”等社会现象得到解决，对呵护留守儿童、促进人口有序流动、确保学前教育的良性发展，以至于促进儿童身心发展思想启蒙等都有很好的效果，从而在根源上减少未成年人思想意识出现偏颇、极端的不良现象，进而有助于社会的团结和稳定。所以该政策对于社会具有至关重要、不可忽视的影响。纵观国际学前教育政策，免费化已然成为一种趋势。从美国、爱尔兰、法国、英国、澳大利亚等国家的具体实践来看，它们都推出了学前教育不一的免费年限，分别从 1 年、2 年、3 年到 4 年不等。

我国在未来的一段时期内，也需要从以下几个方面入手，解决这一重要问题。

第一，需要构建科学合理的经费保障机制。由于各地区财政水平、经济状况的差异，在制定学前教育免费政策时，为保障区域发展均衡，可以分级按各省、各市、各县经济能力的差异补给拨款，通过财政转移等途径，合理安排各省、市、区学前教育资源配置。

第二，多方面、多渠道引入社会各界的力量，通过一些组织以及基金会等，对学前教育事业在经费上予以支持，鼓励以政府拨款以及地方企业和个人捐赠等形式资助办园。

第三，政府还需加大管理力度并提高私立园的教学水平，解决师资薪酬、资源配置等问题。[①]合理的政策制度是实施学前教育免费化的基础，所以，我国学前教育首先应该基于国情，以相关政策法规为保障，建立科学合理的经费保障机制。

---

① 庞丽娟，孙美红，王红蕾. 建立我国面向贫困地区和弱势儿童的学前教育基本免费制度的思考与建议. 教育研究，2016，37（10）：32-39.

第四，通过评价机制激励私立园向普惠园转型。实施学前教育免费政策不仅需要政府的支持，还需得到幼儿园的支持，就当下而言，学前教育面临的不仅是公立园数量少的问题，还应关注私立园所存在的问题。私立园可以划分为具有优质教育资源的优质私立园和拥有基础设施的一般私立园。优质私立园高昂的学费，一直是家长们所担忧的重要问题；反之，一般私立园虽学费不高，但教育质量难以保证，这依然是家长们的担忧所在。那么，政府在干预、管理私立园的同时，私立园转型为普惠性幼儿园也是十分重要的。通过政府拨款、协调教师薪酬以及教师评价机制等方法对私立园转型进行相应的激励，鼓励更多的私立园向普惠型幼儿园转型。与此同时，适当科学的教师评价机制也保证了教师教学水平，解决了学前教育幼儿园教育教学水平差异过大、难以达到学前教育应有的教学水平等问题。私立园向普惠型幼儿园转型也对推行构建学前教育免费政策奠定了基础。

第五，分阶段逐步推行免费学前教育。世界各国以及我国部分地区在落实学前教育免费政策时，都以分阶段、分年限的方式逐步地实行免费政策。国外早先就制定学前教育免费的国家，首先都会减免第一年的学杂费，下一年扩大免除学杂费的年龄限制。结合我国各地区经济发展水平的差异以及学前儿童身心发展水平特点、个体差异等方面，可以分阶段逐步实施免费学前教育，让需要学前教育，但因为经费问题无法接受学前教育的孩子，享受到普通儿童应有的待遇。实施学前教育免费政策并非一朝一夕就可以完成的，只有分阶段逐步推行，才能稳扎稳打的解决问题，保证效果。结合我国财政能力，并学习借鉴国内外已有经验，在制定学前教育免费化政策时可以依照九年义务教育免费政策的运行过程，依据经济水平、财力状况、师资力量等条件，通过分地区逐渐开展或者分年级逐步免费的形式，不断探索、推行学前教育的免费化。

第六，重点保障弱势学前教育群体。在这个生产力水平高速发展的时代，农村地区人口不断向城市流动，随之而来的是越来越多的农村务工人员进入城市。与此同时，带来的诸如留守儿童务工子弟等学前教育问题开始不断凸显，部分孩子由于家庭经济条件困难、家庭教育重视程度不足等问题失去入园接受学前教育的权利，最终导致城市、农村学前教育入园率出现明显差异，让有些本应获得同等学前教育权利的孩子难以享有学前教育的机会。教育公平是教育工作者不断努力去追寻、去达成的理想状态，而教育不公平往往就是由于地区、区域发展的不均衡，经济差距是出现教育水平不对等的主要阻碍之一。其中，对于残障儿童、边远地区的孩子，以及城镇居民最低保障等弱势家庭来说，依然存在着渴望读书却又无力承担教育经费的情况。借鉴国外相关经验，美国、英国、印度等国特别提出家庭贫困的孩子、偏僻地区幼儿等弱势群体拥有优先学前教育免费的权力。①在推进学前教育免费政策的过程中，我们要优先关注弱势群体学前教育的免费化状况，以确保所有幼儿都能够获得均衡的学前教育。

在义务教育阶段，良善的教育政策需要重点关注与保证这一阶段的教育公平和教育质量问题。总体来说，可以通过“建立涵盖基本生活、照管、教育、医疗的农村留守儿童社会保障制度，解决留守儿童教育保障问题。解决随迁子女升学问题。建立分类考试、综合评价、多元录取的考试招生制度，减少重点高校对部分地区的‘照顾’，推行中考与高考成绩的省际认证制度，对考试成绩进行标准化处理以实现不同省市间考生成绩的可比性，保障跨省流动的随迁子女能够在异地参加中考与高考。推进中小学核心素养课程。将学生发展核心素养落实到学科，研制基于核心素养的学业标准，全面关注学科能力教学、学生素养发展教学”②。实际上，在整个教育系统中，义务教育是基石，它直接影响和决定着整个教育体系的质量和水平，完善、公平、充满人性气息和人文关怀的义务教育能够为高中教育乃至大学教育的知识储备、价值塑造和精神追求奠定良好的基础，这是义务教育政策

① 庞丽娟，孙美红，王红蕾. 建立我国面向贫困地区和弱势儿童的学前教育基本免费制度的思考与建议. 教育研究，2016，37（10）：32-39.

② 袁晖光，杨克瑞. 教育政策内容、过程、环境与价值趋势研究. 现代教育管理，2020，（2）：25-31.

的使命和责任所在。

我国的高中教育是教育体系中较为特殊的存在，它既继承着学前、小学和初中教育的知识传统，又需要直接面对高考这一最具筛选功能的教育评价方式，因此，其政策内容不容丝毫轻视。在这一阶段，高考改革政策是核心的教育政策内容之一。高考改革由来已久，事实上，在我国全面恢复高考制度以来，在每一个不同阶段，多多少少都对其进行了一定程度的改革。特别是自20世纪90年代开始，高考改革进入了快车道。近年来的高考改革始终秉持全面发展和个性发展相结合的理念，在核心课程评价和综合素质评价间试图取得一定的和谐和平衡，这种政策理念是积极而美好的。但我们也要看到，高考改革并非尽善尽美，不能解决所有的教育矛盾和教育问题。实际上，在高中教育评价的很多方面，依然存在着教育不公平、教育资源分配不太合理的现象，如区域间的高考不公问题，主要包括不同地区的高考入学条件问题，高等学校尤其是优质高等教育资源在不同地区的录取率问题，等等。想要彻底解决高考不公问题，需要国家切切实实遵循教育的公益性原则，充分考量不同地区、不同人群对于高等教育资源的迫切需求和利益诉求，破解高中教育评价的单一化、追求成绩化倾向，在普惠性的教育性质的基础上，科学、适度地划分和制定筛选标准和评价机制，实现教育起点不公平的教育人群在现有的教育资源条件下的最佳、最优高等教育选择。另外，从国家长期教育战略来看，高中教育的义务化也需要尽快提上议事日程并推动其尽早实现。在这个前提下，促成十二年义务教育有利于统一义务教育标准，形成连续性的课程内容体系，并且可以让广大的中小学生及早享受国家发展所带来的教育红利。

高等教育的发展质量是一个国家和民族兴旺发达的标志和象征。一直以来，我们在高等教育的发展道路上都投入了较多的心血和精力，可以这么说，自从新中国成立以后，尤其是在以“两弹一星”为代表的科技突破的时代背景下为起始点，我国的高等教育走过了一条曲折又不平凡的发展之路。在高等教育政策方面，我们相继出台过多部旨在促进高等教育发展和改革的政策制度和实践措施。但我们也需要清醒地认识到，高等教育仍然是广大人民群众呼声最为热烈、教育利益博弈最为剧烈、教育公平与教育质量问题最为突出的教育领域之一。所以说，良善的高等教育政策就需要在这些方面下足功夫、真抓实干、以广博而又有效的具体措施实现高等教育的大发展。具体来说，需要建立以政府分类指导、分类管理为根本举措，以各类高校自主发展、特色发展、可持续发展为目标的政策体系，推进高校分类评估，破除各种体制机制束缚，赋予高校选择的自主权，充分释放自身分类发展的活力。[①]同时，还要"扩大硕士生和博士生的招生规模，为高层次技术创新领域提供生力军和人才储备。通过建立学校、政府、行业企业和科研院所协同培养机制，构建寓研于教的培养模式。进一步提高教育开放层次和水平，加快高等教育国际化进程，培养具有国际视野、通晓国际规则、能够参与国际事务和国际竞争的国际化创新人才"[②]。

（三）良善的教育政策的运行机制

在实施良善的教育政策过程的基础上，构建有效、科学且富有人文价值精神的运行机制是良善教育政策得以完全释放其自身功能和意义的行为依托与内在担保。长期以来，学界对教育政策运行的绩效研究成果不在少数，而真正从工具性和价值性两个方面对教育政策运行予以关注的研究较少，所以说，如何在此视角下进行探讨和分析是良善教育政策运行机制研究的应有之义。

1. 教育政策运行的工具性机制

在教育政策运行的工具性层面，应该可以说，教育利益性是其主要本质内容。"利益"是一个较为复杂的概念，利益问题也同样是一个

---

① 张继明. 构建中国特色大学模式的五个基本向度——习近平关于中国特色社会主义大学重要论述的启示. 现代教育管理，2019，（7）：54-59.

② 袁晖光，杨克瑞. 教育政策内容、过程、环境与价值趋势研究. 现代教育管理，2020，（2）：25-31.

较为复杂的问题，各个视角、各个学科体系对此的研究不尽统一。一般来说，对利益的分析需要从“利益从哪里来”“谁的利益”“什么样的利益”三个方面予以研究。

第一，利益来源于需要，并能不同程度地满足某种需要。也就是说，如果不存在需要问题，就不存在利益问题。美国著名心理学家马斯洛所提出的需要层次理论把人类个体需要划分为五个层次：生存的需要、安全的需要、社交的需要、尊重的需要和自我实现的需要。这就说明需要本身是有不同层次和类型的，与此密切相关的利益自然也具有不同的层次、类型和内容，在此基础上，人类社会中的人与人之间就结成了一定的利益关系。

第二，利益是主体享有的利益，利益总是满足主体特定的需要，利益依存于主体而存在，具有主体性。也就是说，“人们可能对利益的理解有较大的分歧，但大多数人都认为，‘利益’总是与主体相联系的，离开了追求利益的主体，空谈利益是不实际的”[①]。利益的主体性主要体现在：①任何利益都是相对于一定的主体而言的，主体是利益的承担者，离开主体，利益将无任何意义；②利益因主体的不同而产生不同的利益，同一主体因不同的需要会面对不同的利益对象和内容；③利益满足人之生存与发展的需要，具有正当性。

第三，利益是主体需要的客体化表现。利益来源于主体的需要，但这种需要的对象却具有客观性。具体来说，就是对于某一主体的利益而言，其对象和内容并不是空泛而虚无的，而是客观存在的某种事物。利益意义的来源就在于将一般的存在物转化为满足主体需要的东西，利益就产生了。利益的对象和内容既包括物质形态的存在，也包括精神形态的存在。综合以上分析，我们可以把利益定义为：利益是社会主体（个人、集团、组织等）满足自身生存和发展所需要的各种客观的资源、条件、机会的总称。

公共利益是利益范畴的一种特殊形式。公共利益的维护和增进是

① 陈庆云. 关于“利益政策学”的思考. 北京行政学院学报，2000，（1）：11-12.

公共管理的核心目标。公共利益是一个比较模糊的概念，在不同的社会领域有着不同的关于“公共利益”的说法与看法。但从一般的含义出发，基于利益的内涵，我们可以把公共利益界定为：“公共利益是具有社会分享性的、为人们生存、享受和发展所需的资源和条件。在公共利益的体系中，不仅存在不同层次和不同领域的公共利益，而且还存在着完全自愿性分享，以及包含着自愿性分享与强制性分享并存等多种形式的公共利益。”[①]这就说明，公共利益本质上是具有社会分享性的，这种分享性包括自愿性分享和强制性分享，在强制性分享中，必须以符合国家的相关法律、法规和政策为依据和前提。

基于社会分享型的公共利益的主要特征包括以下几个方面。①分享机会的无差别性。一般来说，被界定为公共利益的社会性资源和条件，其获取内容和范围对于一切人来说都是开放的，不因民族、性别、阶层、地区等差异和限制而改变。对公共利益的社会性分享，其前提是分享机会的平等性，但不排除实际分享结果的差异性，解决此问题的关键在于，保持利益分配的整体均衡性，防止利益过度分化。②分享方式的双重性。分享方式的双重性主要是指公共利益的社会分享既存在着自愿性分享又存在着强制性分享，这种强制性的“被迫”分享需要经过法律法规的规定被固化，其目的还是为了公共利益的维护和增进，多表现在政治性公共事务和管理活动中。“公共管理实现的应是以公共利益为核心的社会利益最大化，而社会利益则包括具有社会分享性的公共利益、组织分享性的共同利益和私人独享性的个人利益三个方面的内容。”[②]这种以公共利益为核心的社会利益的最大化不是一种绝对的范畴，更确切地说应是“社会比较利益的最大化”[③]，是基于公共利益、组织分享的共同利益和个人独享利益的比较、权衡的最大化结果，它不仅是一种利益最大化的量的结果，而且是在维护和

① 陈庆云，鄞益奋，曾军荣. 论公共管理中的公共利益. 中国行政管理，2005，(7)：17-20.
② 陈庆云，鄞益奋，曾军荣. 论公共管理中的公共利益. 中国行政管理，2005，(7)：17-20.
③ 陈庆云，刘小康，曾军荣. 论公共管理中的社会利益. 中国行政管理，2005，(9)：32-35.

保障公共利益的前提下，三种利益的均衡与和谐的相处状态。

具体来说，教育利益具有利益的一般特征，教育利益也同样是源于生存和发展的需要，是基于教育主体的生存与发展的需要。教育主体的教育利益的实现也需要相关教育资源、教育条件和教育机会的支撑与支持。国家的教育利益是基于国家自身生存与发展的需要，由国家借助教育公共权力对教育事业进行管理而实现的。在社会历史早期，教育并非国家管理事务之一，而属于私人性质的事务。19 世纪末 20 世纪初，"资本主义国家的宪法和法律普遍具有关于义务教育的规定，教会对教育的控制在资本主义各国先后过渡到完全由国家管理教育。正是由于把普及义务教育视为国家的积极义务，使得这些国家重新确立了国家的教育权，出现了教育史上称之为教育国家化的趋势"[①]。教育财政投入和教育规范化管理是国家管理教育的主要方式和实现途径，也是其教育利益的主要体现。在早期的国家发展中，往往把教育所能形成的人力资本作为促进经济增长的主要手段来看待。随着国家的发展和社会的进步，尤其是系统理论的产生和发展，教育系统的"系统"主体性日益凸显，教育系统的教育利益开始形成。

教育系统的教育利益是指教育系统本身作为主体时，满足这个主体生存和发展需要的资源和条件的总称。"这种教育利益反映的是教育系统在'利益输入'与'利益输出'中完成对自身的维持和对环境的反映的过程，反映了教育系统在自我维持、规律运作和实体功能实现中的'需要'。因此，对于教育系统而言，实现这种需要，保障'利益输入'就是一种'为教育的服务'，实现教育利益的过程；而对于社会来说，教育系统的'利益输出'是教育社会功能的实现过程，也是教育系统自身获取这种教育利益的基本能力。"[②]换而言之，"对于教育来说，适应和满足人和社会对教育的需要显得尤为重要。因为国家和

① 秦惠民. 走入教育法制的深处：论教育权的演变. 北京：中国人民公安大学出版社，1998：30.

② 高庆蓬，杨颖秀. 论我国教育政策评估的价值基础. 高教发展与评估，2011，27（4）：1-11，121.

社会汇集巨大的社会资源设立、维持教育系统的目的就是通过‘教育输出’维持社会和人自身存续和发展，如果教育不能承担这一使命，教育系统将失去存在的价值和合法性”①。

个体的教育利益是指在教育活动中关乎个体生存与发展的各种资源、条件和机会的总称，具体表现为个人的教育权利、教育条件、教育机会以及发展水平和资格认定。个体的教育利益是建立在教育系统的教育利益的基础之上的，其主要内容包括基本的教育利益和非基本的教育利益，前者决定个体的生存，是个体最基本的教育利益，如平等接受义务教育等；后者则取决于个体的努力，决定着个体的发展。“在现代社会如果一个人不能获得有效的、公平的教育利益分配，不能获得一定的教育权利、教育机会、发展水平和资格认定，他就可能丧失一切现有的和未来的发展机会。”②

教育利益的分配是教育利益活动过程的中心环节。教育利益分配本质上是一种公共教育资源的分配，这种分配主要通过政府机制，同时辅以市场机制配置教育资源来实现，其分配的主要内容是有利于国家、教育系统、个体生存和发展的各种教育资源、条件和机会的总和。从这一点出发，教育利益的实现方式主要包括强制式的政府机制、交换式的市场机制和美德式的伦理机制。③如何达成公平和效率的有机结合是教育利益实现方式的核心问题。强制性的政府机制注重公平，交换式的市场机制则注重效率，强制性的政府机制的主要功能就在于，运用国家调控机制来弥补交换式的市场机制过于重视效率而忽视公平的不足，运用各种政策工具对教育利益受损者进行利益补偿，进而体现利益公平的原则。美德式的伦理机制也是教育利益实现的主要途径之一，其实质是借助社会化的道德力量来促进补偿性的教育利益公平化的实现，如希望工程的实施等。

---

① 李轶. 教育增长与教育发展：历史、概念与政策. 复旦教育论坛，2005，（2）：33-39.

② 刘复兴. 教育政策的价值分析. 北京：教育科学出版社，2003：44.

③ 陈庆云，鄞益奋. 论公共管理研究中的利益分析. 中国行政管理，2005，（5）：35-38.

公共管理学认为，利益结果分析是利益分析的重要内容之一。这种分析路径是基于这样一个假设，即公共管理活动最终实现的是谁的以及什么样的利益，是少数人的利益还是多数人的利益？是整体利益还是特殊利益？是强势利益还是弱势利益？是长远利益还是短期利益？根据公共管理和公共政策活动的特征和本质，以公共利益为核心的社会利益的最大化是公共管理活动的最终利益实现结果，由此可以说，教育政策活动乃是以公共教育利益的最大化实现为最终的评价结果。

2. 教育政策运行的价值性机制

价值性机制是教育政策运行的内在机制。价值在一定程度上决定了教育政策的走向和趋势，也深刻反映了社会各教育利益群体对于教育政策的美好期待与追求。可以这么说，如果是利益性机制是教育政策的核心机制的话，那么，价值性机制则是教育政策的根本性机制。张岱年认为，价值的第一层含义是客体能够满足主体的需要，价值的第二层含义包括对需要的层次和需要的主体进行评价。从不同需要之间的包容与被包容的关系来看，整体的需要高于个人的需要，从人所异于禽兽的特有的需要来看，精神的需要高于物质的需要。人类的价值是就人类与其他物类的比较而言的，自我的价值是相对于自我与别人、自我与社会、自我与人类的关系而言的。人类所追求的最高价值是真、善、美，其中真是认识的价值，善是道德的价值，美是艺术的价值。[①]这就从哲学的高度概括了价值层次性的本质内涵和主要内容。另外，价值的实现也是一个价值逐步累积、逐层生发的过程，这就对教育政策价值性机制的相继性提出了要求。换句话说，教育政策价值的实现不是一蹴而就的，而是一个从基础价值到终极价值不断上升、跳跃的逻辑过程。

一般来说，公平与正义历来是社会和政治发展所必须遵循的基本价值原则和目标之一，是社会和政治活动取得合法性的前提和基础，

① 张岱年. 论价值的层次. 中国社会科学，1990，（3）：3-10.

关乎大多数人生存和发展的基本利益，是建构文明进步的社会和国家制度体系的基石。教育是促进人和社会发展的社会活动，教育公平与教育正义是人之发展的起点性公平和原初性正义，是社会发展的基础性公平和基本性正义，在教育活动场域，教育公平与教育正义无疑是教育取得其活动价值和意义的首要前提和基本规范，是教育政策所能坚守的基本价值底线，引导和规范着具有公平性和正义性的教育政策活动的开展和运行，以充分发挥教育政策作为社会公共政策推动教育活动发展和社会发展的双重功能与作用，在教育政策价值基础体系中处于基本的层次，发挥着最基本的规范和引导教育政策活动朝着正确合理的方向发展的作用。

善是人之发展的最高状态，也是一切社会活动的终极价值和意义所在。“终极价值就是最高价值或至善，有个人终极价值和社会终极价值之分，其理想状态应当是设法让个人终极价值与社会终极价值取得一致。”[①]作为社会公共政策的教育政策，教育善是其活动的终极价值。作为一种共同的社会终极价值，必须具备四个方面的特征：一是普适性，即能够给绝大多数人而不是少数人带来利益和好处；二是综合性，即被认为是终极价值的东西，体现的是一种广泛的包容性；三是可行性，即被确立为终极价值的东西，能够被人们在社会实践中不断地去接近和实现，而不是一种虚无的、抽象的东西，不能失去其现实性和意义性；四是无限性，即对于终极价值，人们在社会实践中可以无限的接近甚至在不同程度上获得，但却不能彻底实现。所以对终极价值的追求应该是无限的，是人类社会永无止境的追求，而非一种阶段性目的。[②]教育善归根结底体现的是一种公共教育利益的最大化，这种最大化不仅仅体现在物质层面，也包括精神层面的教育情感，比如对公共教育资源分配的获得感、对教育公权力运用的信任感、对教育整体氛围的适应感以及对教育教学内容的认同感等等。这一方面符合社

① 韩东屏. 论终极价值. 河北学刊，2013，33（1）：21-26.

② 韩东屏. 论终极价值. 河北学刊，2013，33（1）：21-26.

会终极价值的范畴和特征；另一方面也是基于教育活动的实际和教育政策本质需要的终极价值内容，是处于教育政策价值基础体系中最高层次的价值原则和价值目标，关照和统摄着教育政策的基本价值和核心价值。

在政治哲学中，公平与正义价值和善的价值的关系非常紧密。同样的，教育政策价值基础体系中的各个层面的价值原则和目标并非单独存在和发挥作用的，它们往往是相互关联、相互渗透的，并且是相互作用的，存在着你中有我、我中有你，逐层规范和递进的紧密关系，是一个有机结合的价值原则和目标体系，共同构成了引导教育政策健康运行的价值因素和价值动力。

教育学是人文社会科学，它兼采科学性和人文性两个方面的长处。作为沟通教育理论和教育实践的教育政策活动，其需要在代表科学的理性和代表人文的价值之间取得平衡。长期以来，我们的教育政策活动在面临复杂的教育矛盾和教育问题时，过于关注短期效应的产生，而较为忽略有助于问题和矛盾解决的可持续发展效应，所以往往会做出一些比较短浅或者非理性的决策。实际上，无论是马克斯·韦伯所强调的“工具理性”还是功利主义者所倡导“经济人假设”理性，其实质都是一种“充分理性”。这种“充分理性”强调，个体的行为是植根于历史性的社会场景之中的，对个体行为的分析与研究必须结合有关的社会背景。“充分理性”不但关心有效率追求目标的理性行为，而且更多地考虑行为个体的信仰、心理需求、文化价值等因素。[①]从本质上说，理性选择理论是一种以个体“工具理性”为基础，同时考察个体在历史社会情境下“价值理性”行动的综合性理论框架，它主张人的理性行为应体现“工具理性”与“价值理性”的和谐统一。理性选择理论为推进教育政策的有效执行提供了可资借鉴的理论基础和分析框架，特别是关于人的理性行为应体现“工具理性”与“价值理

① Friedman J. The Rational Choice Controversy: Economic Models of Politics Reconsidered. New Haven: Yale University Press, 1996: 1-4.

性”和谐统一的理论品质，与教育政策的伦理性以及教育政策执行的理性诉求是耦合的，它彰显教育政策执行中“价值理性”的重要性与必要性。“工具理性”注重事实层面上的认识，追求行为的科学性、规范性和效率性，把人的价值目标置于人性之外；而“价值理性”则超越事实层面上的认识，是人类关于“善”与“幸福”的精神追求，强调事实与价值的统一，把人的价值目标蕴含于人性之内。教育政策运行活动是一种具有政治性与行政性的理性行动，更是一个追求伦理价值的理性过程，依循理性选择理论，良善的教育政策应具有三个方面的价值诉求。

第一，人的理性行为体现在有效率地完成任务和达到目标，通过科学化、技术化的管理来实现用最小成本来获得最大收益，个体行为应内生于有关的数学原则与形式逻辑的基础上，并坚持客观性、精确性、效率性的科学精神，工具理性是体现人类理性行为的一种基本素养。教育政策的制定是为了解决教育问题与规范教育事业，为了实现国家教育发展与规划的战略目标；教育政策运行活动作为一种公共契约行为，必须忠于教育政策的要求与规定，通过科学知识、政策工具和技术手段等迅速、有效地落实有关的政策内容，确保教育问题得到及时解决；教育政策运行过程中要符合经济合理性、效益性和实用性，不得出现拖拉、扯皮、滞后和低效等现象。

第二，以道德自觉与公共精神为价值导向。理性选择的出发点是利益最大化，在此过程中往往需要处理好公益与私利之间的矛盾，而价值理性是各种利益博弈中的调节器与风向标，它体现人类理性行为的公共道德与伦理。教育政策是分配公共教育资源和利益的重要工具。教育政策的执行过程面临着一系列的利益冲突与博弈，政策执行中是否蕴含着道德价值向度与公共伦理精神，这直接或间接影响着政策预期效果的好坏。教育政策的执行应维护社会公众基本的教育权益：一方面，教育政策的伦理性决定了政策执行者的行动必须符合教育规律与国家发展的道德规范，自觉树立崇高的道德风尚，抵制“私利”侵蚀“公利”，维护社会秩序和正义；另一方面，作为公共教育利益的代表者，教育政策执行主体自身必须具备公共精神，而这种公共精神往往体现在政策执行过程中对教育公平、处世公正、民主参与等精神的坚持，自觉维持和实现公共教育利益。

第三，以人的发展与幸福实现为终极目标。人类的理性行为是具有意义的，必须服从一定的目的和信仰，而目标的有效达成是对人类生命的尊重与肯定，需要在工具理性与价值理性之间寻求一个理想的平衡点。对人的培养与教育是为了实现人的持续发展，教育政策的一切活动都应该有助于实现教育的育人使命，推动人的发展，为人类谋求幸福。教育政策的执行事关教育理想的实现，应以人的发展与幸福为终极目标，以人为本，尊重人的成长规律，在工具理性与价值理性之间取得平衡，有效地推动人的发展和使人获得幸福感。

在目前我国的社会转型期阶段，由于存在功利现象，在教育领域也出现了工具理性过度张扬而价值理性面临挑战的状况。其主要表现在教育活动中存在追求“升学率”的应试主义倾向，美育、德育、劳动教育等全面发展教育中其他重要组成部分相对处于边缘化等境况，一些教师职能被动式的“多功能”化而不能潜心教书育人的困境，以及一些行政命令简单、草率且统摄而一线教师话语权较小等现象。

其一，教育政策活动和教育活动的开展一样，其终极的目标就是促进人的发展与幸福的达成。这一目标的实现离不开政策主体合理性与合目的性相统一的理性行为。也就是说，教育政策活动的有效开展，关键是要使效率与公平的实现在理性意义上的有机融合，这就需要各级政府、学校、校长和老师等政策执行者依据教育政策的精神和规定，结合有关的政策资源和技术，坚持效率原则，以最小的成本获得最大的收益，但同时也要顾及教育公平。而实现效率与公平的有机融合，教育政策活动主体必须克服盲目的功利主义，回归人本的教育价值。一方面，要树立正确的政绩观和形成务实的工作作风，自觉克服和抵制盲目的功利主义对个人的侵蚀。在教育政策运行过程中不能追名逐利、贪多求快、心浮气躁，而应该切实思考，理性地规范自己的求利行为，认真贯彻教育政策的精神和目标，静下心来，踏实做事。同时要避免出现“效率至上”、急功近利的短期行为和纠正“只看当前、不计长远”的错误观念，以实现民族的振兴和人类的长远发展为己任。而防止功利性行为的出现，现阶段则要切实改进现实有关的考核方法、方式和手段，把教育改善、学生进步等指标和实绩作为重要考核内容，做到既看“外显的业绩”又看“潜在的功绩”。[①]促进教育政策活动者养成自我反思的能力，尊重学生未来的发展规律和教育规律，担负立德树人的历史使命，在教育政策执行的过程中回归以人为本的教育价值。这要求教育政策活动者合理看待和处理短期利益与长期发展的关系，关怀人的主体性，在规范和解决教育问题的过程中关注效率的同时，更应重视教育公平的实现。教育公平是教育改革发展的出发点和落脚点，它应始终成为教育政策活动主体内心的价值导向。

其二，解缚官僚思维，重构人的意义。教育政策的运行，是一种落实行政责任的行为，更是一个坚持教育信念的过程。在教育现代化的过程中，不应仅仅将教育政策的推行视为“任务式”的机械行动，更不应一味追求手段的技术性与程序性；否则，政策执行者将成为“向上邀赏、向下交差”的工具人而已，没有了活力、思想和信念，忘记了自身的终极目标和责任。在教育政策执行过程中，应该尽快解缚固化的官僚思维，摆脱对技术与工具的过度依赖，重构关于人的意义，并在教育政策推行过程中注入生命。一方面，需要教育政策活动主体反思自身的社会角色和历史使命，积极探索和培养独立自主的意识、能动创新的能力，并敢于批评和超越程式化的权威，跳出技术主义的限制，根据具体实践的需要能动地、创造性地执行教育政策。正如我国学者庄西真指出，“教育政策运行过程虽然是贯彻政府意志的过程，但实际上却是一个社会建构的过程”[②]。另一方面，需要教育政

① 郑吉伟. 功利主义的当前表现与克服路径. 人民论坛，2017，（1）：44-47.

② 庄西真. 教育政策执行的社会学分析——嵌入性的视角. 教育研究，2009，30(12)：19-24.

策执行者尊重人的主体性，追求实现人的意义，在实践中形成有关教育的信念。美国政策学者梅甘·霍普金斯（Megan Hopkins）在其研究中发现，教师等基层教育政策执行者的教育信念在政策执行过程中发挥着重要的作用，他们会通过自主选择的方式来认识和重构关于政策执行的认知，在教育培训以及政策实践中形成自身的教育信念，并在信念的影响下左右教育政策的实施方式、程度和效果。[①]因此，在教育政策推行过程中，政策执行者需要坚持育人为本、德育为先原则，把立德树人作为政策执行的信仰，重视政策执行过程中的公平、正义、民主参与的价值，保障人的教育自由、教育权利和生命尊严。

其三，规范自由裁量权，建立公德伦理。教育政策的推行涉及国家和社会公共教育利益的分配与实现。政策执行者在教育政策运行过程中需要正确处理个体之间、个体与组织之间和组织与社会之间的利益关系。正如美国学者佩特诺斯特等在其研究中发现的，理性并不仅仅意味着对自身狭隘利益的追寻和实现，它是多元价值诉求和偏好的调和。[②]教育政策自身蕴含的道德性与公共性，决定了政策运行的伦理诉求。为推进教育政策的有效落实，实现社会公共教育利益和教育公平，必须要规范政策执行者自由裁量权的运用，防止"公权滥用"和过分追逐私利；同时要建立公德伦理，呼唤政策执行者的道德自觉，培养和弘扬公共精神。一方面，教育政策推行过程中自由裁量权的存在，意味着政策执行者具有进行价值判断和决策的意志自由，因而政策执行者也就具有相应的道德责任；而对自由裁量权的合理规范与控制，有利于道德责任的实现。除了加大组织管理与法律的监管力度、建立完备的责任追究机制外，还可以通过"制度伦理化和伦理制度化"

① Hopkins M. Beliefs in context: Understanding language policy implementation at a systems level. Educational Policy, 2014,30 (4): 573-605.

② Paternoster R, Jaynes C M, Wilson T. Rational choice theory and interest in the "fortune of others". Journal of Research in Crime and Delinquency, 2017, 54(6): 847-868.

的双向互动方式来规范与控制自由裁量权，[①]即用“善”的制度来规范政策执行者的裁量行为，将公共道德的要求化为法律规范，提高道德他律的约束力度。另一方面，教育政策运行过程中自由裁量权的合理运用，需要政策执行者具备道德自觉和公共精神，因为在外部监控缺位的情况下，只有依照道德伦理的要求，自觉遵守公共道德的规范，秉持公平、正义、民主的公共精神，才能够做出合乎公共利益的、负责任的行为。

① 李继刚. 论街头官僚行政裁量权的伦理控制. 道德与文明，2014，（4）：97-102.

参考文献

阿尔弗雷德·舒茨. 2012. 社会世界的意义构成. 游淙祺，译. 北京：商务印书馆.
阿尔文·托夫勒. 2018. 第三次浪潮. 黄明坚，译. 北京：中信出版社.
阿拉斯戴尔·麦金太尔. 1996. 谁之正义？何种合理性？. 万俊人，等，译. 北京：当代中国出版社.
阿马蒂亚·森. 2012. 正义的理念. 王磊，李航，译. 北京：中国人民大学出版社.
埃德加·博登海默. 1992. 法理学. 张智仁，译. 上海：上海人民出版社.
埃蒂纳·温格. 2018. 实践共同体：学习、意义和身份. 李茂荣，欧阳忠明，任鑫，等，译. 南昌：江西人民出版社.
贝奈戴托·克罗齐. 2009. 历史学的理论和实际. 道格拉斯·安斯利，英译. 傅任敢，译. 北京：商务印书馆.
本尼迪克特·安德森. 2016. 想象的共同体. 吴叡人，译. 上海：上海人民出版社.
伯特兰·罗素. 1992. 伦理学与和政治学中的人类社会. 肖巍，译. 北京：中国社会科学出版社.
蔡剑桥. 2017. 风险评估："好的教育政策"评价之依据. 高校教育管理，11（6）：95-102.
蔡拓. 2004. 全球治理的中国视角与实践. 中国社会科学，（1）：94-106，207.
陈庆云. 2000. 关于"利益政策学"的思考. 北京行政学院学报，（1）：11-12.
陈庆云. 2006. 公共政策分析. 北京：北京大学出版社.
陈庆云，鄞益奋，曾军荣. 2005. 论公共管理中的公共利益. 中国行政管理，（7）：17-20.
陈晏清，王新生. 2005. 政治哲学的当代复兴及其意义. 哲学研究，（6）：25-29，128.
陈振华，徐莉. 2005. 中国教育学者何以更好地安身立命. 教育研究，（7）：20-24.
陈振明. 2003 政策科学——公共政策分析导论. 2 版. 北京：中国人民大学出版社.
成尚荣. 2018. 儿童立场. 上海：华东师范大学出版社.
成素梅. 2006. 拉图尔的科学哲学观——在巴黎对拉图尔的专访. 哲学动态，（9）：3-8.
成有信，等. 1993. 教育政治学. 南京：江苏教育出版社.

程金生. 2003. 价值哲学的视野转向：从知识逻辑到问题意识. 中国海洋大学学报（社会科学版），（3）：10-14.
程天君. 2019. 以人为核心评估域：新教育公平理论的基石. 华东师范大学学报（教育科学版），（1）：116-123，169-170.
储昭华，幸玉芳. 2018.“不言”究竟何言——从政治哲学视角解析庄子的方法论问题. 湖北社会科学，（11）：69-77，98.
褚宏启. 2020. 新时代需要什么样的教育公平：研究问题域与政策工具箱. 教育研究，（2）：4-16.
董昕. 2003. 论教育善的实现. 南京：南京师范大学.
杜文静，葛新斌. 2017. 西方教育政策评估模式的演进及其启示. 清华大学教育研究，38（2）：90-94.
恩斯特·卡西尔. 1985. 人论. 甘阳，译. 上海：上海译文出版社.
范国睿. 2018. 坚持以人民为中心的教育政策研究. 华东师范大学学报（教育科学版），36（2）：27-28.
范国睿，等. 2011. 教育政策的理论与实践. 上海：上海教育出版社.
斐迪南·滕尼斯. 2019. 共同体与社会. 张巍卓，译. 北京：商务印书馆.
冯建军. 2006. 论教育学的生命立场. 教育研究，（3）：29-34.
弗兰克·费希尔. 2003. 公共政策评估. 吴爱明，李平，等，译. 北京：中国人民大学出版社.
富勒. 2005. 法律的道德性. 郑戈，译. 北京：商务印书馆.
干春松. 2012. 制度化儒家及其解体. 北京：中国人民大学出版社.
高力. 2002. 公共伦理学. 北京：高等教育出版社.
高立平. 2005. 教育公平：教育权利与教育权力. 现代教育科学，（9）：19-21.
高庆蓬，杨颖秀. 2011. 论我国教育政策评估的价值基础. 高教发展与评估，27（4）：1-11，121.
高伟. 2016. 从追求绝对正义到反对非正义——教育正义论的范式转换. 教育研究，（8）：13-22.
哈贝马斯. 1989. 社会交往与社会进化. 张博树，译. 重庆：重庆出版社.
哈贝马斯. 1994. 合法性危机. 陈学明，译. 台北：台湾时报文化出版企业有限公司.
哈贝马斯. 1999. 公共领域的结构转型. 曹卫东，等，译. 上海：学林出版社.
韩东屏. 2013. 论终极价值. 河北学刊，33（1）：21-26.
韩水法. 2000. 政治哲学在中国. 读书，（9）：104-111.
韩震. 1998. 重建理性主义信念. 北京：北京出版社.
何怀宏. 2002. 公平的正义：解读罗尔斯《正义论》. 济南：山东人民出版社.
赫伯特·西蒙. 1988. 管理行为. 杨砾，韩春立，徐立，译. 北京：北京经济学院出版社.

黑格尔. 2013. 精神现象学. 贺麟，王玖兴，译. 上海：上海人民出版社.
胡伶，范国睿. 2012. 教育政策监测与评估主体的现状与发展建议——基于权力来源与向度的分析框架. 教育发展研究，(13/14)：8-13.
黄孟藩，王凤彬. 1995. 决策行为与决策心理. 北京：机械工业出版社.
黄勇，谭延庚. 2020. 儒家政治哲学的若干前沿问题. 华东师范大学学报（哲学社会科学版），52（3）：35-46，180.
季卫东. 1993. 法律程序的意义——对中国法制建设的另一种思考. 中国社会科学，(1)：83-103.
金良年. 1995. 论语译注. 上海：上海古籍出版社.
金生鈜. 2007. 保卫教育的公共性. 教育研究与实验，(3)：7-13.
金生鈜. 2011. 教育正义：教育制度建构的奠基性价值. 陕西师范大学学报（哲学社会科学版），40（2）：157-164.
金生鈜. 2011. "教育正义"是教育改革的根本立场//"教育改革的哲学反思"国际学术研讨会会议论文集，96-106.
居伊·德波. 2006. 景观社会. 王昭凤，译. 南京：南京大学出版社.
柯林武德. 2010. 历史的观念. 何兆武，张文杰，陈新，译. 北京：北京大学出版社.
赖特·米尔斯. 2001. 社会学的想象力. 陈强，张永强，译. 北京：生活·读书·新知三联书店.
雷颐. 1997. "黄金十年". 读书，(9)：97-103.
黎小锋. 2019. 情境的碎屑：居伊·德波、情境主义与互动纪录片. 北京电影学院学报，(8)：14-20.
李北群. 2008. 论教育政策的利益分析：必要性、框架及应用. 江苏社会科学，(6)：210-214.
李大治，王二平. 2007. 公共政策制定程序对政策可接受性的影响. 心理学报，(6)：1093-1101.
李继刚. 2014. 论街头官僚行政裁量权的伦理控制. 道德与文明，(4)：97-102.
李建华. 2009. 公共政策程序正义及其价值. 中国社会科学，(1)：64-69，205.
李建华，张效锋. 2009. 社会保障伦理：一个亟待研究的领域. 哲学研究，(4)：110-115.
李孔珍，洪成文. 2006. 教育政策的重要价值追求——教育公平. 清华大学教育研究，(6)：65-69.
李玲，陈宣霖，蒋洋梅. 2018. 教育政策执行研究的三种视角及其比较. 外国教育研究，45（12）：89-99.
李强. 1998. 自由主义. 北京：中国社会科学出版社.
李涛. 2009. 教育公共治理：什么公共？什么治理？——结构转型与法理维度的探索. 全球教育展望，38（7）：45-50.

李涛. 2009. 教育公共治理若干问题探析. 教育发展研究，29（8）：61-63.
李醒民. 2006. 价值的定义及其特性. 哲学动态，（1）：13-18.
李晔，龙立荣，刘亚. 2003. 组织公正感研究进展. 心理科学进展，（1）：78-84.
李轶. 2005. 教育增长与教育发展：历史、概念与政策. 复旦教育论坛，（2）：33-39.
李允杰，丘昌泰. 2009. 政策执行与评估. 台北：元照出版公司.
李泽厚. 2008. 中国古代思想史论. 北京：生活·读书·新知三联书店.
李哲罕. 2018. 何为政治哲学?——对政治哲学定义的一个再考察. 现代哲学，（2）：75-80.
李政涛. 2012. 中国社会发展的“教育尺度”与教育基础. 教育研究，33（3）：4-11,34.
列奥·施特劳斯. 2016. 自然权利和历史. 彭刚，译. 北京：生活·读书·新知三联书店.
列奥·施特劳斯，约瑟夫·克罗波西. 1993. 政治哲学史（上册）. 李天然，等，译. 石家庄：河北人民出版社.
林水波，张世贤. 1982. 公共政策. 台北：五南图书出版公司.
刘复兴. 2002. 教育政策的四重视角. 清华大学教育研究，（4）：13-19.
刘复兴. 2003. 教育政策的价值分析. 北京：教育科学出版社.
刘佳. 2015. 社会系统分析视角下的教育政策运行动力机制研究. 现代教育管理，（11）：34-39.
刘佳. 2015. 行动者网络理论视野下的教育政策运行分析. 理论与改革，（2）：99-101.
刘平秀. 2010. 教育公平与教育政策选择. 湖北社会科学，（2）：157-160.
刘生全. 2003. 教育批评的社会基础透析. 华东师范大学学报（教育科学版），（2）：32-41.
刘生全. 2006. 论教育批评. 北京：教育科学出版社.
刘铁芳. 2010. 从苏格拉底到杜威：教育的生活转向与现代教育的完成. 北京大学教育评论，8（2）：91-112，90.
刘小枫. 2002. 刺猬的温顺：讲演及其相关论文集. 上海：上海文艺出版社.
刘云林. 2007. 教育善的实现：基于教育道德向度和层次的视角. 教育研究与实验，（4）：13-16.
卢梭. 2003. 社会契约论. 何兆武，译. 北京：商务印书馆.
卢晓中. 2018. 对教育政策研究的若干思考. 华东师范大学学报（教育科学版），36（2）：16-17.
鲁洁. 2008. 教育的原点——育人. 华东师范大学学报（教育科学版），26（4）：15-22.
鲁迅. 1981. 鲁迅全集（第1卷）. 北京：人民文学出版社.
陆玉胜. 2020. 在个体生命意义与社会政治秩序之间——原始儒家的政治哲学思

想探究. 太原师范学院学报（社会科学版），19（3）：1-13.
罗伯特・诺齐克. 2008. 无政府、国家和乌托邦. 姚大志，译. 北京：中国社会科学出版社.
罗豪才. 2006. 软法与公共治理. 北京：北京大学出版社.
罗素. 1997. 罗素文集. 靳建国，等，译. 呼和浩特：内蒙古人民出版社.
罗志敏. 2007. 教育政策的运行原则与效率分析. 河南师范大学学报（哲学社会科学版），（6）：201-204.
罗志敏，黄明东. 2009. 教育政策过程与效率：一种宏观的视角. 教育研究与实验，（2）：50-53.
吕丽艳. 2011. 教育学学科知识地位的回归——也谈教育学的立场或地位问题. 教育研究与实验，（3）：28-32.
马克思. 1985. 马克思 1844 年经济学哲学手稿. 刘丕坤译. 中共中央马克思恩格斯列宁斯大林著作编译局修订. 北京：人民出版社.
马克斯・韦伯. 1997. 经济与社会. 林荣远，译. 北京：商务印书馆.
马克斯・韦伯. 2000. 社会学的基本概念. 胡景北，译. 上海：上海人民出版社.
迈克尔・H. 莱斯诺夫. 2001. 二十世纪的政治哲学家. 冯克利，译. 北京：商务印书馆.
迈克尔・J. 桑德尔. 2001. 自由主义与正义的局限. 万俊人，等，译. 南京：译林出版社.
迈克尔・豪利特，M. 拉米什. 2006. 公共政策研究：政策循环与政策子系统. 庞诗，等，译. 北京：生活・读书・新知三联书店.
迈克尔・沃尔泽. 2002. 正义诸领域：为多元主义与平等一辩. 褚松燕，译. 南京：译林出版社.
孟繁华，张爽，王天晓. 2019. 我国教育政策的范式转换. 教育研究，40（3）：136-144.
米切尔・罗斯金，等. 2001. 政治科学. 林震，等，译. 北京：华夏出版社.
米歇尔・福柯. 2018. 生命政治的诞生. 莫伟民，赵伟，译. 上海：上海人民出版社.
苗力田. 1992. 亚里士多德全集（第 8 卷）. 北京：中国人民大学出版社.
摩尔根. 1971. 古代社会. 杨东莼，张栗原，冯汉骥，译. 北京：商务印书馆.
莫伟民. 2018. 从“解剖政治”到“生命政治”：福柯政治哲学研究. 上海：上海人民出版社.
尼古拉斯・布宁，余纪元. 2001. 西方哲学英汉对照辞典. 北京：人民出版社.
宁骚. 2003. 公共政策学. 北京：高等教育出版社.
庞丽娟，孙美红，王红蕾. 2016. 建立我国面向贫困地区和弱势儿童的学前教育基本免费制度的思考与建议. 教育研究，37（10）：32-39.
彭华安. 2010. 教育政策的伦理基础及其价值诉求. 江苏高教，（5）：19-21.

彭华安. 2010. 论教育政策的道德品性. 教育学术月刊,（10）: 17-20.
彭新武. 2003. 复杂性科学：一场思维方式的变革. 河北学刊,（3）: 39-43.
皮纯协，徐理明，等. 1986. 简明政治学词典. 郑州：河南人民出版社.
蒲蕊. 2007. 论教育行政的伦理精神. 教育研究，（9）: 39-44.
祁型雨，李春光. 2020. 我国教育政策价值的反思与前瞻. 现代教育管理,（3）: 29-35.
钱理群. 2011. 读柏杨著作常常让我想到鲁迅//柏杨. 中国人史纲. 北京：人民文学出版社.
乔治娅・沃恩克. 2009. 伽达默尔——诠释学、传统和理性. 洪汉鼎，译. 北京：商务印书馆.
秦惠民. 1998. 走入教育法制的深处：论教育权的演变. 北京：中国人民公安大学出版社.
冉云飞. 1999. 沉疴：中国传统教育的危机和批判. 海口：南方出版社.
任剑涛. 2008. 政治哲学讲演录. 桂林：广西师范大学出版社.
阮成武. 2009. 论社会建设中的政府教育职能. 中国教育学刊,（3）: 1-4.
邵彦敏，金鑫. 2016. 教育政策的民生价值取向. 社会科学阵线,（10）: 224-232.
邵泽斌，张乐天. 2008. 从意识形态到公共精神——对新中国 60 年义务教育治理方式的政策考察. 社会科学，2008,（12）: 64-71，183-184.
师东海. 2011. 教育公平的政治学思考. 长春：吉林大学.
施特劳斯. 2014. 什么是政治哲学. 李世祥，等，译. 北京：华夏出版社.
石火学. 2011. 教育政策程序正义的必要性与价值. 国家教育行政学院学报,（10）: 44-48.
斯蒂芬・鲍尔. 2003. 政治与教育政策制定——政策社会学探索. 王玉秋，孙益，译. 上海：华东师范大学出版社.
孙彩平. 2002. 教育道德与道德阈限. 教育理论与实践，22（1）: 56-59.
孙光. 1988. 政策科学. 杭州：浙江教育出版社.
孙绵涛. 1997. 教育政策学. 武汉：武汉工业大学出版社.
孙绵涛，邓纯考. 2002. 错位与复归——当代中国教育政策价值分析. 教育理论与实践,（10）: 17-20.
孙霄兵. 2019-11-06（12）. 70 年中国教育政策演变的基本路线和宏观模式. 中国教师报.
孙艳霞. 2006. 教育政策道德性研究——义务教育城乡差距的归因与路径探析. 长春：东北师范大学.
唐伦亿，李国强，谭军. 2002- 08- 31. “未来教育”重塑德国形象. 中国教育报,（004）.
唐纳德・戴维森. 2008. 真理、意义与方法——戴维森哲学文选. 牟博，选编. 北京：商务印书馆.

唐士其. 2002. 西方政治思想史. 北京：北京大学出版社.
涂端午，魏巍. 2014. 什么是好的教育政策. 教育研究，35（1）：47-53，59.
屠莉娅. 2012. 从旨趣的变迁看我国教育政策研究的演进. 全球教育展望，41（4）：47-54.
托马斯 · R. 戴伊. 1999. 公共政策新论. 台北：韦伯文化事业出版社.
托马斯 · 库恩. 2003. 科学革命的结构. 金吾伦，胡新和，译. 北京：北京大学出版社.
万俊人. 2004. 关于政治哲学几个基本问题研究论纲. 天津社会科学，（2）：4-9.
万俊人. 2008. 政治如何进入哲学. 中国社会科学，（2）：16-28，204.
王本陆. 2001. 教育崇善论. 广州：广东教育出版社.
王大泉，卢晓中，朱旭东，等. 2018. 什么是好的教育政策研究. 华东师范大学学报（教育科学版），36（2）：14-28.
王福生. 1991. 政策学研究. 成都：四川人民出版社.
王举，范国睿. 2013. 论教育改革的理性化品格. 清华大学教育研究，34（3）：63-69.
王立峰. 2010. 教育公平与政府责任的反思：以责任法制化为路径. 社会科学战线，（3）：205-211.
王立峰. 2018. 法政治学视域下的教育公平. 江苏高教，（12）：15-20.
王平. 2010. 教育政策研究：从“精英立场”到“草根情结”——兼论教育政策研究的文化敏感性问题. 清华大学教育研究，31（4）：15-20，51.
王晓辉. 2003. 关于教育决策的思考. 北京大学教育评论，1（4）：78-83.
王晓辉. 2007. 关于教育治理的理论构思. 北京师范大学学报（社会科学版），（4）：5-14.
王岩. 2008. 试论政治哲学的价值意蕴. 道德与文明，（1）：32-33.
王智超. 2009. 教育政策执行的滞后问题研究. 长春：东北师范大学.
威尔 · 金里卡. 2004. 当代政治哲学. 刘莘，译. 上海：上海三联书店.
威廉 · N. 邓恩. 2002. 公共政策分析导论. 谢明，等，译. 北京：中国人民大学出版社.
魏峰. 2008. 正义的教育政策：社群主义的视角. 比较教育研究，（3）：6-10.
魏宏森，曾国屏. 1995. 系统论的基本规律. 自然辩证法研究，（4）：22-27.
翁福元. 2007. 教育政策社会学：教育政策与当代社会思潮之对话. 台北：五南图书出版股份公司.
邬大光. 2018. 教育政策制定中的“时差”现象. 华东师范大学学报（教育科学版），36（2）：21-23.
吴康宁. 2010. 中国教育改革为什么会这么难. 华东师范大学学报（教育科学版），28（4）：10-19，36.
吴逊，饶墨仕，迈克尔 · 豪利特，等. 2015. 公共政策过程：制定、实施与管理. 叶林，等，译. 上海：格致出版社，上海人民出版社.

夏勇. 1992. 人权概念起源. 北京：中国政法大学出版社.
肖峰. 2005. 论人的信息化在场. 中国人民大学学报，(4)：98-114.
萧宗六. 1997. 教育方针、教育政策与教育法规. 人民教育，(11)：35-36.
熊跃根. 2009. 社会政策：理论与分析方法. 北京：中国人民大学出版社.
徐向东. 2011. 实践理性. 杭州：浙江大学出版社.
许慎. 2004. 说文解字. 北京：中华书局.
雅斯贝尔斯. 1991. 什么是教育. 邹进，译. 北京：生活·读书·新知三联书店.
亚里士多德. 1997. 政治学. 吴寿彭，译. 北京：商务印书馆.
严文蕃，韩玉梅. 2020. 教育政策评估研究国际前沿进展及方法借鉴——严文蕃教授专访. 苏州大学学报（教育科学版），8（3）：76-85.
颜廷锐. 2003. 实质正义与程序正义：公共政策的价值基础. 中共杭州市委党校学报，(5)：34-38.
杨东平，周金燕. 2003. 我国教育公平评价指标初探. 教育研究，(11)：30-33，74.
杨国荣. 2013. 人类行动与实践智慧. 北京：生活·读书·新知三联书店.
杨耀坤. 1999. 理性、非理性与合理性——科学合理性的概念基础. 科学技术与辩证法，(5)：34-38.
洋龙. 2004. 平等与公平、正义、公正之比较. 文史哲，(4)：145-151.
叶澜. 1991. 教育概论. 北京：人民教育出版社.
叶澜. 2001. 世纪初中国教育理论发展的断想. 华东师范大学学报（教育科学版），(1)：1-6.
尤尔根·哈贝马斯. 2000. 重建历史唯物主义. 郭官义，译. 北京：社会科学文献出版社.
尤尔根·哈贝马斯. 2018. 交往行为理论（第一卷）. 曹卫东，译. 上海：上海人民出版社.
余雅风. 2005. 法律变迁与教育的公共性实现. 教育学报，1（2）：51-56.
俞可平. 2000. 治理与善治. 北京：社会科学文献出版社.
俞可平. 2001. 治理和善治——一种新的政治分析框架. 南京社会科学，(9)：40-44.
袁晖光，杨克瑞. 2020. 教育政策内容、过程、环境与价值趋势研究. 现代教育管理，(2)：25-31.
袁振国. 1996. 教育政策学. 南京：江苏教育出版社.
约翰·罗尔斯. 1988. 正义论. 何怀宏，何包钢，廖申白，译. 北京：中国社会科学出版社.
约翰·罗尔斯. 2000. 公共理性观念再探. 时和兴，译// 哈佛燕京学社·三联书店主编. 公共理性与现代学术. 北京：生活·读书·新知三联书店.
约翰·罗尔斯. 2000. 政治自由主义. 万俊人，译. 南京：译林出版社.

詹姆斯·A. 古尔德，文森特·V. 瑟斯比. 1985. 现代政治思想：关于领域、价值和趋向的问题. 杨淮生，王缉思，周琪，等，译. 北京：商务印书馆.
詹姆斯·E. 安德森. 1990. 公共决策. 唐亮，译. 北京：华夏出版社.
詹姆斯·P. 莱斯特，小约瑟夫·斯图尔特. 2004. 公共政策导论. 2 版. 英文版. 北京：中国人民大学出版社.
詹姆斯·坎贝尔. 2010. 理解杜威. 杨柳新，译. 北京：北京大学出版社.
詹姆斯·施密特. 2005. 启蒙运动与现代性：18 世纪与 20 世纪的对话. 徐向东，卢华萍，译. 上海：上海人民出版社.
张岱年. 1990. 论价值的层次. 中国社会科学，(3)：3-10.
张光杰. 1987. 谈谈佛教的政治法律观. 社会科学，(4)：37-41.
张继明. 2019. 构建中国特色大学模式的五个基本向度——习近平关于中国特色社会主义大学重要论述的启示. 现代教育管理，(7)：54-59.
张金马. 1992. 政策科学导论. 北京：中国人民大学出版社.
张康之. 2003. 公共管理伦理学. 北京：中国人民大学出版社.
张新平. 1999. 简论教育政策的本质、特点及功能. 江西教育科研，(1)：37-42.
张燕琳. 2008. 浅析亚里士多德的“善”的内涵及类型. 华章，(7)：17-19.
赵荷花. 2011. 人性的教育学立场. 华东师范大学学报（教育科学版），29（1）：11-19.
赵汀阳. 2003. 没有世界观的世界. 北京：中国人民大学出版社.
赵汀阳. 2006. 哲学的政治学转向. 吉林大学社会科学学报，(2)：5-11.
珍妮特·V. 登哈特，罗伯特·B. 登哈特. 2004. 新公共服务：服务，而不是掌舵. 丁煌，译. 北京：中国人民大学出版社.
郑吉伟. 2017. 功利主义的当前表现与克服路径. 人民论坛，(1)：44-47.
郑金洲，程亮. 2005. 中国教育学研究的发展趋向. 教育研究，(11)：3-10.
郑维东. 2003. 论政治哲学的性质、内容和功能. 清华大学学报（哲学社会科学版），(6)：34-38.
中共中央马克思恩格斯列宁斯大林著作编译局. 1972. 马克思恩格斯选集（第 1 卷）. 北京：人民出版社.
中共中央马克思恩格斯列宁斯大林著作编译局. 1972. 马克思恩格斯选集（第 2 卷）. 北京：人民出版社.
周彬. 2001. 教育政策过程中的个体选择. 中国教育政策评论，326-342.
周霖，王澍. 2006. 中西方教育思想演进的不同路径及其影响. 外国教育研究，(12)：12-16.
朱晓鹏. 2004. 权威的消解与民主的构建——论老子政治哲学中的社会批判思想. 杭州师范学院学报（社会科学版），(2)：11-17.
朱永新. 2019. 未来学校——重新定义教育. 北京：中信出版社.
庄西真. 2009. 教育政策执行的社会学分析——嵌入性的视角. 教育研究，30

(12): 19-24.

B. 拉图尔，张敦敏. 2008. 答复D. 布鲁尔的《反拉图尔论》. 世界哲学，(4): 71-81.

C. 尼古拉斯·泰勒，C. 霍布森·布莱恩，科林·G. 古德里奇. 2009. 社会评估：理论、过程与技术. 葛道顺，译. 重庆：重庆大学出版社.

H. K. 科尔巴奇. 2005. 政策. 张毅，韩志明，译. 长春：吉林人民出版社.

J. N. 芬德莱. 1989. 价值论伦理学. 刘继，译. 北京：中国人民大学出版社.

T. 帕森斯. 1988. 现代社会的结构与过程. 梁向阳，译. 北京：光明日报出版社.

Anderson J E. 2003. Public Policy Making: An Introduction. Boston: Houghton Mifflin Company.

Ball S J. 1990. Politics and Policy Making in Education: Explorations in Policy Sociology. London and NewYork: Routledge.

Ball S J. 2000. Sociology of Education: Major Themes. London, New York: Routledge .

Cohen D K, Moffitt S L, Goldin S. 2007. Policy and practice: The dilemma. American Journal of Education, 113(4): 515-548.

Easton D. 1953. The Political System: An Inquiry into the State of Political Science. New York: Kropf.

Eyestone R. 1971. The Threads of Public Policy: A Study in Policy Leadership. Indianapolis: Bobbs-Merril.

Fowler F C. 2008. Policy Studies for Educational Leaders: An Introduction (3rd Ed). Engliwood: Prentice Hall.

Friedman J. 1996. The Rational Choice Controversy: Economic Models of Politics Reconsidered. New Haven: Yale University Press.

Friedrich C J. 1963. Man and His Government: An Empirical Theory of Politics. New York: McGraw-Hill.

Gronlund N E, Linn R. 1990. Measurement and Evalution in Teaching. 6th ed. New York: Macmillan.

Henry M, Lingard B, Rizvi F, et al. 1997. Educational Policy and the Politics of Change. London, New York: Routledge.

Honig M I. 2006. New Directions in Education Policy Implementation: Confronting Complexity. Albany: State University of New York Press.

Hopkins M. 2014. Beliefs in context: Understanding language policy implementation at a systems level. Educational Policy, 30(4): 573-605.

Lasswell H D, Kaplan A. 1950. Power and Society: A Framework for Political Inquiry. New Haven: Yale University Press.

Lichbach M. 2013. Is Rational Choice Theory All of Social Science? Ann Arbor: The

University of Michiqan Press.

Odden A R. 1991. Education Policy Implementation. Albany: State University of New York Press.

O'Donnell C L. 2008. Defining, conceptualizing, and measuring fidelity of implementation and its relationship to outcomes in K-12 curriculum intervention research. Review of Educational Research, 78(1): 33-84.

Popper K. 1972. Objective Knowledge: An Evolutionary Approach. Oxford: Clarendon Press.

Strauss L. 1988. What Is Political Philosophy? And Other Studies. Chicago: University of Chicago Press.

Sykes G, Schneider B, Plank D N. 2009. Handbook of Education Policy Research. New York: Routledge.

Trowler P. 2003. Education Policy: A Policy Sociology Approach. London: Routledge.

后　记

本书是国家社科基金“十二五”规划教育学国家青年课题“政治哲学视阈下的教育政策价值基础研究”（CAA150123）和河南省高校科技创新人才支持计划（人文社科类）的研究成果。好的教育政策是关于良善教育政策的价值话语和价值描述。从政治哲学的视角看，一项好的政策需要价值理性与工具理性兼备,理论依据与实践依据共存。“善”是政治哲学中有关人、社会和国家发展的最高目标。同时，“善”也是社会公共政治和政策活动运行所理应依据和追求的终极价值原则与价值目标。教育政策活动作为一种公共政策活动，良善的教育政策是一种约定于现实、憧憬教育理想的教育政策形态。它扎根于教育现实的深厚土壤,致力于在教育现实与教育理想间架构沟通协调的桥梁,以通向美好的教育未来和致力于构建幸福的教育图景。

价值性机制是教育政策运行的内在机制。教育政策在其运行过程中，最根本的动因是价值因素在外显的政策行为中的显现和运用。同时，在教育政策的评价中，价值的满足性和符合度又是检验其是否具有良好的道德品格的主要标准。教育政策的价值性机制不是静态的平面展开，而是一个动态的建构体系，层次性和相继性是其主要特征。同时，我们还要看到，在教育政策运行机制层面，良善的教育政策需要在理性和价值之间取得平衡与和谐。人类是能够理性思考和选择的社会性动物，“理性”对人类个体行为的选择具有显著影响。理性选择理论以马克斯·韦伯的“工具理性”和亚当·斯密的“经济人假设”为理论基础，关注和考察微观层面的个体行为。在理性选择理论的发展与争论过程中，“理性”的内涵得到了不断扩充，它既强调行为主体人性的“简单理性”，又强调行为在社会情境的“充分理性”。

在良善的教育政策运行中，工具理性和价值理性既相互对立，又和谐统一。教育政策过程中将无可避免地发生工具理性和价值理性之间的矛盾与冲突。在当前我国进入新时代的背景下，我国教育政策活动中出现了工具理性过分张扬而价值理性日渐式微的情况，这将物化我国教育事业的发展，不利于我国教育现代化的有效推进和教育理想的最终实现。现阶段，我们需要在充分肯定教育政策运行过程中工具理性作用的同时，呼唤价值理性的回归，持续提升教育政策活动的效能和意义。

本书在写作过程中，参考和引用了近年来国内外的相关研究成果，特向有关学者表示感谢。由于笔者时间和精力有限，书中不足之处在所难免，请各位读者朋友多予斧正，不吝赐教。

最后，感谢科学出版社的崔文燕编辑和张春贺编辑，感谢她们为本书出版所付出的辛勤劳动，没有她们认真、负责、细致的工作，本书难有机会与读者见面。